KB078966

사회과학 방법론

-베버와 마르크스 -

오쓰카 히사오 지음 | 김석근 옮김

일러두기

1. 이 책의 일본 인명과 지명은 국립국어원 외래어 표기법에 따라 표기하였다.

2. 서양 지명 및 서양 인명은 영어 표기를 기준으로 했다.

3. 책 제목은 『 』, 글이나 논문, 소설 등은 「 」, 잡지는 《 》, 신문이나 노래, 영화와 드라마 등은 〈 〉로 표시하였으며, 이외의 인용, 강조, 생각 등은 따옴표를 사용했다.

4. 본문 중 각주는 역자가 단 것이다.

5. 이 책은 산돌과 Noto Sans 서체를 이용하여 제작되었다.

목차

Ⅰ. 사회과학의 방법
― 베버와 마르크스

내용의 개요

(1) 사회과학에서의 인간의 문제

인간이 행위에 사회현상을 대상으로 삼을 경우, 자연과학과 같은 의미에서의 과학적 인식은 과연 성립하는 것일까. 만약 성립한다고 한다면, 어떤 의미에서인가.

이 같은 문제에 정면으로 맞붙어 씨름한 전형적인 사례로 마르크스와 베버의 경우를 들고, 두 사람의 해결 방식을 비교·대조해보고자 한다.

(2) 마르크스 경제학의 경우

a. 자연 성장적 분업에 의한 소외疏外 —유물사관唯物史觀

본래 사회를 이루어 생산을 계속하고 있는 인간들 개인의 힘에 다름 아닌 생산력들生産諸力의 총화總和, 다시 말해서 사회의 생산력은, 그 기초를 제약하는 분업 관계가 자연 성장적인(즉 계획적이 아닌) 경우에는, 흡사 자연과도 마찬가지로, 인간에 대해서 그들의 의지 및 행동에서 독립된, 오히려 그것을 지휘하는 일련의 양상 및 발전의 여러 단계라는 모습을 띠며, 다시 말해서 자연사적 과정으로 나타나게 된다.

b. 이론적인 방법 적용의 가능성

—경제학, 정확하게는 경제학 비판批判

그리하여 인간의 노동생산물이 상품이라는 형태를 취할 경우, 그것은 인간 노동의 사회적 제 성격을 노동생산물의 자연적 제 속성인 것처럼 인간의 눈에 반영시키며, 따라서 사람人과 사람의 사회관계(생산 관계)가 사물物과 사물의 관계로서 나타나게 된다. 바로 그래서, 인간의 행위인 경제 현상에도 자연과학과 같은 이론적 방법의 적용이 가능하다고 여겨지게 되는 것이다.

참고문헌: 마르크스·엥겔스, 『독일 이데올로기』(1, 포이에르바하), 마르크스, 『경제학 비판 서설』, 마르크스, 『자본론』제1권, 제1판 서문 및 제1편, 제1장, 제4절 「상품의 물신物神적 성격과 그 비밀」, 오쓰카 히사오, 「마르크스 경제학에서의 인간의 문제マルクス經濟學における人間の問題」(川島武宜 編, 「인간과 사회人間と社會」, 中山書店, 『인간의 과학人間の科學』3 수록)

(3) 베버 사회학의 경우

a. 자연과학 및 사회과학 쌍방에 공통된 과학적 인식의 길 두 개

보편적으로 타당한 법칙의 추구와 법칙적인 지식을 수단으로 삼아 행해지는 보편적인 의의를 지니는 개체의 추구, 이들 두 개의 길은 자연과학 및 사회과학 쌍방에서 볼 수 있지만, 마찬가지로 인과성因果性의 범주를 사용하면서도 현실의 질質을 다루는 사회과학에서는 당연히 후자가 우위를 차지한다. 대상이 인간의 행위인 사회현상이기 때문이다.

b. 동기動機의 의미意味 해명에 의한 이해
　―목적론적 연관을 인과연관因果連關에로 재편

인간의 개성적인 행위는 과학적 인식에서 그 같은 인과연관의 추구를 애매하게 만들고, 곤란하게 하는 것은 아니다. 거꾸로 그 동기가 주관적으로 생각된 의미를 해명함으로써, 내면적으로 이해할 수 있으므로, 개성적인 자연사상事象보다도, 도리어 원리적으로 비합리성이 적으며, 따라서 한층 더 적확하게 그 구체적인 인과연관을 추구할 수 있다. 그리하여 사회현상을 대상으로 하는 과학적 인식이 가능하게 된다고 한다.

c. 역사에서의 이념理念과 이해상황利害狀況의 상관관계

베버의 경우, 사회과학 인식의 근거를 이상과 같이 파악하는 것에 조응照應해서, 역사의 다이내믹스dynamics는 이념과 이해상황의 상관관계로 파악하는 것으로 된다. "인간의 행위를 직접적으로 지배하는 것은 이념이 아니라 이해다. 하지만 이념에 의해서 만들어진 '세계상世界像'은 아주 빈번하게 전철수(轉轍手, 기차가 달려가는 철로의 노선과 방향 자체를 바꾸는 기계 또는 기제-역주)로서 궤도軌道를 결정하며, 그 궤도에 따라서 이해의 다이내믹스가 인간의 행위를 추동해왔다."

참고문헌: 베버,『로서와 크니스ロッシャ-とクニ-ス』(독일 역사학파 창시자 로서와 크니스에 대해 막스 베버가 1903년 발표한 중요한 논문. 법과 국민경제학의 관계를 영리한 과학적 정신으로 비판했다. 베버가 신경증을 극복한 이후의 중요한 저작-역주)(松井秀親 譯,「사회과학세미나社會科學ゼミナ-ル」, (1) 및 (2), 未來社), 베버,『사회과학인식론(社會科學認識論)』(出口勇藏譯, 河出文庫), 베버,「세계종교의 경제윤리·서설世界宗敎の經濟倫理·序說」(大塚久雄·生松敬三共 譯, 잡지《미스즈みすず》64-66호[1964년 9월~11월]에 연재)

오늘 너무나도 큰 제목을 내걸어서 조금은 부끄럽기도 합니다. '사회과학의 방법'이라는 것만 하더라도, 그리고 '막스 베버'나 '카를 마르크스'만 하더라도, 또 아무리 하더라도 한 번, 두 번으로 다 말할 수 있는 것은 아니기 때문입니다. 다만 그런 문제의 그야말로 어떤 한 측면만을 이야기하고서, 여러분들의 비판을 들을 수 있었으면 좋겠다고 생각하고 있습니다. 그래서 '내용의 개요'에 정리해둔 것은, 제가 이야기하고 싶은 것의 큰 줄거리일 뿐입니다. 아니면 제가 하려는 이야기의 전제로 필요불가결한 것일 뿐입니다. 실제로는 거기서 벗어나서, 다양한 부분에서 가지나 잎枝葉이 나오게 되겠지요. 여러분들은, 오히려 그 언저리 부분이 재미있다고 느끼지 않을까 하고 상상해보기도 합니다만, 아무튼, 그런 생각으로 제 이야기를 들어주셨으면 합니다.

1

그런데 '내용의 개요' 첫머리에 '사회과학에서의 인간의 문제'와 같은 표제를 내걸어서, 거기서부터 이야기를 해보자라고 생각해서 거기에 대체적인 내용과 방향을 암시해두려고 했습니다만, 문제의 실마리가 되는 것은 다음과 같습니다. 자연현상을 대상으로 삼아 과학적 인식, 다시 말해서 자연과학이 성립한다는 것에 근본적인 의문을 제기하는 사람은 없으리라 생각합니다만, 사안이 이른바 인간의 영위에 다름 아닌 사회현상을 대상으로 삼아, 자연과학의 경우와 마찬가지로, 말의 엄밀한 의미에서의 과학적 인식, 다시 말해서 사회과학이라 할 수 있는 것이 도대체 성립하는가 어떤가, 하는 점이 되면, 바로 상상하실 수 있듯이 문제는 훨씬 더 복잡해서, 자연과학의 경우에서는 볼 수 없는 그런 어려운 문제에 부딪히지 않을 수 없게 됩니다. 하지만, 그것은 과연 어떤 것일까요.

듣고 계신 분 중에는 학식도 높은 분들도 계시는 것으로 보이기 때문에 조금 걱정이 됩니다만, 아주 비근한 사실부터 조금씩 설명을 시작해가려고 합니다. 몇 년 전인가, 이와나미신쇼岩波新書의 한 권으로『쇼와사昭和史』(1955)라는 책이 나왔으며, 그 후에 주로 문학자들 쪽에서

였다고 생각합니다만, "저 역사서술 속에는 인간이 없다"라는 비판이 나왔다는 것을 기억하고 계시리라 생각합니다. 그것은 오늘 이야기하려는 중심 문제는 아니기 때문에, 그 비판이 들어맞는지 아닌지 하는 것에 대해서는 말씀드리지 않겠습니다만, 실은 그 논쟁의 여파餘波로 저 같은 사람도 조금은 휘말려 들게 되었습니다.[1] 제 전공은 경제사입니다만, 저의 경제사 서술에도 인간이 없다는 그런 논의가 나오게 된 것입니다. 솔직하게 말씀드리자면, 1947년과 1948년 무렵에는, 저의 경제사 연구에는 인간이 너무 많다는 비판을 받았습니다만, 이번에는 거꾸로 인간이 없다는 비판을 받게 된 것입니다. 그 경우, 저의 경제사 시각이 그렇게 크게 변해온 것은 아니기 때문에, 논자들이 사용하는 인간이라는 말의 의미 내용이, 앞과 뒤에서 크게 다르다는 것을 쉽게 추측해볼 수 있습

---

1) 그 논쟁은 '쇼오와시론소오昭和史論爭'로 불린다. 『쇼와사』의 내용을 둘러싸고서 진행된 논쟁. 논쟁의 발단은 가메이 가쓰이치로亀井勝一郞가 그 책에 대해서 인간이 그려져 있지 않다, 동요한 국민층國民層의 모습이 보이지 않는다고 비판한 데서 시작됐다 (《문예춘추文藝春秋》, 1956년 3월호). 비판에 관해서 역사학 연구자 이노우에 기요시井上清, 에구치 보쿠로江口朴郞 등이 반론을 폈다. 가메이의 비판에 마쓰다 미치오松田道雄, 야마무로 시즈카山室静, 다케야마 미치오竹山道雄 등이 동조해서 논쟁에 가담했다. 이는 2차 세계대전 이후 일본에서의 역사 인식 문제를 둘러싼 논쟁이며 역사논쟁과 역사 교과서 문제를 둘러싼 논쟁의 출발점으로서 의미가 있다. 한편 그런 논쟁 하에서 세 명의 저자는 1959년 개정판을 간행하게 되었으며, 그로써 처음 판을 절판시켰다. 遠山茂樹·今井清一·藤原彰, 『昭和史 新版』(岩波新書, 1959)-역주

니다. 그리고 그것은 아주 중요한 의미를 지니는 것으로 생각됩니다.

그런데 저는 그 같은 비판에 응답할 생각은 없었습니다만, 우연히 도쿄대학 학생신문에서 무언가 써달라는 의뢰를 받았으며, 그래서 아주 짧은 글을 써서 실었던 적이 있습니다. 그 글은 이런 것이었습니다. 때마침 그 무렵은 여름 휴가 중이어서, 저는 구츠카케沓掛, 지금의 나카가루이자와(中軽井沢, 나가노현 기타사쿠군 가루이자와초의 초초町丁. 나카가루中軽로 줄이기도 한다-역주), 그 근처에 가서 일하고 있었으며, 게다가 그 전날 저녁 무렵 우스이고개碓氷峠에 가서, 저 아름다운 저녁노을이 드리워진 아사마산淺間山과 그곳으로 이어지는 산들을 보고 왔던 참이었습니다. 저처럼 다리가 좋지 않은 사람이 가끔 산 위에서의 경치를 보게 되면, 다리가 아주 건강한 사람들보다도 대체로 감동이 더 큰 것 같습니다. 그런 감동이 아직 남아 있었기 때문에, 이런 것을 쓰게 되었습니다. 우스이고개에서 바라본 아사마산의 웅대한 모습, 그 주변에 무리를 지어서 이어지는 산들, 저녁노을이 드리워진 그런 산들은 그야말로 멋진 경치였습니다. 하지만 그런 아사마산과 그에 이어지는 산들을 지도 위에서 보게 되면, 거기에는 그런 저녁노을의 아름다움은 물론이고, 아사마산과 이어지는 산들의 웅대함은 전혀 나타나지 않습니다. 그것은 단순한 평면 위에, 그저 희고 검은 선들이 다양하게 뒤섞여서 그려져 있을 뿐입니다. 그것을 보고서, 그런 감동을 새롭게 느낀다거나 하는 것은 도저히 불가능합니다. 하지만 그렇다고 해서 그 지도가 잘못되었다든가, 무의미한 것이라든가, 그렇게 말할 수 있겠습니까, 라는 식으로 저는 썼던 것입니다. 만약에 우리에게 그런 감동을 안겨주는 아사마산과 거기로 이어지는 산들의 웅대함, 아름다움을 표현하려고 생각한다면, 컬러 슬라이드color slide는 물론이고, 아마도 훌륭한 화가의 손을 기다리는 수밖에 없을 것입니다. 그런 일을 지도에 요구하는 것은, 처음부터 잘못된 일입니다. 그렇지만 또 거꾸로 아무리 훌륭한 예술작품이라 하더라도, 화가가 그린 그림은 아사마산에 오르는 데는 도움이 되지 않습니다. 그러기 위해서는 아무래도 아사마산의 지도가 필요한 것입니다. 지도를 만드는 데는, 아무래도 현실의 아사마산으로부터 그런 웅대함과 저녁노을의 아름다움 같은 것을 전부 없애버리고捨象, 모든 것을 단순한 평면 위에 그려지는 흰색과 검은색 선線으로 환원시켜버리지 않으면 안 되는 것입니다. 아무튼, 이와 같은 특정한 관점에서 만들어진 지도에서 아사마산의 웅대함이나 산들의 아름다움을 요구하는 것은, 처음부터 무리한 일이지요. 경제사 경우에도, 마찬가지입니다. 적어도 우리가 연구하고 있는 경제사라는 학문은 사회과학의 한 부문이며, 인간의 행위를 대상으로 한다고 할지라도, 어떤 특정한 관점에서의 인식에 지나지 않습니다. 그것을 간과하고서, 경제사의 서술 속에서, 고금古今의 훌륭한 작가가 그려내고 있는 인간성人間性의 기미機微 같은 게 보이지 않는다고 해서, 학문적인 가치가 없다는 식으로 말하는 것은, 가치판단 기준이 처음부터 잘못되었다고 생각합니다. 경제사가 예술적 작품으로 평가받는다면, 제가 쓴 책 같은 것들은 이미 낙제라는 것은, 이미 잘 알고 있습니다, 그런 의미에서 인간을 그려낸다거나 하는 것은, 저는 처음부터 단념하고 있었습니다. 오히려 단념하지 않으면 독자적인 인식 목적을 갖는 사회과학이라는 것은 성립할 수가 없다고 생각했던 것입니다.

하지만, 그런데도 사회과학의 인식대상은 자연현상이 아니라 사회현상이며 사회현상은 물론, 살아있는 구체적인 인간의 행위이며, 자연과는 근본적으로 다른 것을 내포하고 있습니다. 그래서, 단순하게 자연과학은 자연현상을 대상으로 하는 바의 과학적 인식이며, 그에 비해 사회과학은 사회현상을 대상으로 하는 과학적 인식이다, 뭐 그런 식으로 간단하게 끝나버리지 않습니다. 저는 지금 사회과학적 인식을 지도 작성에 비견類比해보았습니다만, 하지만 실은 거기에는 그렇게 간단하지 않은 그런 문제가 포함된 것입니다.

도대체 인간의 행위, 인간의 행동과 그 성과를 인식대상으로 삼아서, 자연과학과 나란히 늘어세우고, 이것도 역시 충분히 과학이라고 말할 수 있는 그런 과학적 인식은 어떻게 해야 성립될 수 있을까요. 사실 그것은 상당히 어려운 문제입니다. 왜냐하면 과학적 인식인 이상, 그것은 아무래도 인과성因果性이란 범주의 사용이라는 것과 관련을 갖지 않을 수 없습니다. 그런데 바로 거기서 문제가 생겨나는 것입니다. 인간이라는 것은 의지의 자유를 갖기 때문에, 그 행위行爲는 비합리적인 것을 포함하며, 따라서 그런 영위營み에는 본래적으로 계측 불가능성計測不可能性이 부착되어있습니다(저자는 행위行爲와 영위營み를 분명하게 구분하고 있다-역주). 그리하여 인간의 영위인 사회현상은, 비합리적인 것을 포함하고 있으므로 목적-수

16

단의 목적론적인 관련은 찾을 수 있을는지도 모르지만, 인과성이란 범주를 적용해서 원인-결과의 관련을 찾는다는 것은, 자연현상의 경우와는 달라서, 상당히 하기 어려운 일이다. 그래서 과학적 인식으로서는, 사회과학은 자연과학과 비교해 정도가 낮은 것으로 되지 않을 수 없다. 그 같은 생각이 우리의 상식 속에 깊이 뿌리 내리고 있는 것처럼 생각됩니다. 거기에 그치지 않고 오히려 그와 같은 비합리성과 계측 불가능성을 포함하고 있기에, 인간은 자연과 다른 것이다, 아니 그래서 자연보다도 더 위대하다고 생각되는 것입니다.

그런데 이런 식으로 생각하게 된다면, 사회현상을 대상으로 삼을 경우, 한쪽에서는 역사학이, 다른 쪽에서는 윤리학이나 법학 같은 규범의 학문이라 할까요, 나쁜 의미는 아닌 도그마틱(dogmatic, 교의학教義學)이나, 기껏해야 정책학政策學과 같은 학문이 성립할 뿐이며, 인과성 범주를 사용해서 행할 수 있는 그런 엄밀한 의미에서의 과학적 인식은, 설령 성립한다고 하더라도 지극히 정도가 낮은, 상식에 가까운 것으로 되어버리는 수밖에 없는 것입니다. 하지만 또 예를 들면 경제학에서 볼 수 있는 것처럼, 사회현상을 대상으로 삼아서, 인과성 범주를 사용하는 엄밀한 의미에서의 과학이, 현실에서 근사하게 성립하고 있다는 것도, 이제는 더는 흔들릴 수 없는 사실입니다. 그렇다고 한다면, 인간의 영위에 다름 아닌 사회 현상을 대상으로 삼을 경우, 자연과학과 같은 의미에서 과학적이란 말을 사용하더라도 아무런 지장이 없는 그런 인식은 도대체 어떻게 해서 성립하게 된 것일까요. 아무래도 이런 점들이 먼저 우리의 문제로 떠오르게 되는 것이지요. 그리고 그것은 사회과학의 어느 부문인가를 물을 것 없이, 그 밑바닥에 언제나 잠재되어있는 문제라고 해도 좋을 것입니다. 그 같은 문제에 대해서, 이제부터 여러분과 같이 생각해보려고 합니다만, 그럴 경우 그 문제를 정면으로 다룬 두 개의 전형적인 사례로서 카를 마르크스Karl Marx의 경제학(이라기보다, 본래는 경제학 비판이라는 쪽이 더 좋겠다고 생각합니다만, 일반적으로 마르크스 경제학이라 하므로 경제학이라 말해두기로 하겠습니다), 그리고 막스 베버 Max Weber의 사회학(이것도 현재, 일반적으로 사회학으로 불리고 있는 것과 조금 내용이 다를지도 모르겠습니다만, 베버가 말하고 있는 사회학), 이들 둘의 경우를 살펴보려고 합니다. 물론 이런 문제에 정면으로 다루고 있는 것이, 특별히 이들 두 사람의 경우에만 한정되지는 않습니다. 최근에는 조금 더 다른 입장에서 나온 것도 있습니다만, 저는 역시 이들 둘의 안에서 어떤 원형原型 같은 것을 볼 수 있다고 생각하기 때문에, 우선은 이들 두 사람의 경우를 들어 같이 생각해보려고 하는 것이지요.

2

그러면 오늘은 먼저 마르크스 경제학에 대해서 말씀드리고, 다음에는 그것과 대비하면서 베버의 사회학을 문제 삼았으면 합니다. 그런데 여러분들 중에는 마르크스와 베버의 학설은 서로 인연도 없고 관계도 없는 것이어서, 양자의 비교라든가 교착交錯 같은 것은 무릇 있을 수 없는 것이 아닌가 하는 식으로 생각하고 계시는 분도 있을 것입니다. 어떤 점에서는 실제로 그럴지도 모르겠습니다. 하지만 지금은 그 같은 선입견에서 잠시 벗어나 제 이야기를 들어주셨으면 합니다, 그리고 일단은 제 이야기의 줄거리를 따라가 주셨으면 합니다.

마르크스 경제학의 경우, 경제학의 인식대상이 되는 것은 다름 아닌 살아있는 인간 개인입니다. 살아있는, 육체를 가진, 또 사회를 이루어 경제생활을 하는, 그 같은 현실의 인간 개인인 것입니다. 그것이 경제학에서의 인식의 출발점이며, 또 도달점이기도 합니다. 마르크스가 근본적으로 생각한다는 것은 곧 인간을 파악하는 일이라는 식으로 말한 것은 바로 그런 의미입니다. 그 같은 인간 개인이 물론 로빈슨 크루소처럼 고립된 인간이 아니라 마르크스 자신의 말을 빌자면 "사회를 이루어 생산을 계속하고 있는 인간 개인"이며, 거기서부터 출발하며, 또 시종일관 그것을 인식대상으로 계속 지니는 것입니다. 먼저 그 점을 분명하게 머릿속에 집어넣어 주셨으면 좋겠습니다. 만일을 위해서 말씀드린다면, 마르크스의 경우, 그 같은 여러 개인으로부터 분리되어, 혹은 그것에 대치對置해서, 사회 그 자체를 출발점으로 삼는, 다시 말해서 여러 개인에 대립하는 의미에서 사회를 실체화해서 생각하는 그러한 발상은 없는 듯합니다. 여러 개인과 그 영위를, 출발점에서부터, 무언가 그들을 초월한 사회적 실체의 일환一環으로 파악하는 그런 발상은, 아마도 역사학파 경제학의 것이라 해도 좋을 것입니다. 아무튼 출발점이 살아있는 인간 개인이라는 것은, 마르크스가 거듭해서 말하고 있습니다.

그런데 마르크스는 경제학에도 자연과학의 경우와 마

찬가지로 이론적인 방법을 적용한다고 말합니다만, 대상이 단순한 자연과는 달라서, 살아있는 인간 개인의 영위인 경우 깊이 생각해보면, 도대체 어떻게 자연과 마찬가지로 이론적인 방법을 적용할 수가 있는가 하는 게 바로 문제가 되지 않을 수 없습니다. 그래서 그의 경우『자본론』이라는 경제학(정확하게는 경제학 비판입니다만, 그 의미는 뒤에서 말씀드리겠습니다) 체계가 구축되는 전제로서, 그 문제가 어떤 형태로든 해결되어있지 않으면 안 되었던 것입니다. 그 노력은 이와나미분코岩波文庫에서도 번역이 나와 있는『경제학·철학 초고』에서 이미 시작되고 있습니다만, 아마도 그것이 정리된 형태로 분명하게 나오는 것은 마르크스·엥겔스의『독일 이데올로기Die Deutsche Ideologie, The German Ideology』, 특히 그 첫머리 부분에 해당하는「포이에르바하론Thesen über Feuerbach, Theses on Feuerbach」(이것도『독일 이데올로기』라는 제목으로 이와나미분코에 번역이 나와 있습니다)이라 생각되기 때문에, 그 부분의 서술을 떠올리면서 제 말로써 설명해가고자 합니다.

경제학의 인식대상은 사회를 이루어 계속 생산을 해가는 살아있는 여러 개인입니다. 그들 개인은 각각 자신의 의지를 다지고 목적을 설정하고, 수단을 선택해서 많건 적건 간에 끊임없이 결단을 내리면서, 행동하고 있는 개인입니다. 그 점이 자연현상과는 크게 다른 것입니다. 그럴 경우, 자연에 대하는 것과 같은 그런 의미에서 이론적 방법을 사용할 수 있는 것은, 대체 어떻게 된 것일까요. 그것을 설명하기 위해서, 마르크스는 지금 말한 「포이에르바하론」에서 자연 성장적 분업die naturwüchsige Teilung der Arbeit(이와나미분코에서는 이런 식으로 번역되어있습니다만, 자연 발생적 분업이라는 번역도 있는데, 어느 쪽이라도 좋다고 생각합니다) 그런 방법 개념을 사용해서, 그 어려운 문제를 해결하고 있는 것입니다. 그렇게 자연 성장적 분업이라 할 경우, 특히 문제가 되는 것은 사회적 분업, 아주 거칠게 말해서 다양한 직업 분화라고 생각하셔도 좋을 듯합니다. 다시 말해서 다양한 사람들이 다양한 생산 부문(유통 부문 등도 포함해서)을 담당하면서, 그들의 공동작업(共働, Zusammenwirken)에 의해서, 사회 전체의 물질적 신진대사新陳代謝, 즉 경제가 성립하게 되며, 그런 식의 분업에 기초한 공동작업이라는 식으로 생각하셔도 좋을 것입니다.

그런데 특히 자연 성장적인 분업이라는 것은, 그 분업과 공동작업 방식이, 계획적이 아니라 우연적으로 행해진다는 것을 의미하고 있습니다(마르크스는 그것을 자유의지적이지 않다는 식으로도 표현하고 있습니다만, 여기서는 더 언급하지 않겠습니다). 다시 말해서 각각의 인간 개인이 특정한 생산 부문 혹은 직업 부문에 참가할 경우, 다소간 사회 전체로서 계획이 있으며, 그것에 의해서 의식적으로 각각의 부문에 할당된다고 하는 것은 아니다. 그저 우연히 말하자면 주어진 것으로 받아들이는 그런 방식으로, 그런 분업 관계에 들어가게 되며, 그 위에서 이번에는 그것을 추진해가게 된다는 식의, 그 같은 사회적인 분업입니다. 아버지가 하고 있었기 때문에 그 뒤를 잇는다거나, 때마침 어떤 학교 어떤 학과에 들어가게 되었기 때문에, 그 직업에 종사한다거나, 기타 다양한 우연적인, 사적인 여러 사정에 따라 형태 지워져 가는 것 같은, 그래서 개개인에게는 다른 누군가가 어디서 무엇을 하고 있는지, 그들의 좁은 사적인 범위에서밖에 의식되지 않는 그런 분업 관계입니다. 국세조사를 해서, 비로소 그 전모를 사후적으로 파악할 수 있다는 식의 사회적 분업 방식입니다.

그런데 사회 전체로서 본다면, 다양한 사람들이 다양한 생산 부문에 나뉘어 소속되어 다양한 것들을 생산해서 사회 전체의 욕구를 충족시켜가며, 사회 전체의 이른바 물질적 신진대사가 언제나 계속 유지되어가는 것으로 됩니다. 하지만 각각의 사람들이 다양한 것을 생산한다고 하더라도, 그 기반이 지금 말한 것과 같은 자연 성장적인 분업인 경우, 개개인의 영위는 완전히 사적인 것으로서 행해집니다. 따라서 그 영위가 현실에 사회의 필요를 채워주는 것인가 아닌가 하는 것, 즉 그 영위의 공적인 기능은, 결국 수요와 공급이 서로 밀고 밀리고 있는 시장에서, 바꾸어 말한다면 그 같은 교환과정 한가운데에서 비로소 사후적事後的으로 실증되는 것으로 여겨지게 됩니다. 그때까지는 개개인은 모두 자신이 하는 일의 공적인 의의에 대해서는 완전히 우연한, 제한된 지식 밖에 가질 수가 없으며, 단순한 사적인 일로 하고 있을 뿐입니다. 그런데 그런 경우에는 '소외(疎外, Entfremdung)'이라는 현상이 생기게 된다고, 마르크스는 말합니다.

그러면 '소외'라는 것은 어떤 현상일까요. 그것을 조금 설명해보기로 하겠습니다. 앞에서도 말했습니다만, 마르크스 경우, 구체적인 인간이라는 것은, 사회를 이루어 생산을 계속해가는 제 개인입니다. 다시 말해서 그들 제 개인이 각각 독자적인 생산도구를 가지고 노동대상에 작용을 가해서 다양한 물건을 생산해냅니다. 그 같은, 다양한 물건을 생산해내는 개인의 힘이, 마르크스에 의해서 생산제력(生産諸力, die Produktivekräfte)으로 불리고 있는 것입니다. 이것은 일반적인 해석과 다를지도 모르겠습니다만, 앞에서 말씀드린 『독일 이데올로기』의 「포이에르바하론」에서, 그것을 거듭 반복해서 쓰고 있습니다 (그 점, 엄밀하게는 원문을 직접 읽어주셨으면 좋겠습니다). 그것은 아무튼 그 같은 생산제력의 총체가 사회의 생산력을 결정짓는 것입니다. 그런데 생산제력을 떠받쳐주는 기반이 계획적이지 않으며 자연 성장적인 분업인 경우, 마르크스에 의하면, 그것은 사유재산제도라는 기반 위에서라고 바꾸어 말해도 좋을 것입니다, 본래 인간 개인의 힘力의 총화總和에 다름 아닌 사회의 생산력이, 그 성과인 생산물이 인간 자신으로부터 완전히 독립해버려서, 그 전체를 바라볼 수가 없으며, 또 인간의 힘으로는 곧바로 어떻게 할 수가 없는 그런 움직임, 그 같은 객관적인 과정으로 변해버립니다. 그런 의미에서, 완전히 자연과 같은 그런 것으로 되어버린다는 것이지요. 다시 말해서 경제 현상이라는 것은, 본래는 인간 개인의 영위이며 그 성과임에도 불구하고, 그것이 인간 개인에 대립해서 자연과 마찬가지로, 그 자체 완강하게 관철하는 법칙성을 갖춘 객관적인 운동으로 나타나게 된다, 라고 합니다. 마르크스는 그것을 철학자들이 알 수 있도록 말한다면 인간의 '소외'라고 말하고 있습니다. 다시 말해서 그가 말하는 '소외'란 인간 자신의 힘이나 그 성과가 인간 자신으로부터 독립해서, 인간에 대해서, 마치 자연이 그러한 것과 같은, 독자적인 법칙성을 가지고 운동하는 객관적 과정으로 변해버린 것입니다. 말하자면 경제 현상이 우리에게 있어 이른바 제2의 자연으로, 마르크스 자신의 말을 사용한다면 '자연사적自然史的인 과정'으로 나타나게 된다는 것입니다. 그러므로 자연을 다루는 것과 같은 방식으로 같은 이론적 방법을 사용해서, 과학적 인식이 성립하는 것이라고 마르크스는 말하는 것입니다. 그것은 물론 상당히 어려운 문제를 내포하고 있습니다만, 큰 줄거리는 그런 것으로 생각합니다. 다만 이를 처음 듣는 분들에게는, 이것만으로는 아직 조금 알기 어렵지 않을까 생각되므로, 어떤 사례를 이용해서 조금 더 알기 쉽게 해보기로 하겠습니다.

10년 전쯤의 일입니다만, 황궁 앞 광장에서 군중이 마치 눈사태(なだれ, 雪崩)처럼 일시에 몰려 이동해서 어떻게 수습할 수가 없게 되어버려 할머니와 여자아이들이 그

밑에 깔려서 죽기도 하고, 상처를 입기도 하는 등, 심히 안타까운 일이 일어났던 것을 여러분은 기억하고 계시리라 생각됩니다. 그때 건장한 남자들 다섯 명인지 여섯 명 정도가 스크럼을 짜서 부상자가 나오지 않도록, 온 힘을 다해서 그 움직임을 저지시키려고 했습니다. 하지만 수많은 군중이 움직이는 큰 힘 앞에서는 그런 개개인의 저항 같은 것이 어떻게 할 수가 없다는 식으로 신문에서는 썼는데, 저는 아주 인상 깊게 기억하고 있습니다만, 여러분께서는 그런 것을 잠깐만 떠올려주셨으면 합니다. 수많은 군중이 마치 눈사태처럼 떠밀려갈 때의 힘이라는 것은, 정말 대단한 것이지요. 요즈음은 그런 일이 그다지 없겠습니다만, 그 안에 직접 들어가 본다면 알 수 있겠지요. 실은 저도 그런 경험이 있습니다. 중학생 때, 동생과 함께 일고一高(제일고등학교)-삼고三高(제삼고등학교) 야구 경기를 보러 갔습니다만, 입구 근처에서 수많은 군중이 마치 눈사태처럼 떠밀려가기 시작했습니다. 그리고는 그 안으로, 저도 동생도 들어가 버리게 되었던 것입니다. 아무리 해도 거기서 벗어날 수가 없었습니다. 발이 이미 땅에 붙어있지 않았습니다. 상의를 입고 나막신(下駄, 게다)을 신고 있었습니다만, 모자와 나막신 같은 건 어느 틈

엔가, 어딘가로 가버리게 되어서, 발이 겨우 땅에 닿았을 때는 다행히 살아있었구나 하는 생각을 했던 적이 있습니다. 그럴 때는 도저히 거기서 벗어날 수 없는 것이지요. 힘이 강한 사람이라면, 조금 힘을 내서 저항할 수도 있겠습니다만, 아무리 강하다 하더라도 개개인이 전체에 철저하게 반항해서 움직이려고 한다면, 자신이 죽지는 않는다고 하더라도 크게 다칠 뿐이며, 무사히 살아남으려고 하면, 개개인은 그 흐름 속에서 그저 전체의 움직임을 따라가는 수밖에 없겠지요. 마르크스는 자연성장적인 분업의 기반 위에서 행해지는 경우, 경제 현상은 대체로 그와 같은 성격을 띠게 된다고 말합니다만, 수많은 군중의 예를 취해서 본다면, 그것이 더 단순한 형태로 나타나게 되므로, 우리가 이해하기에는 아주 적절하다고 하겠습니다.

그런데 군중 전체의 엄청난 힘, 경탄할 만한 그런 에너지는, 하지만 잘 생각해보면 여러 개인의 힘의 총합總和과 다름없습니다. 그것이 여러 개인의 공동작업共働의 결과로, 배가倍加되고 있다는 점은 물론 있습니다만, 하지만 결국에는 여러 개인의, 군중을 구성하는 한 사람 한 사람의 힘의 총합에 지나지 않는다는 것은 분명하겠지요. 거기에 어떤 신비한 힘이 덧붙여지고 있다고 말하려는 것은 아닙니다. 그런 것은 전혀 생각할 여지가 없는 것이지요. 물론 그런 식으로 생각하는 사람도 개중에는 있을지도 모르겠습니다만, 그것은 과학적 인식과는 완전히 다른 차원의 사안이기 때문에, 오늘의 주제가 될 수는 없겠습니다. 그것은 아무튼 그 같은 여러 개인의 힘의 총합에 다름 아닌 군중 전체의 힘이, 그 경우, 군중을 구성하는 여러 개인의 자신으로부터 독립해서, 오히려 대립하는 것으로 되어있다는 것은 분명하다고 하겠습니다. 모두 다 어떻게 할 수가 없습니다. 그저 그 군중의 한 사람으로서 전체가 흘러가는 방향으로 움직이고 있을 뿐입니다. 한 사람 한 사람은, 모두 자신은 그런 곳으로 가고 싶다거나 그렇게 움직여가는 방식을 취하려 하거나 하는 것은, 그 누구도 생각하지 않습니다. 가능하다면 물론 멈추게 하고 싶다는 생각은 합니다. 빨리 그 흐름 바깥으로 나가고 싶다고 생각은 합니다. 하지만 조금만 거기서 벗어나면 편해지겠지 생각하더라도, 어떻게 되지는 않기 때문에, 점차로 일정한 방향으로 끌려가 버리는 것입니다. 다치지 않고 있고 싶기에, 그저 다른 방도가 없으므로 나아가는 것입니다만, 그 개개인이 나아가는 것이, 다

시 힘의 총합의 일환을 이루어가는 것이지요. 그리하여 자기 자신들의 힘 그 자체가 자신들과 완전히 대립하는 별개의 것もの이 되어서, 어떻게 할 수가 없게 됩니다. 그것이 어디서부터 와서 어디로 가는지, 전혀 바라볼 수가 없습니다. 그것을 '소외'라고 한다면, 어렵지 않게 이해할 수 있으시겠지요. 또 인간의 '소외' 현상은, 단적으로 사회관계의 '물화(物化, Versachlichung)' ─사람人과 사람의 관계가 우리 눈에는 사물物과 사물의 관계로 나타나게 된다─ 현상이라는 점도 알 수 있게 되리라 생각합니다. 그 점에 대해서 이제 군중의 예를 사용해서 조금 더 설명을 계속해보기로 하겠습니다.

군중이 눈사태처럼 일시에 떠밀려 혼란이 생겼을 경우, 그것을 수습하려면 어떻게 하는 것이 좋을까요. 여러분은 어떻게 생각하시는지요. 예를 들면 아주 분명한 조사표調査表를 만들어, 여러 가지 항목을 정리합니다. 또 군중 속에 몸을 던져서 그 위에 올라타고 가서, 그들 군중 한 사람 한 사람의 등 높이를 재기도 하고, 그 힘의 강함을 측정해보기로 하거나, 혹은 어느 쪽으로 가고 싶다거나 하는 희망이라든가 현 상태에 만족하고 있는지 아닌지, 그런 것들을 분명하게 조사해보면, 나름대로 도움이 되겠지요. 물론 무의미한 것일 수는 없겠습니다만, 마르크스는 그런 것은 소외 상태에서 인간 제 개인을 구출해내는 데는 아무래도 근본적으로 도움이 된다고는 생각지 않았던 것으로 여겨집니다.

그가 생각했던 것을 제 나름대로 해석해서 비유적으로 설명해본다면, 오히려 이런 식으로 되지 않겠습니까. 어딘가 조금 높은 곳에 서서, 군중 전체의 움직임을 바라봅니다. 높은 곳에서 보는 것이기 때문에, 개개의 인간의 세세한 움직임은 물론이고, 군중 전체가 어디서부터 어디로 움직이고 있는가, 그 대강을 분명하게 알 수 있겠지요. 그럴 경우, 개개의 인간을, 독자적인 개성적인 움직임을 하는 인간으로 다루는 것은 당연히 그다음의 일입니다. 군중 전체가 자연과도 같은 사물もの이 되어 움직이고 있어서, 우선은 인간을 사물처럼 다룰 수밖에 없습니다. 어쨌든 군중 전체의 움직임을 확정하고, 여기저기에 전령傳令을 보내서, 방향을 다양하게 바꾸게 한다거나 멈추게 하거나 하는 식이지요. 그 극한은, 마치 군대처럼 계획적인 대열隊列을 만들게 하는 것이 되겠습니다만, 아무튼 그렇게 하면 혼란은 수습될 것입니다. 다시 말해서 계획적인 대열을 만들어 행진하게 되면, 그 같은 혼란은

일어날 수 없으므로, 군중에게 대열 행진이라는 계획성을 부여해 그 혼란을 해소해갑니다. 그렇게 인간의 '소외' 현상을 해소해가면 좋을 것이다, 마르크스는 그렇게 말한 것으로 생각됩니다. 그것이 그가 말하는 사회주의와 계획경제가 의미하는 것이겠지만, 그것은 잠시 제쳐두기로 하고, 사회적 분업의 자연성장성의 결과인 '소외' 현상 때문에, 사람과 사람의 관계가 우리의 눈에는 사물과 사물의 관계로 나타나게 되는 자본주의 사회의 경제 현상을, 과학적으로 인식하기 위해서는, 그와 같은 의미에서, 인간의 영위인 사회현상을 자연사적 과정으로 파악하고, 자연과학과 같은 이론적인 방법을 적용하는 것이 필요하게 되며 또 가능하게 된다는 것이지요.

『자본론』제1판에 쓴 서문을 읽어보면, 그 같은 의미의 내용이 쓰여있습니다. 자신은 "경제적인 사회구조의 발전을 하나의 자연사적인 과정으로 이해"하고, 자본주의적 '사회의 운동 자연법칙'을 발견하려고 한다. 그것은, 그렇게 함으로써 새로운 사회를 "낳는 고통을 짧게 하고, 또 부드럽게 할 수 있기" 때문이며, 또한 자연사적 과정으로 보는 것에 조응照應해서, 이 책의 서술에서는 "자본주의나 토지소유자의 자태姿態의 밝은 측면은 쓰지 않겠

다. ······ 제 인격personen이 문제가 되는 것은, 그저 그들이 경제적 제 범주의 인격화人格化이며, 일정한 계급 관계 및 이해관계의 담당자인 한에서다"라고 한 것을 기록하고 있습니다만, 이상과 같은 사례를 통해서 그 의미를 잘 알 수 있지 않을까 하고 생각합니다. 아무튼 마르크스 경제학의 경우, 그처럼 자연성장적 분업이라는 방법 개념의 조작을 매개로 해서, 인간의 영위로서의 경제 현상에 자연과학과 같은 이론적 방법이 적용됨으로써, 과학적 인식이 성립하게 된다. 뭐 이런 식이지요. 『자본론』의 서술은 이 같은 사정ことがら을 전제로 해서 전개되는 것입니다만, 그 내용에 대해서는 물론 상세하게 말씀드릴 그런 여유는 없습니다. 하지만 지금까지 서술한 사정과 관련해서 다음과 같은 것만은 조금 말씀드려두는 게 좋을 듯합니다.

3

그러면 마르크스의 경우에는, 사회과학의 방법은 자연과학의 방법과 완전히 같다고 생각하고 있었는가, 다시 말해서 사회현상을 대상으로 할 경우의 과학적 인식

과 자연현상을 대상으로 할 경우의 과학적 인식론을, 완전히 같다고 생각하고 있었는가 하면, 제게는 아무래도 그렇게 생각되지는 않습니다. 그런 식으로 읽히지는 않더군요. 그렇게 말하는 것은, 자연과학적 인식의 경우에는, 처음부터 끝까지 어디까지나 대상은 자연이며, 줄곧 사물もの인 것입니다. 자연현상의 법칙이 분명하게 드러나는 것이지요. 하지만『자본론』서술에 나타나게 되는 방법은, 반드시 그와 같다고는 생각되지 않습니다. 왜냐하면 이런 것이기 때문입니다.『자본론』이라는 책은 방대하고, 정말 어렵기에, 저는 그것을 마스터했다거나 하는 식으로 도저히 말씀드릴 수는 없고요, 그런 탓도 있어서, 저는 목차目次를 아주 열심히 읽습니다. 그렇게 내용이 치밀한 책의 목차를 거듭 반복해서 읽는다는 것은 아주 중요한 일이며, 일반적으로 목차가 더 많이 읽힌다면 좋을 텐데, 하는 생각마저 들기도 합니다.

그런데『자본론』은, 맨 처음 제1부 제1편 제1장「상품商品」, 다시 말해서 책을 펼치면 그 첫머리에 나오는 것은 '상품'입니다. 거기부터 쭉 지나가서, 전체 서술의 마지막 제3부 제7편 제52장「제 계급諸階級」으로 끝나게 됩니다. 말하자면 물화物化된 형태의 사물, '상품'에서부터 시작해서 '계급'이라는, 인간의 존재 양태의 가장 현실적인 조건, 그리고 사회를 이루어 계속 생산해가는 여러 개인의, 가장 현실적인 모습인 계급적 개인, 그런 인간人間으로 끝나는 것입니다. 제일 먼저 나오는 '상품'은, 앞에서도 말씀드린 것처럼, 애초에 자연은 아니며 사람과 사람의 관계입니다만, 그것이 '소외'의 결과, 인간에게 자연과 마찬가지로 사물로서 나타나고 있는, 그 같은 사물입니다. 그 같은 '상품'의 분석부터 시작해서, 사물과 사물의 관계처럼 보이는 경제 현상을, 마르크스는 『자본론』에서 하나하나 구명합니다. 그 위에서 마지막에 나오게 되는 것은 이미 사물이 아니라 가장 현실적인 '계급'이라는 규정성을 띤 개인, 즉 인간입니다. 그처럼 물(物, 사물)에서 시작해서 인간으로 끝나는 것이기 때문에, 자연과학의 방법과 조금 다르다는 것은 쉽게 이해할 수 있겠지요. 그런데 이와 같은 것은 『자본론』의 맨 처음과 맨 끝만은 아니며, 서술 도중에도 거듭 반복해서 나타나게 됩니다. 예를 들자면 이렇습니다. 맨 처음 '상품'의 구조분석에서 가치 형태론의 끝부분까지는, 모든 것이 사물物과 사물의 관계로서, 상품과 상품이 방정식의 양변에 놓여 등치等置되면서, 가치가 표현되고, 현상現象해가는 다양한 형

태를 하나하나 더듬어갑니다. 그리고 일반적인 등가等價
형태—이것은 화폐 형태로 이행한다—에까지 도달하게
됩니다. 그런 추적은 아주 정밀해서, 물론 고전파 경제학
등에 비할 바는 아닙니다만, 하지만 근저根底에서, 사람
과 사람의 관계를 사물과 사물의 관계라는 소외된 형태
그대로 추적해간다는 점에서는, 고전파 경제학의 경우와
같은 방식이라고 생각합니다.

　하지만 마르크스의 경우에는, 그다음이 달라집니다.
지금 말씀드린, 가치형태를 다루고 있는 제1장 제3절 「가
치형태 혹은 교환가치」와 제2장 「교환과정」 사이에는, 유
명한 제1장 제4절 「상품의 물신적物神的 성격과 그 비밀」,
즉 예의 상품의 페티시스무스(Fetischismus, 흔히 물신숭배,
주물숭배 등으로 번역하고 있다-역주)를 추적하고 있는 부분이
들어가 있습니다. 자연과학의 경우와 방법적으로 다른
것으로 생각된다는 것은, 예를 들자면 이러합니다. 그런
데 상품의 페티시스무스라든가, 물신적 성격 등이라 하
면, 조금 알기 어려울지도 모르겠습니다만, 요컨대 상품
은 인간에게 있어서 우상숭배偶像崇拜에서의 우상처럼
전도顚倒된 성격을 지니고 있다는 것입니다. 인간은 자
신의 손으로 우상을 만들어내고서, 자신의 손으로 만든

사물을 숭배하고 있다. 자신을 넘어서 있는 존재라고 생각한다. 그 같은 착각에 의한 전도가, 상품 경우에도 볼 수 있다는 의미입니다. 상품은 인간에 의해서 만들어진 사물이며, 거기에는 물질적 이해를 짊어진 사람과 사람의 관계가 그저 투영投影되어있는데 지나지 않는데, 마치 상품이 인간과는 관계없이 무언가 그것 자체로서, 내재적 가치를 지닌 것처럼 보이게 됩니다. 왜냐하면 필요한 생활물자가 모두 상품이라는 형태를 취할 수밖에 없는 시장경제에서는, 그런 식으로 생각해나가지 않으면 일상생활을 해나갈 수 없는 것—지구 위에서는 태양이 움직인다고 생각하지 않으면 일상생활을 해나갈 수 없는 것처럼—이기 때문에, 그 같은 착각이 실감實感으로 되어버려서, 인간의 경제생활은 일단은, 그런 식으로 표현되는 수밖에 달리 방도가 없습니다. 그래서 고전파 경제학과 마찬가지로, 마르크스도 상품생산이 아니라 상품에서 시작해서, 우선은 경제 현상을 상품과 상품의 관계로서 이론적 방법으로 추적해가는 것입니다. 그런데 그것은 가치형태론의 끝부분 언저리까지는 근사하게 전개되지만, 일반적 등가형태의 화폐 형태로 이행이 문제가 되는데 이르면, 조금 양상이 변해서, 잘 나아가지 않게 됩니다. 그래서 그런 아포리아(aporia, 아포리아, 논리적 난점. 해결할 수 없는 어려운 문제. 본래 '길이 없음'이란 뜻-역주)를 돌파하기 위해서, 마르크스는 부르주아사회의 현실을 머리에 떠올리면서 상품과 상품이 아니라, 인간과 인간, 즉 상품 소지자所持者와 상품 소지자가 서로 대치하는 그런 현실의 '교환과정'의 이론적 추구에 들어가게 됩니다. 그리고 거기서 화폐의 필요성을 설명하게 됩니다만, 그 전제로서 '상품의 물신적 성격'의 폭로가 이루어져서, 인간을 상기想起하게 되는 것입니다. 저는 그 언저리의 마르크스 방법은 천재적이라고 말하고 싶을 정도로 훌륭하다고 생각합니다만, 완전히 정반대로 마르크스의 오류라는 식으로 말하는 사람들도 있는 듯합니다. 제게는 그야말로 이상하다고 말할 수밖에는 없습니다.

　그것은 아무튼 '교환과정'으로 그러한 아포리아를 돌파한 후, 제3장 「화폐 혹은 상품유통」에서는, 그것을 전제로 해서 사물과 사물의 관계를 한층 더 더듬어가게 됩니다만, 제2편 제4장 「화폐의 자본으로의 전화轉化」에서, 다시 그와 같은 아포리아가 나타나게 됩니다. 그것은 상품유통의 법칙에 따라 설명되지 않으면 안 됩니다만, 동시에 상품유통의 법칙에만 의해서는 설명될 수가 없습니다. 그래서 다시 부르주아사회의 현실을 머리에 떠올리면서, 인간을 떠올리게 됩니다. "이런 단순유통 혹은 상품교환의 영역……에서 결별訣別할 때에 즈음해서, 우리의 등장인물의 모습相貌은 이미 얼마간 변해있는 것으로 생각된다. 앞의 화폐 소유자는 자본가資本家로서 앞에 서며, 노동력 소유자는 바로 노동자勞動者로서 그 뒤를 따른다." 그리하여 이어지는 제4편에서의 잉여가치의 생산이라는 인식이 도출되기에 이르는 것입니다. 이처럼 사물과 사물의 관계를 더듬어가면서, 어떤 결정적인 논리단계에서 부르주아사회의 현실을 떠올리게 되고, 인간의 모습이 나타나게 되어, 아포리아를 넘어서게 됩니다. 그리고 또, 그때마다 그런 인간의 모습은 한 걸음 한 걸음 현실의 구체적인 인간에 가까이 가게 됩니다. 이런 것은 『자본론』전체를 통해서 여러 곳에서 나오는 것으로 생각됩니다만, 특히 제3부의 마지막 제7편에서 부르주아사회의 여러 경제적 관계의 소외된 현상 형태이며 물신적 성격의 완성인 삼위일체적三位一體的 범식(範式, 공식), 즉 자본에는 이자利子, 토지에는 지대地代, 노동에는 임금賃金이라는 삼위일체적 범식이 비판당하며, 거기서 한 바퀴 빙 돌아 뒤집어져서는, 부르주아사회에서의 현실의 진정한 모습인 '분배 제 관계와 생산 제 관계'와 그 '제 계급'이 분명하게 드러나게 된다. 그리하여 부르주아사회에서의 인간의 가장 현실적인 모습, 혹은 가장 현실적인 모습에서의 인간 제 개인에 이르게 되는 것처럼 생각됩니다. 다시 말해서 『자본론』에서는, 관념의 범위 내에서 인간의 소외로부터의 해방이 행해지고 있다. 혹은 소외로부터의 해방을 관념적으로 선취先取하고 있다. 선취하는 것에 의해서, 그것을 현실에서 달성하는 길을 제시하려고 하는, 그런 형태로 되어있는 것이 아닌가 싶습니다.

그렇다면 그와 같은 관념 세계 내부에서의 소외로부터 회복, 물화 현상으로부터 인간의 해방이라는 것, 혹은 사물과 사물의 관계로 보이는 그런 현상을, 그것은 실은 사람과 사람의 관계라는 식으로 끊임없이 번역翻譯해간다는 마르크스의 독자적인 인식 방법을 무시해버린다면, 『자본론』에서는 아마도 곳곳에서 논리가 더 나아갈 수 없게 되어버리지 않겠습니까. 그래서 만약 『자본론』에서, 그 같은 마르크스의 독자적인 인식 방법을 모두 잘라내 버리고, 사물에서 시작해서 사물로 끝나는 형태로 다시 짜버린다면, 설령 성공했다고 하더라도, 그것은 그런 한에서는 고전파 경제학으로 되돌아가는 것이 되지 않겠습니까. 마르크스가 '경제학 비판'—경제학이 아니라—이라는 부제副題를『자본론』에도 붙이고 있는 것은, 그야말로 그런 차이를 의식해서 그렇게 했다고 생각하고 있습니다. 다시 말해서 소외 현상 안에서만 이리저리 돌아다니고 있을 뿐인 경제학을 비판하고, 경제의 주체가 다름 아닌 인간이라는 점을 분명하게 하려는 것이 자신의 의도도, 바로 그런 의미가 '경제학 비판'이라는 표제에 담겨있는 것이 아닐까 하고 생각합니다.

그런데『자본론』서술의 이 같은 특징에 관해서 이야기해온 것은, 실은 마르크스의 방법을 베버의 방법과 비교하는 계기きっかけ를 마련하기 위해서 그랬던 것이기도 합니다. 그래서 그 같은 기분을 담아서, 다시 한번 마르크스의 기초적 입장을 간단하게 되돌아보면서, 이야기를 진행해가기로 하겠습니다. 마르크스에 의하면 자연성장적인 분업에서 유래하는 소외 현상의 결과, 인간 자신의 힘에 다름 아닌 사회의 생산력이, 인간 자신에서 벗어나서, 오히려 대립해서, 바라보기 어려운, 우선은 개개인의 힘으로는 어떻게 할 수가 없는 그런 객관적 과정으로 변해서, 그 같은 사물もの이 인간을 지배하게 되어있다. 그런 소외 혹은 물화物化 상태로부터 인간을 구출해내지 않

으면 안 된다, 라는 것으로 됩니다. 그 같은 소외 혹은 물화라는 상태는, 말할 필요도 없이 인간에게는 자유의 상실과 다름없습니다. 앞에서 말씀드린 군중의 비유를 생각해본다면 잘 알 수 있으리라 생각합니다만, 일단 군중의 움직임 속에 들어가면, 실제로 개개인은 어떻게 할 수가 없습니다. 자신의 이상理想과는 반하기 때문에 그런 식으로 하고 싶지는 않다고 아무리 생각하더라도, 만약 전체의 움직임과 반대의 행동을 취한다고 하면, 크게 다치거나 심하면 죽게 될 것입니다. 그러므로 싫어도 전체의 움직임 속에서 따라 흘러가는 것 외에는 달리 살아갈 길은 없다는 것으로 됩니다. 자유의 상실이지요. 마르크스는, 그와 같은 자유의 상실을 초래하는 자연성장적인 분업 관계는 부르주아사회, 즉 자본주의 사회에서 최고도에 달한다고 생각했습니다. 물론 자연성장적 분업이라는 것은, 그의 경우, 특별히 자본주의 사회 특유의 것은 아니며, 그 이전 사회에서도 볼 수 있습니다만, 그것이 철저한 모습을 띠는 것은 말할 것도 없이 자본주의 사회입니다. 그렇다고 한다면 자본주의 사회는 역사상 인간의 자유를 가장 많이 잃어버린 시대라는 것으로 되며, 실제로 그는 어떤 경우에는 확실하게 그런 식으로 생각하고 있는 것으로 여겨집니다.

그런데 다른 측면에서 마르크스는 인류 사회의 좀 더 낮은 발전단계, 봉건사회에 비하면, 자본주의 사회 쪽이 인간의 자유가 좀 더 커지게 되었다라고도 생각하는 듯 합니다. 그는 북군北軍이 승리하기를 열망하면서, 미국 남북전쟁南北戰爭의 전황戰況을 주시하고 있었다는 이야기도 있는데, 노예제적인 것, 봉건적인 것과 같은 근로 인민을 억누르고 있는 낡은 멍에가 파쇄되어가는, 그런 과정에서, 인간의 자유가 확대되어가는 양상을 인정하고 있었던 것으로 생각됩니다. 실제로 그렇게 생각하지 않았다면, 우선은 봉건제를 유지하려는 측에 서서 자본주의 발전을 저지하지 않으면 안 된다는 식으로 될 수밖에 없겠지요. 그렇지만 한편에서는 자연성장적 분업의 발전과 더불어 자유를 잃어버리게 된다고 하고, 다른 한편에서는 역사의 발전단계를 상승시킴에 따라서 자유는 증대되어간다고 합니다. 이것은 도대체 어떻게 된 것일까요. 마르크스는 아마도 이렇게 말할 것 같습니다.

자본주의는 확실히 인간 제 개인을, 후생적厚生的인 공동조직을 기초로 하는 전통적인 사회의 속박에서 해방시킨다. 하지만 자본주의 하에서는, 제 개인의 자유로운 발전과 운동은 자연성장적 분업의 우연성偶然性에 맡겨져 버리기 때문에, 현실에서는 그 자유는 독자적인 계급적 제 조건 내부에서 방해받지 않고서 그 우연성을 누릴 수 있다는 우연적 자유에 지나지 않게 되며, 따라서 진정한 인격적 자유일 수는 없다. 그래서 "관념에 있어서는 개인은 부르주아지의 지배하에서는 이전보다도 자유롭다. 왜냐하면 그들에게는 그들의 생활 조건은 우연적이기 때문이다. 그러나 현실에 있어서는, 물론 그들은 좀 더 자유롭지 못하다不自由. 왜냐하면 이전보다 더 물적인 강력한 힘에 종속되어있기 때문이다"라는 식으로 되기 때문입니다. 그렇다면 그 같은 관념에 있어서의 자유야말로 자본주의 사회 안에 있더라도 관념에 있어서 진정한 인격적 자유를, 따라서 소외 상태에서 인간의 해방을 선취시키는 것이기는 합니다만, 아무튼 마르크스의 경우, 부르주아사회에서의 현실의 인간 제 개인은, 계급적 제 조건의 제약에 따라, 그 같은 관념에서의 자유와 현실에서의 부자유不自由의 통일이라는 모습을 띠고 있다고 생각하고 있었다고 할 수 있지 않을까 싶습니다. 그러므로 굳이 말한다면, 구체적인 살아 있는 인간 제 개인은 『자본론』의 서술에 나타나는 것과 같은 경제학적 제 범주의 인격화人格化, 그 같은 추상적인 것이 아니라 훨씬 더 복잡한 것, 베버식으로 말한다면 경제 이외의 다양한 문화영역에도 머리를 처박고 있어서, 따라서 그들을 행위로 밀고 나가는 동기 안에는, 외적-경제적인 이해관계 외에, 다양한 내적-인간적인 이해 관심이 —"사람은 빵만으로 살아갈 수 있는 존재가 아니다"라고 말해지고 있듯이— 포함되어있지 않겠습니까.

그런데 마르크스는 점차로 경제학 비판이라는 작업에 집중하고 있어서, 내적-인간적인 여러 동기에서 발해지는 여러 개인의 행동 법칙성 문제를, 아주 거칠게 말하자면, 시야視野의 바깥에 두어버렸던 것처럼 생각됩니다만, 그것은 어째서 그럴까요. 순전히 저의 추측을 말씀드린다면, 이렇습니다. 계급적 인간을 현실에서 진정한 인격적 인간으로까지 해방시키기 위해서 필요불가결한 관념적 수단 —즉 지도地圖입니다— 중에서, 최소한도로 필요한 것, 그 첫째에 착수해야 할 것으로 경제학 비판 작업에 집중했다는 것이지요. 그런데 만약 그가 더 오래 살아있었다면 과연 다른 여러 문화 영역에서의 인간 행동의 고유한 법칙성 탐구로 나아가게 되었을까요. 이는 그다지 찬성을 얻지 못할 것 같은 추측이기는 합니다만, 저

로서는 그렇게밖에 생각할 수가 없습니다. 왜냐하면 그 이유는 이렇습니다. 그는 확실히 사회운동을 위한 치도를 만들려고 했습니다. 그리고 그 안에서는 인간 제 개인의 살아있는 그대로의 모습이 아니라 오로지 여러 경제학적 범주의 인격화로서만 다루었습니다. 하지만 지도위에서만이 아니라 현실의 사회운동 안에서도 살아있는 인간 제 개인을 단순한 경제학적 범주의 인격화로서 다루는, 말하자면 사물もの 취급하는 것이 좋다고 생각했을까요. 아무래도 제게는 그렇게 여겨지지는 않습니다.

오늘 이야기 첫머리에서 지도의 비유를 사용했기 때문에, 다시 한번 그것을 끄집어내서 그 이유를 설명해보려고 합니다. 산을 오르기 위해서는 지도가 필요하다. 그것은 최소한도 필요한 것입니다. 그 지도 위에 그려져 있는 것은 검고 흰 선線과 점点뿐이며, 현실의 산과 하천의 모습은 보이지 않습니다. 등산하고 있는 인간의 모습 같은 것도 보일 리가 없습니다. 또 그렇지 않다면, 지도가 지도로서 현실에서, 등산을 위해서도, 아무런 도움이 되지 않는다는 것은 앞에서 말씀드린 그대로입니다. 그러나 산에 오르는 데는 이 같은 지도만으로 좋은가 하면, 물

론 그렇지는 않습니다. 지도만 가지고 그다음 아무런 준비도 하지 않고서 나서는 그런 사람은 아마도 없을 것입니다. 그 외에 다양한 것들이 문제가 되는 것입니다. 예를 들면 기온. 기온이 내려간다는 것을 생각한다면 빈틈없이 보온 준비를 하고 가지 않으면 안 됩니다. 그다음에는 어느 정도 식량이 필요한가 등, 지도에서는 나오지 않는 것들이 많이 있습니다. 그다음에는 등산대登山隊를 결성해서 등산하려고 하면, 리더leader가 있어야만 합니다. 또 리더가 등산대의 대원을 통솔해서 등산이라는 것을 해내기 위해서는, 그 대원들의 내적-인간적인 이해-관심의 상황이라는 것을 충분히 생각하지 않으면 안 되겠지요. 이와 같은 것이 등산대에 한정되지는 않으며, 사회현상의 경우에는, 언제나 볼 수 있는 것입니다. 사물もの 취급을 한다면, 인간은 움직이는 존재는 아닙니다.

예컨대 앞에서 말씀드린 군중의 혼란 경우를 생각해본다면, 메가폰megaphone으로 자네들은 이쪽으로 가게, 자네들은 저쪽으로 가게라는 식으로 지휘를 해서 계획적으로 해나간다면, 혼란은 해소될 것이라는 식으로 말했습니다만, 그런 경우도, 군중의 여러 개인을 그저 외적인 힘에만 떠밀려 움직이는 사물 취급을 하는 것이 아니라,

그들의 내적-인간적인 이해-관심의 상황을 —극한적인 경우에는 문학자들에 의해서 그려지는 그런 인간 심리의 기미機微까지도—고려에 넣지 않으면, 지휘에 의한 계획화도 성공하지 못하는 것 아니겠습니까. 왜냐하면 현실의 살아있는 인간 제 개인이라는 것은, 단순한 경제학적 범주의 인격화 따위는 아니며, 외적-경제적인 이해 관심 외에, 그 행위(혹은 불행위不行爲)의 동기 속에는, 다양한 내적-인간적인 이해 관심도 역시 포함되어있기 때문입니다. 예컨대 명예감정名譽感情에 의해서 깊이 제약받는 내적-인간적인 동기, 만약 베버라면 외적-경제적인 '계급' 상황Klassenlage에 대해서 '신분'상황ständische Lage이라 부르는 것입니다만, 그런 것은 경제적 이해상황에서 벗어나서, 상대적으로 강렬한 영향을 갖는다는 것은 새삼 설명하지 않아도 좋을 것입니다. 그런 것이 구체적인 인간 제 개인인 것이지요.

다시 말해서 인간의 사회생활은 경제 이외의 문화적 제 영역에도 발을 딛고 있으며, 거기서부터도 큰 영향을 받습니다. 마르크스는, 그런데도 인간의 사회생활 역사가 결국 외적-경제적 이해상황에 의해서 크게 궤도軌道가 결정된다고 생각하고, 그 같은 다른 문화 제 영역을,

경제구조 위에 구축된 상부구조上部構造라 불렀는데, 아무튼 인간문화의 존재 양태의 그 같은 측면을 분명하게 한 것은, 확실히 고도의 학문적 달성이라고 하지 않을 수 없겠지요. 그것은 확실히 그렇습니다만, 마르크스의 경우에도, 상부구조의 상대적으로 독자적인 운동을 지적하기는 하지만, 상부구조는 경제적인 기초로부터 근저적根底的인 제약을 받고 있다는, 그것만이 언제나 강조되고 있으며, 상부구조의 운동, 베버식으로 말하자면 '고유한 법칙성' 그 자체에 대해서는 적극적으로는 아무것도 말하지 않고 있는 것으로 생각됩니다. 마르크스는 그 같은 상부구조의 운동법칙에 대한 구명究明을 더 하려고 했었는지, 또 하고 있었다고 한다면, 어느 정도까지 했는가 하는 것은, 저로서는 충분히 알지 못하기 때문에, 마르크스 연구를 하는 분들께 여쭈어보고 싶다고 생각합니다. 다만 저로서는 이런 생각을 아무리 해도 떨쳐버릴 수가 없는 것입니다. 말하자면 소외 하에 있는 경제생활, 그 같은 경제생활 이외의 다양한 문화영역에 관한 한에서는, 인간의 사회생활은 도대체 어떤 고유한 법칙적 움직임을 보여주는가. 정치의 장場에서는 어떤가. 법의식에 대해서는 어떤가. 예술의 경우는, 지적 문화영역의 경우

는. 아무튼 그 같은 경제생활 이외의 다양한 문화 영역에서 인간의 사회생활에 '고유한 법칙성'을 구명하려고 할 경우, 심지어 자본주의 사회에 대해서 보는 것조차도, 인간을 물화物化된 사물もの로 취급해서는, 오로지 그 같은 방법만으로는, 연구는 이미 어떻게도 되지 않을 것입니다. 제게는 그렇게밖에 생각되지 않습니다. 그런 점으로 인해서, 저는 막스 베버의 사회학에서 문제 제기, 그리고 여기서는 특히 그의 방법에 대해서 흥미를 갖게 되는 것입니다.

4

막스 베버의 방법은, 마르크스 경우에서 볼 수 있는 그런 '소외로부터의 회복'이라는 관점에 입각한 경제학의 방법이라는 것은 물론 가지고 있지 않습니다. 그리고 그 점은, 혹은 베버가 끝까지 경제학 프로파(プロパ-, 일본어 신조어로 그 뜻은 정사원正社員 · 직원職員, 살아남은 사원, 직원. 의약 정보 담당자. 어원은 '프로퍼proper'가 아니라 '프로파간다propaganda'를 줄인 말-역주)로 나아간 적이 없었던 하나의 원인이 아닐까 생각할 수도 있겠습니다. 하지만 다른 한

편으로, 그의 경우에는 경제 이외의 문화 제 영역에서의 '고유한 법칙성Eigengesetzlichkeit'의 사회과학적 추구를 가능하게 해주는 그런 방법을 근사하게 만들어냈다고 할 수 있지 않을까 합니다. 다시 말해서 경제 현상에 관한 경제사회학적이 아니라 엄밀하게는 경제학적인 분석의 결실은 충분하지 않았지만, 다른 한편으로, 또 그런 만큼, 구체적인 살아있는 인간의 다면적인 모습을 시야視野 속에 두면서, 사회현상을 과학적으로 추구할 수 있는 그런 방법을 단련해낼 수 있었다라고 할 수도 있을 것으로 생각됩니다. 그런 시각에서 베버는, 도대체 어떤 형태의 사회과학 방법론을 생각했는가 하는 것을, 다음에 여러분과 같이 생각해보려고 합니다만, 아직 조금 시간이 있으므로, 조금 더 마르크스에 대해서 언급하면서 베버의 그 같은 방법 의식에 대해서 예비적인 설명을 해두고자 합니다.

막스 베버는 1864년 4월 21일 태어났기 때문에, 올해(1964년)는 때마침 그의 탄생 100주년에 해당합니다. 마르크스에 비하면 시대는 상당히 새롭습니다만, 지금 시점에서 보자면 그래도 상당히 오래전의 사람입니다. 그렇게 오래전 학자의 연구에까지 되돌아갈 필요는 군이 없지 않은가, 더 새로운 학설과 씨름해야 할 것이라는 식의 생각도 상당히 강하게 나오는 것이지요. 어떤 의미에서 확실히 옳다고 보이지만, 신약성서에도 나오듯이 "오래된 것이 좋다"라는 말도 있으며, 또 포도주와 마찬가지로, 새로운 학설이 언제나 좋다고 말씀드릴 수는 없겠습니다. 그런 연유로, 그처럼 오래전 학자의 학설을 새삼스레 지금 다시, 라는 식으로 곧바로 생각하지는 마시고, 제가 말씀드리는 것을 일단은 들어주셨으면 좋겠습니다.

좀 전에도 말씀드렸습니다만, 마르크스와 베버 두 사람의 학설은, 서로 통하는 것이 없는, 완전히 이질적인 것이라고 생각하는 방식도 있습니다. 마르크스냐 베버냐, 이 같은 양자택일이 성립하기는 하지만, 마르크스와 베버 두 사람의 학설이, 어떤 부분에서 서로 겹친다거나 또는 서로 보완해준다는 식으로 말하는 것은 대체로 거의 생각하지 않는다는 것입니다. 물론 베버의 사회과학은 이른바 근대 이론과 어떤 점에서 친근한 관계에 서 있습니다. 그것은 어떤 의미에서 확실히 맞습니다. 하지만 다른 한편으로 마르크스의 역사이론이나 경제이론과 아무런 유연(類緣, 친척親戚. 형상形狀, 성질性質 등이 유사해서, 그 사이에 연고緣故가 있는 것-역주) 관계도 없는가 하면, 그렇지는 않으며, 저는 두 사람 사이에 상당히 겹쳐지는 것이 있다고 생각합니다. 그것은 같은 유럽의 사상사 속에서 생겨난 것이므로, 서로 겹쳐지는 부분이 있는 것은 당연하며, 마치 달 세계의 그것과 화성 세계의 그것처럼, 서로 전혀 통하지 않는다는 그런 일은 있을 수가 없습니다. 현대 미국의 사회과학도 마르크스, 프로이트, 다윈, 이들 세 사람의 학설에서 거대한 영향을 받고 있다는 점이 지적되고 있습니다만, 마르크스와 베버 사이에는, 그것보다 더 많이 겹쳐지는 것이 있다고 생각됩니다. 그래서 우선은 마르크스와 베버 두 사람의 대항對抗관계라는 것에 너무 구애받지 않으면서 들어주시면 좋겠습니다.

또 하나 베버에 대해서는, 그 사람은 정치적 반동反動이라는 의식이 특히 혁신적인 분들의 머릿속에는 자리 잡고 있어서, 어떤가 하면 발칙한 놈이다けしからんやつだ, 라는 식의 감정이 먼저 드는 것 같습니다만, 그 같은 선입견은 우선 어떻게든 갖지 마시고, 이야기를 들어주셨으면 합니다. 그가 오히려 적어도 리버럴liberal한 태도를 가진 사람이었다는 것은, 바이에른Bayern의 급진적인 학생 에른스트 톨러Ernst Toller 같은 사람을 반동적인 단체로부터 지켜주었다는 것에서도 알 수 있을 것입니다. 물

론 그는 당시의 극좌정당 입장에는 가담하지 않았습니다. 그것은 분명합니다. 하지만 그런 점만을 가지고 느닷없이 그의 사상에 대해서, 어쩐지 아주 거칠게 일방적으로 단정하는 것은 조금은 지나치게 성급한 것으로 생각됩니다. 아무튼 여기서는 잠시나마 그런 논점에서 벗어나서 순수하게 과학방법론 문제로서, 이 이야기를 들어주셨으면 합니다.

그런 사안과 관련해서, 여기서는 베버가 말하는 가치자유(Wertfreiheit, 價値自由. 가치Wert와 자유Freiheit가 합성된 단어. 그래서인지 저자는 '가치자유'라고 했다. '가치 중립성' '가치 평가 유보' 정도의 뜻을 갖는다. 참고로 일본에서는 가치자유라는 용어로 굳어진 듯하다. 한국에서는 가치 중립성이라는 용어를 많이 쓰는 듯하다.-역주)라는 것에 대해서 조금 말해두기로 하겠습니다. 흔히 몰가치성沒價値性 등으로 번역되는 베르트프라이하이트(가치자유)는, 물론 가치판단을 부당하게 끼어들게 하지 않고서 사안ことがら의 진실을 냉정하게 가려내가는 것을 말합니다만, 그것은 애초에そもそも 사안을 확인해가기 위한 시야視野를 설정하는 데 필요한 가치관점價値觀点조차도 포함하지 않는다는 것은 결코 아닙니다. 오히려 그런 문제 혹은 시야를 설정하는 데 필요

한 가치관점을 주체적으로 골라서 취하는, 그런 자유야 말로 베르트프라이하이트(가치자유) 속에 들어가 있는 것입니다. 아니, 그 같은 이른바 가치 관련(Wertbeziehung, 價値關連, value-relation) 문제에만 그치지 않습니다. 오해를 두려워하지 않고서 말씀드린다면, 대상화된 형태라면 가치판단은 오히려 연구과정에서 적극적으로 받아들여져 있지 않으면 안 됩니다. 그가 말하는 가치해석(Wertinterpretation, 價値解釋)이 그것입니다(이 점에 대해서는 이 책의 Ⅱ부를 참조해주셨으면 합니다). 아무튼 베르트프라이하이트는 이런 양면을 가지고 있습니다. 이제부터 베버에 대해서 말씀드리겠습니다만, 그런 의미에서 베르트프라이(wertfrei, 주관적 가치판단을 배제-역주)하게, 특히 상식적인 이미지에서 오게 되는 예단豫斷을 하지 않고서, 오로지 부당한 가치판단의 개입으로부터 자유롭게 들어주셨으면 합니다.

베버 사회학 경우에도 마르크스 경우와 마찬가지로, 출발점은 살아있는, 육체를 가지고 경제생활도 영위하는 인간 제 개인입니다. 하지만 베버의 경우에는, 마르크스 경우와는 달리, 그저 그들의 경제생활에만 오로지 역점을 두고 있지는 않습니다. 다시 말해서 인간 제 개인은 그 생활 속에서 경제만이 아니라 그 외에 다양한 문화영역에도 발을 디디고 있으며, 그 끝은 경제의 이른바 대극 對極을 이루고 있는 종교에까지 들어가 있습니다. 게다가 베버의 경우에는, 종교라는 문화영역이 인간의 사회생활에 미치는 영향의 중요함을 특히 강조하며, 종교사회학이라는 것에 매우 큰 의의를 부여합니다. 다만 그 종교라는 단어를 갑작스레 들을 경우 오해가 생길 가능성이 큽니다만, 그 의미 내용에 대해서는 다음에 설명하기로 하겠습니다.

아무튼 베버의 사회학의 경우에는, 대상은 출발점일 뿐만 아니라 시종일관 그 같은 다양한 문화영역에 발을 담그고 있는, 그런 구체적인 살아있는 인간 제 개인입니다. 마르크스는 그 같은 살아있는 구체적인 인간 제 개인에서 출발하지만, 그 생활이 들어가 있는 문화 제 영역의 다면적인 양상은 일단은 사상捨象시키고, "사회를 이루어 계속해 생산하는" 제 개인이라는 경제 영역에 시야를 한정시켰습니다. 그리고 경제학 비판 과정을 다 통과한 후에 다시금 살아있는 구체적인 인간 제 개인으로 돌아오게 됩니다. 그런데 베버는 지금 말한 것과 같은 다면적인 양상을 띠고 있는 인간 제 개인의 구체적인 영위를 시종일관 인식의 대상으로 삼으면서, 사회과학이 —자연과학과 대비되는 그런 사정에서, 사회과학이— 어떻게 성립할 수 있는지를 추구하면서, 그것을 가능하게 해주는 방법을 만들어내게 된 것입니다.

그런데 그는 어째서 그 같은 방법의 문제를 제기하지 않으면 안 되었는가 하면, 그것은 물론 그의 주변에 그런 문제를 제기하지 않으면 안 되었던 그런 사정이 산처럼 쌓여있었기 때문이겠지만, 특히 역사학파 전래의 낭만적romantic인 인간관을 비판할 필요가 있었기 때문으로 생각됩니다. 우리도 2차대전 이후에는 대체로 잘 되었습니다만, 실은 비슷한 문제를 짊어지고 있었던 것이고요, 그건 대략 이런 것입니다. 인간이라는 것은 자유로운 의지를 지니고 있으며, 그런 의미에서 비합리적인 존재다. 따라서 그 행동을 합리적으로 파악하고, 또 예측한다는 것은 완전히 불가능하다고 말할 수는 없다고 하더라도 원리적으로 지극히 어렵다. 게다가 또 바로 그런 식으로 합리적인 예측을 넘어서 있는 존재이기 때문에, 인간은 자연과는 다르며, 또한 인격의 존엄도 있는 것이다. 이런 식으로 생각합니다. 그런데 그렇게 생각하는 방식에서 보자면, 사회현상에 대해서는 인과관계는 찾아내기 어렵게 됩니다. 거기에 성립하는 것은, 오히려 이른바 텔레올로기(Teleologie, 목적론적 관련目的論的 關聯), 다시 말해서 인간이 목적을 설정하고, 그것을 위해서 수단을 선택하면서 행동한다는, 목적-수단 관계이지요. 이 같은 목적론적인 관련은 추적할 수는 있겠지만 자연과학처럼 현상의 인과 관련을 추적해간다는 것은 지극히 제한된 범위 내에서만 가능할지도 모르겠습니다만, 학문으로서 본질적인 의미를 갖지 않는다. 또 그 같은 것이야말로, 다름아닌 사회과학의 특성이라는 것으로 되는 것이기도 합니다. 아주 거칠게 말해서 그런 식으로 생각하는 사람들은 그 당시 지배적인 영향을 지니고 있던 역사학과 경제학자들이었습니다만, 베버는 그런 분위기 속에 처해있었기 때문에, 새삼스럽게 엄밀한 의미에서 사회과학적 인식이 성립할 수 있는 근거를 문제 삼지 않으면 안 되었다고 할 수도 있겠지요. 다시 말해서 현상의 인과 관련을 추적하는, 혹은 인과성의 범주를 사용해서 대상을 연구한다는 점에서는, 사회과학은 자연과학에 비교해, 한 단계 떨어진다, 또 그런 점에서 떨어져 있는 것이야말로, 자연과학에 비교해서 사회과학의 고유한 특징이다라는 식의 사고방식—이것은 일본에서도, 지금도 어느 정도 있지 않습니까—을 비판하는 것이, 그에게 방법을 문제 삼게 한 동기의 하나였다고 해도 좋을 것입니다.

그래서 그런 점을 조금 더 다른 말로 설명해보기로 하겠습니다. 여러분도 이런 식의 사고방식을 잘 알고 계시지요. 자연과학은 사이언스science이지만, 아무래도 사회과학은, 경제학이라 하더라도, 본래 사이언스는 아니다. 결국 고등한 지식이기는 해도, 지식의 집적集積에 지나지 않으므로, 하려고 마음만 먹으면 상식으로도 할 수 있을 것이다. 그래서 철학이나 자연과학 논문은 아무리 난해해도 아무 말 하지 않으면서도, 사회과학 논문이 되면, 일반 사람들에게 난해하다는 불만이 금방 터져 나올 뿐 아니라, 난해하다는 것만으로, 그 학문적 가치를 의심하기도 하는 그런 분위기가 때로는 있습니다. 이 같은 과학의 입장과 상식의 입장을 준별할 수 없는 그런 정신적 분위기 속에서는, 목적론적 관련과 인과 관련이 곧바로 혼동됩니다. 예를 들어 구체적인 문제를 취해서 생각해보면, 메이지유신明治維新 이후의 일본의 자본주의—이 경우 산업화로 바꾸어 말해도 지장없겠습니다—는, 어떻게 해서 저와 같은 모습을 띠면서 발전해왔는가 하는 물음이 나오고, 그에 대해서 당시 일본은 열강의, 이미 고도로 발달한 자본주의 열강에 의한 외압外壓, 그 같은 환경 속에서, 그것에 충분히 대항할 수 있는 그런 국민경제를 형성하지 않으면 안 되었다. 그러기 위해서는 어떻게 해서든 국내에서 자본주의 산업을 발달시키지 않으면 안 된다. 일본의 정치가들은 지혜롭게도 그것을 꿰뚫어보고서, 열강의 외압에 대항하기 위해서 자본주의 산업을 강력하게 위에서부터 육성했으며, 그 결과, 일본의 자본주의는 저런 식으로 발전을 이루게 되었다는 답변이 나오게 되었다고 합니다. 그런데 그 답변은 그 자체 결코 잘못된 것을 말하고 있는 것은 아닙니다만, 정신을 잘 차리고 보게 되면, 그 안에는 학문적으로는 지극히 위험한, 목적론적 관련과 역사적 인과 관련 혼동, 적어도 그 씨앗이 포함되어있지요. 왜 그런가 하면 바로 이렇습니다. 가령 그 당시 일본 정치가들이 외압에 대항하기 위해서 자본주의 산업을 육성하자고 생각하고, 또한 단호하게 행동한 부분에서, 만약 국내에 —국내에 대해서만 생각해보더라도— 객관적으로 그 조건이 갖추어져 있지 않으면, 도저히 그와 같은 모습으로 발전하는 일은 있을 수 없었던 것입니다. 다시 말해서 목적론적인 관련이라는 것은, 역사의 과정에서, 물론 하나의 원인으로 작용했습니다만, 그 외에 다양한 여러 조건이 그것과 서로 겹쳐져서, 비로소 일정한 구체적인 결과가 생겨나게 되었던 것입니다. 특히 계획경제가 아니라 자연성장적인 분업의 기반 위에서는, 설령 명확한 목적을 설정하고, 그것을 위한 수단을 잘 생각해서 선택하면서 행동했기 때문이라 하더라도, 결과는 반드시 그렇게 되는지 아닌지는 전혀 알 수가 없다. 때로는 전혀 의도하지 않은 정반대의 결과조차 나타나는 것은, 흔히 보는 경기景氣의 과열, 불황不況, 도산倒産과 같은 것을 생각해보는 것만으로도 분명하겠지요. 그런데 베버는 그런 목적론적 관련을 인간 제 개인을 행동으로까지 밀고 나가게 하는 하나의 원인으로 보고, 그것을 객관적인 역사의 인과 관련 속으로 옮겨놓았으며, 그리고 인과성의 범주를 사용해서 사회현상을 대상적對象的으로 파악해간다, 그것이야말로 사회학의 이름에 값하는 방법이라고 생각했습니다. 그리고 그렇게 해야만 사회과학은 자연과학과 비교해 떨어지지 않는, 과학적 인식일 수 있다고 생각했던 것입니다.

그러면 앞에서도 말씀드린 것처럼, 당시 그의 주변에서 지배적인 영향을 미치고 있던 역사학과 경제학 학자들 사이에서는, 끊임없이 목적론적 관련과 인과 관련이 방법적으로 혼동해있었습니다. 그런 분위기 속에서는 역사학이, 혹은 윤리학이나 법해석학과 같은 이른바 규범 학문은 육성될 수 있을는지 모르겠습니다만, 엄밀한 의미에서의 사회과학은 자라나기 어렵습니다. 왜냐하면 목적론적인 관련과 인과 관련이 방법적으로 혼동되어 있는 경우, 사회과학적 인식 안에는 어느 틈인가 가치판단이 부당하게 끼어들게 되고, 그 같은 가치판단과 더불어 다양한 일루전(illusion, 환상幻想)도 쉽게 스며들게 됩니다. 그가 베르트프라이하이트, 특히 가치판단의 부당한 개입으로부터의 자유를, 다시 말해서 과학적 인식에 대한 가치판단의 잘못된 혼입을 배제할 것을 주장한 동기는 바로 거기에 있다고 할 수 있겠지요.

그런데 그 같은 과학적 방법론을 주장하기 위해서는, 역시 그에 상응하는 근거의 뒷받침이 필요합니다. 또 그의 경우는, 그것을 논리주의적인 입장에서 해내려고 했던 것입니다. 그럴 경우, 앞에서 말씀드린 것처럼 문제의 요점은 이러합니다. 인간이 의지의 자유를 가지고 있으며, 그런 의미에서 비합리성을 짊어지고 있다고 생각하는 한, 인간의 행동은, 나아가 사회현상은 원리적으로

'계측불가능(計測不可能, unberechenbar)'일 수밖에 없다. 그렇다고 한다면, 문화의 여러 영역에서 합리화 과정이 진전됨에 따라서, 인간은 자유로워지고 의지의 자유 영역이 확대되면, 그만큼 인간의 행위는 점점 더 비합리적으로 되어, 사회현상은 점점 더 계측불가능하게 된다는 것으로 되지 않을 수 없다. 또 합리화의 철저한 진전을 본 근대사회에서는, 사회현상에 관해서 대체로 과학적 인식이라는 것은 성립하지 않게 된다는 것으로 되어버린다. 하지만 그 같은 것이 진실은 아니라는 것은, 거꾸로 근대에 이르러서 비로소 사회과학이 성립할 수 있었던 것에서도 분명하다고 할 수 있겠지요.

그래서 베버는 의지의 자유를 계측불가능이라는 의미에서의 비합리성과 등치等置시키는 견해를 먼저 비판해야 할 필요에 부딪혔으며, 그러기 위해서도 그는 역사학파 경제학 학자들의 과학론을 당면한 대상으로 삼으면서, 자신의 과학 방법론을 전개하지 않을 수 없었던 것으로 생각됩니다. 그는 이렇게 말합니다. 고전파 경제학에서 볼 수 있는 것과 같은, 그가 말하는 나투랄리스무스 naturalismus, 즉 사회과학의 방법과 자연과학의 그것을 간단하게 동일시한 자연주의적인 과학 방법론의, 어떤 의미에서 비판을 의도한 역사학파 경제학은, 그 비판을 지극히 엉거주춤中途半端하게 끝나게 해버리고 말았다. 엉거주춤한 까닭은 헤겔 언저리에서 가져온 '유출논리(流出論理, Emanationslogik)'라고 할까요, 유기체적인 발전의 논리가 그 속에 혼입混入되어있는 점에 있다. 칼 멩거Carl Menger도 그 점을 비판했지만, 또 다른 의미에서 자연주의적 방법으로 후퇴하려 하고 있다. 그렇게 생각했다. 베버는 어떤 면에서 역사학파 경제학이 영국의 고전파 경제학을 비판한, 그 비판의 깊은 바닥에 감추어져 있던 합리적인 동기를 빼져나가, 그것을 계승한다는 의미에서, 자신은 역사학파의 아들이라고 하면서, 다른 한 면에서는 자신이 그 안에서 태어나서 나온 역사학파 경제학의 방법론 안에 포함된 유출논리를, 정면에서 비판하면서 자신의 사회과학방법론을 구축해가게 되었던 것입니다.

베버의 이 같은 역사학파 비판은, 동시에 다른 칼날이 되어 마르크스 비판이 되어가기도 합니다. 그런데 조금 이상한 것은 ─이것은 제가 읽고서 받은 느낌일 뿐입니다만─ 베버의 마르크스 본인에 대한 비판은, 그다지 격렬한 형태를 취하고 있지 않습니다. 오히려 어떤 때에는, 천재적인 구성이라고 칭찬하고 있다는 것은 다들 아시는 바와 같습니다. 하지만 마르크스의 경제학을 계승하고 있다고 스스로 생각하는 사람들, 특히 그 주변의 사회민주당 계열 사람들에게는, 상당히 엄격한 비판을 날리고 있습니다. 그것은 상당히 흥미로운 문제를 포함하고 있는 듯합니다만, 그에 대해서는 뒤에서 말씀드리기로 하고요, 실은 최근(1964년) 독일에서 에두아르드 바움가르텐Eduard Baumgarten이라는 사람의 『막스 베버: 업적과 사람Max Weber: Werk und Person』이라는 대단히 흥미로운 책이 나왔습니다. 그것은 베버의 문헌에서 중요한 부분과 편지 등을 편집하고, 거기에 베버 연구의 다양한 동향을 소개, 정리한 것을 덧붙이고 있어서, 아주 흥미로울 뿐 아니라 유익한 책입니다만, 그 책을 읽어보면 알 수 있듯이, 편저자인 바움가르텐 같은 사람은 베버의 학설이나 연구를, 어떤 면에서는 마르크스 입장에 대한 비판을 포함하면서, 게다가 다른 면에서는 크게 겹쳐지는 부분도 있다는 것을 인정하고 있습니다. 저도 일찍이 비슷한 것을 쓴 적이 있었기 때문에 한층 더 흥미롭게 읽었습니다.

그러니까 아주 거칠게 말하자면, 대체로 이런 게 아닐까 생각합니다. 베버의 입장은 물론 마르크스에 대한 일

청한 비판을 포함하고 있습니다만, 그 비판을 통해서 마르크스의 견해를 상대화시키면서, 어떤 의미에서는 그것을 자기 입장 속에 크게 받아들이고 있다는 것입니다. 그런데 베버의 마르크스주의, 특히 당시 사회민주당 사람들에 대한 비판은, 그것과는 다른 국면을 내포하고 있는 것으로 생각됩니다. 예를 들면, 당시 독일의 사회민주당 계열 학자들 견해 안에는, 어느 틈인가 역사학파의 논리가 혼입되어있던 마디가 있으며, 베버가 그것을 예리하게 비판하고 있는 측면이 분명하게 있다고 하겠습니다. 그런 한에 있어서, 베버는 마르크스주의라기보다 당시의 독일 사회민주당 학자들의 이론을 우右에서 비판하고 있는 것인지 좌左에서 비판하고 있는 것인지, 조금은 알 수 없는 측면이 있다고 생각합니다. 그런 의미에서 문제는 그렇게 간단하지 않습니다. 특히 베버의 『프로테스탄트 윤리와 자본주의 정신』을 읽을 때면, 그런 점을 미리 머리에 넣어두셨으면 좋겠다는 생각이 듭니다. 저 경우에는 루요 브렌타노(Lujo Brentano)에 대한 비판이 전면에 나와있습니다만, 브렌타노의 생각은, 당시 독일 사회민주당 안에도 들어와 있어서(레닌의 경우는 거꾸로), 그래서 사실상 베버는 그것도 포함해서 비판하는 결과가 되어있던 것입니다.

아무튼 베버는 이 같은 사상환경 속에서, 또 다른 한 면에서 비유럽지역, 특히 동양 문화의 이질성異質性이 사회과학의 인식대상으로 점차로 의식되기 시작하는 단계에서, 그의 과학 방법론을 전개하지 않으면 안 되었던 것입니다. 게다가 그는 그 경우, 앞에서도 말씀드린 마르크스와는 상당히 다른 길을 걸었습니다. 한편에서는 마르크스의 『자본론』이나 그 기초를 이루는 유물사관을 천재적이라 칭찬하면서도, 다른 한편에서는 그것을 상대화시키면서 비판적으로 섭취하여, 인간을, 그의 말을 빈다면 정치적 및 경제적인 이해상황interessenlage 속에서, 그것과의 관련이라는 측면만을 파악하는 것이 아니라 경제라는 문화영역의 '기초적인 중요성 fundamentale Bedeutung'을 충분하게 인정하면서도 —그의 주저主著의 표제가 『경제와 사회Wirtschaft und Gesellschaft』로 되어있는 것에서도 알 수 있지요— 그 외의 여러 문화영역, 마르크스에 의하면 이른바 상부구조입니다만, 그런 문화 제 영역 안에도 손과 발 그리고 머리를 들이밀고 있는, 그 같은 구체적인 인간 제 개인의 다면적인 성격을 충분히 시야 안에 두면서 과학적 방법론을 세우려고 했던 것입니다.

그렇게 해서 베버의 경우에는, 사회과학적 인식의 대상이 되는 인간 제 개인은, 당연히 마르크스의 경우처럼 자연사적 과정에 끼워져서, 그런 흐름 안에서 억지로 움직여지고 있는, 따라서 마치 자연과 마찬가지로 사물이 되어 움직이고 있는 인간은 아니며, 자유로운 의지를 지니고 어디까지나 자각적인 것과는 별개라 하더라도, 목적을 설정하고 그것에 대한 수단을 선택해서, 끊임없이 결단을 내려가면서 행동하고 있는 것과 같으며, 마르크스의『자본론』경우보다는 한층 더 구체적인 인간 제 개인일 수밖에 없었습니다. 그렇게 해서 생겨난 것이 그가 말하는 사회학입니다만, 그 경우 그와 같은 구체적인 인간 제 개인, 그 행위의 궤적이라고도 할 수 있는 사회현상을 대상으로 하면서, 어떻게 해서, 인과성의 범주를 사용하면서 과학적 인식을 성립시킬 수 있을까, 하는 것이 그의 사회과학 방법론의 중심 문제가 되어있던 것입니다.

다만 여기서 조금 말해두고 싶은 것은, 그 같은 사회과학 방법론을 논할 경우, 그가 하인리히 리케르트 (Heinrich Rickert, 베버의 생각에 큰 영향을 미친 독일 철학자-역주) 철학을 높이 평가하고, 주지하듯이 아주 많이 원용援用하고 있다는 것입니다. 저는 철학자가 아니기 때문에,

유감스럽게도 과연 베버 방법과 리케르트 방법에 본질적으로 같은 것이 있는지 없는지, 두 사람이 어디까지 겹쳐지며, 어디서부터 갈라지게 되는가 하는 것은 충분히 판정하기가 어렵습니다. 그것은 언제나 철학자에게 물어보고 싶다고 생각하는 부분입니다. 그가 어떤 면에서는 리케르트의 영향을 받고 있다는 것은, 아마추어 눈에도 분명한 듯합니다. 혹은 서로 영향을 주고받은 것도 있겠지요. 하지만 또 리케르트 철학에 아마추어인 제 눈에도, 두 사람의 과학방법론 사이에는, 무언가 지극히 근본적인 중요한 차이가 있는 것처럼 생각되지는 않습니다. 예를 들면 베버 경우도, 리케르트 경우와 마찬가지로 '보편적으로 타당한 관계 개념(법칙)'의 추구와 '보편적 (혹은 역사적) 의의가 있는 개성적인 사물 개념'의 추구라는 이들 인식의 두 길은, 결코 자연과학과 사회과학의 차이를 표시하는 지표가 되어있지는 않습니다. 자연과학에도 사회과학에도 그런 인식의 두 길을 마찬가지로 볼 수 있기는 합니다만, 그의 경우에는 인식론 위에서 자연과학에서 사회과학을 나누는 것으로서, 동기의 의미 이해에 근거한 '이해적 방법Verstehende Methode'의 유무有無가 나타나게 됩니다. 그런 점이나 또 그 같은 방법의 사정射程

거리 등에 대해서는, 다음에 설명드리기로 하고, 미치지 못한 점은 역시 철학에 밝으신 분들에게 가르침을 받을 수 있었으면 합니다.

그 점에 대해서 특히 흥미가 있으신 분들은 안도 에이지安藤英治 씨의 『막스 베버 연구: 에토스 문제로서의 방법론 연구』(未來社, 1964)라는 훌륭한 책을 꼭 한번 읽어주셨으면 합니다.

5

지난번에는 마르크스 경제학의 방법에 대해서 말씀드렸으므로, 오늘은 베버의 '사회학' 방법에 대해서 말씀드리기로 하겠습니다. 그런데 베버가 '사회학Soziologie'이라 부르고 있는 것은, 현재 사회학 연구를 하시고 계신 분들이 '사회학'이라 부르고 있는 것과 내용이 어느 정도까지 엇갈리고 있지 않나 하는 생각이 듭니다. 베버는 그같은 좁은 의미의 것도 포함하면서도, 자신의 독자적인 사회과학의 기초이론을 '사회학'이라 부르는 측면이 있으므로, 여기서는 '사회학'을 그런 넓은 의미로 이해해주셨으면 좋겠습니다. 마르크스 경우에는 경제학—이라기보다도 경제학 비판—이, 좁은 의미에서 경제학이라 불리는 것을 그 안에 포함하면서, 사회과학의 기초이론이라는 의미도 지니고 있었습니다만, 베버의 경우에는 사회학이 그것과 비슷한 지위에 있는 것입니다. 그 같은 의미에서 오늘은 베버의 '사회학'에 보이는 독자적인 방법과 그 의미를 여러분과 같이 생각해보려고 합니다.

그런데 베버의 '사회학' 경우에도, 인식의 대상이 되는 것은 사회를 이루어 생활하고 있는 살아있는 인간 제 개인입니다. 그것이 출발점이며, 또 끝까지 인식의 대상이 되는 것이지요. 마르크스 경우, 어떤 의미에서 같다는 것은 저번에 말씀드렸습니다만, 그의 경우, 일단은 경제라는 문화영역에 시야를 한정시키는, 그런 추상화가 행해지는 데 대해서, 베버 경우에는 인식대상은 연구의 어느 단계에도 중점의 차이는 있지만, 시종일관 다양한 문화영역에 손과 발 그리고 머리를 들이미는, 그 같은 살아있는 인간 제 개인인 것입니다. 그러므로 또 경제적 이해상황에 떠밀려 움직여가면서도, 각각 자유로운 의지를 지니고, 다양한 목적을 설정하고, 그것을 위한 수단을 선택하고, 결단을 내려가면서 행동하는, 그런 인간 제 개인이 계속해서 인식의 대상이 되는 것입니다.

그러면 베버의 경우, 그처럼 살아있는 인간 제 개인의 영위라고 할는지 혹은 그들 행동의 궤적이라 할 수 있는 사회현상을 대상으로 삼아서, 어떻게 과학적 인식이 성립하게 되는 걸까요. 바꾸어 말한다면, 그 같은 살아있는 인간 제 개인 그 자체를 느닷없이 인식의 대상으로 삼으면서, 게다가 인과성 범주를 사용해서 사회현상을 인과적으로 설명하기도 하고, 법칙을 설정하기도 하는 것이 어떻게 해서 가능할까요. 그런 문제가 당연히 나오게 되는 것입니다. 베버도 그 학문적 처리를 게을리하고 있지 않습니다만, 다만 그가 하는 방식은 지난번에 말씀드린 마르크스 경우와는 아주 다릅니다. 그 같은 베버의 독자적인 방식을 이제부터 설명해가려고 생각합니다만, 다만 그 경우, 마르크스와 베버 두 사람의 방법이 이 점에 대해서도 전혀 인연이 없어, 서로 만나는 곳이 없다는 식으로 다루게 되면, 그것은 곤란하므로, 조금 옆길로 새는 듯하지만, 그 점에 대해서 조금만 말해두기로 하겠습니다.

　앞에서도 말씀드린 것처럼, 마르크스의 경우 자연성장적 분업에 따라 야기되는 인간의 소외현상, 그것을 통해서 인간의 영위가 물화物化되어, 사회현상이 자연현상과 마찬가지로 과학적 인식의 대상이 될 수 있다는 식으로 됩니다만, 마르크스가 했던, 그 같은 학문적 절차에 조응照應하는 것을 베버가 전혀 하고 있지 않은가 하면, 저는 반드시 그렇다고 잘라 말할 수는 없다고 생각합니다. 왜냐하면 마르크스는 인간의 소외현상을 통해서 인간 영위의 역사를 하나의 자연사적 과정으로 보고, 자연과학의 경우와 마찬가지로 이론적 방법을 적용할 수가 있다고 했습니다만, 그것과 어떤 의미에서 같은 것을 베버는 다른 시각에서 다른 방식으로 하고 있다고 말할 수 없는 것은 아닙니다. 조금 더 구체적으로 말씀드리자면, 예의 『프로테스탄트 윤리와 자본주의 정신』에서, 더 넓게는 그의 『종교사회학』 특히 「세계종교의 경제윤리」에서 그가 추구하고 있는 문제가 그것이며, 마르크스가 소외의 학문을 추구한 것은 『독일 이데올로기』라는 종교 비판의 책이었다는 것을 생각하면서 비교해보면 대단히 흥미롭습니다만, 아무튼 마르크스 경우에는 소외의 결과(예를 들면 가치법칙)를 단단히 붙잡아서, 거기서부터 경제학 비판을 전개해가는 것에 대해서, 베버의 경우는 『프로테스탄트 윤리와 자본주의 정신』과 기타 등에서, 그런 소외가 생겨나는 내적-심리적인 과정(등가교환等價交換의 에토스ethos)을 하나하나 뒤쫓아간다는 방식으로, 결국은 같은 문제와 시름하고 있다고 해도 좋지 않을까 합니다. 물론 그 같은 접근방식 차이와 더불어, 그것이 다루어지는 이론 레벨도 역시 상당히 다르기는 합니다만, 하지만 그처럼 대상적으로는 두 사람이 서로 겹쳐지면서도, 베버의 사회학 경우에는 역시 마르크스의 경제학과는 완전히 다른 사회과학 방법론이 전개되며, 또 거기서 베버 이론의 강함도 나오게 된다면 약점도 나오게 되는 것입니다. 아무튼 그 같은 베버의 독자적인 방법의 특징을 먼저 살펴보기로 하겠습니다.

앞에서도 말씀드린 것처럼 베버의 사회학의 경우에는, 그 인식의 대상은 시종일관 살아있는, 자유로운 의지를 지니고 행동하는 인간 제 개인입니다. 그렇다고 한다면 그런 인간 행동의 이른바 궤적인 사회현상을 대상으로 삼아서, 자연현상을 대상으로 하는 경우와 마찬가지로 충분히 과학이라 말할 수 있는 그런 인식이 어떻게 성립할 수 있는 것일까요. 잘 알려진 것처럼 마르크스 경우와는 달라서, 베버는 일단은 하인리히 리케르트의 과학 인식론을 원용援用하면서, 그 문제와 씨름해갑니다. 그것을 출발점으로 삼아 그의 사회학의 기초이론을 전개해가는 것입니다. 그것은 확실히 그러하며, 사실 베버는 리케르트의 과학인식론을 열심히 원용하고 있습니다만, 다만 과연 베버의 과학방법론이 전부 리케르트 철학 속에 완전히 들어가 버렸는가 어떤가, 혹은 양쪽이 착하고 일치하고 있는가 어떤가 하는 점이 되면, 저는 정말 의심을 하게 됩니다. 오히려 두 사람 사이에는 무언가 본질적으로 엇갈리는 것이 있는 것처럼 여기고 있어서, 언젠가 철학에 해박한 분의 가르침을 받고 싶다고 생각하고 있는 참입니다(흥미가 있는 분들은 앞에서 말한 안도 에이지 씨의 책을 참조해주십시오). 아무튼 그런 의문을 지니게 된 것도 애초에 제가 한 사람의 사회과학자로서의 베버의 글을 읽는다는 것과 관계가 있을지도 모르겠습니다. 왜냐하면 그것은 이러합니다. 막스 베버는 메토디크(Methodik, 방법론)라는 것을 그런 방식으로 정연하게 전개하고 있습니다만, 하지만 그는 다들 아시는 것처럼 과학방법론 전문 학자라고 말했던 사람은 아니었습니다. 오히려 방법론 학자이기 전에 뛰어난 사회과학자이며, 방대한 업적을 남기고 있어서, 실은 그런 그의 사회학 분야에서의 구체적인 업적과 방법논의方法論議 속에는 반드시 나타나 있지는 않지만, 구체적인 업적에서는 충분히 구사되고 있는,

그런 독자적인 방법을 읽어낼 수 있으리라 생각합니다.

그런 것으로 살펴본다면 제게는 아무래도 그가 방법론이라는 형태로 전개하고 있는 것에서 본질적으로 불거져 나올지도 모르는 것 안에, 그의 사회과학의 방법—상당히 넓은 의미가 됩니다만—을 특징짓는 그런 것이, 한층 더 분명하게 보이지 않을까 하는 의문조차 떨쳐버릴 수가 없습니다. 여러 가지 것들이 있습니다만, 여기서는 그 한두 가지만 말씀드려 두자면, 베버는 슈파눙(Spannung, 긴장緊張)이나 플류지히카이트(Flüssigkeit, 유동성流動性 혹은 이행移行) 같은 것을 다양한 곳에서 문제 삼고 있습니다. 그가 논의를 전개하는 경우에, 가장 중요한 곳에서는 반드시 나오게 되는 방법 개념입니다만, 그의 이른바 방법론 속에, 그것이 어떤 식으로 짜여있는지, 저로서는 아주 잘 알지는 못합니다. 오히려 좁은 의미에서의 방법론에서 불거져 나온 것처럼 여겨지기도 합니다. 그가 말하는 슈파눙Spannung이나 플류지히카이트Flüssigkeit는 마르크스 경우의 '모순矛盾'과는 물론 다릅니다만, 하지만 그야말로 그의 '모순'에 조응照應하는 그런 개념이어서, 마르크스가 모순이라는 방법 개념으로 대상을 파악해가는 부분을 베버라면 슈파눙과 위버강(Übergang, 이행移行)이라는 방법 개념을 구사해가면서 대상을 처리해갑니다만, 그것은 여기서는 이 정도로 해두고서, 나중에 뒤에서 다시 말하게 되겠습니다만, 아무튼 그런 점만으로도 제게는 리케르트의 과학인식론과 그의 과학방법론이 본질적으로 일치하고 있는지 어떤지, 근본적인 의문을 지니는 것이지요. 하지만 적어도 그는 형이상形而上에서는 리케르트의 과학인식론을 출발점으로 삼아 논의를 전개하고 있어서, 저도 역시 그런 형태로 그가 문제를 추구한 방식을 설명해가려고 합니다.

리케르트의 과학인식론에 따라서, 베버도 과학적 인식의 두 개의 길을 생각하고 있습니다. 보편적으로 타당한 관계 개념으로서의 법칙을 추구하는 그런 인식 방향, 그리고 또 하나, 보편적인 ―우리에게 알기 쉬운 표현을 사용한다면 역사적인― 의의를 지니는 개성적인 사물 개념으로서의 개체個體를 파악하려고 하는 인식 방향을 준별峻別합니다. 하지만 그는 물론 보편상식적으로 하는 것처럼 법칙 추구의 인식 방향을 자연과학에, 개체파악의 인식 방향을 문화과학(혹은 사회과학)에 연결해버리는 그런 것은 하지 않습니다. 오히려 그런 인식의 길 두 개는 자연을 대상으로 하는 자연과학 경우도, 또 인간의 영위를 대상으로 하는 문화과학(즉 사회과학)의 경우에도, 어느 것에도 마찬가지로 볼 수 있다는 것입니다. 그 점에서는 자연과학도 사회과학도 조금도 다르지 않다는 것을 리케르트와 마찬가지로 힘주어 말합니다.

그런데 자연을 인식의 대상으로 삼았을 경우, 역학力學에서 그 전형을 볼 수 있는 것과 같은, 보편적으로 타당한 법칙을 최고의 인식 가치가 있는 것으로 여기고, 그것을 어디까지나 추구해간다는 인식 방향이 성립될 수 있다는 것은, 우리 아마추어素人 눈으로도 잘 알 수 있습니다만, 또 하나의 개성적인 사상事象의 파악을 추구하는 인식 방향은, 자연을 대상으로 삼을 경우, 어떤 형태로 성립된다고 하는 것일까요. 그것에 대해서 그는 높은 곳에서 낙하하는 암석이 분분紛紛하게 부서지면서 날아흩어져가는 과정을 예로 들고 있습니다만, 그런 것도 예해例解가 될 수 있겠지요. 지금 일본 본토에 태풍이 가까이 오고 있습니다만, 남태평양에서 발생한 그런 저기압이 도대체 어디를 덮치게 되는가, 세세한 부분은 정확하게 알 수는 없겠지만, 결국 규슈九州 남부에 상륙해 일본 본토를 횡단하면서 각지에 폭풍우를 불러오게 된다는 것이지요. 그럴 경우, 그 폭풍우에 대해서, 최초에 그것이 남양南洋에서 발생한 개성적인 사태와 또 일본 본토를 습격하기에 이른 개성적인 경과를 하나하나 뒤쫓아간다는 그런 식의 인식 방향도 있는 것이지요. 앞에서 말한 역학力學의 경우에는 법칙 그 자체가 인식의 구극究極 목표가 되어있습니다만, 태풍의 경우에는 그 개성적인 경과의 인식이 구극 목표가 되어있는 것이며, 따라서 그 경과의 개성적인 인과 관련의 추구를 위해서 법칙적 지식이 불가결한 수단으로 원용援用된다고는 하지만, 결코 법칙인식 그 자체가 구극의 인식목표가 되지 않다는 점은 분명하겠지요. 그런 개성적인 인과 관련을 하나하나 쫓아간다는 인식 방향을, 잘못 알고서 법칙적 지식의 응용에 지나지 않는다고 하여 법칙 인식보다도 학문적으로 인식가치가 한 단계 낮은 것으로 보려는 그런 사고방식도 널리 볼 수 있기는 합니다만, 베버는 그런 식의 사고방식에는 전혀 찬성하지 않습니다. 오히려 그것을 법칙 인식에 대립하는 독자적인 인식 방향으로 파악하고, 또 그런 식으로 생각하는 것입니다. 자연현상을 인식대상으로 삼는 자연과학의 경우에도, 개성적인 인과 관련을 추구追及하려고 하는 경우에, 큰 줄거리는 그렇다손 치더라도, 그것을 세세한 데 이르기까지 완전하게 계측한다거나 하는 것은 아무래도 할 수 없으며, 따라서 장래의 경과를 작은 데까지 정확하게 예측하는 것 따위는 원리적으로 가능하지도 않습니다. 그 같은 예측불가능성豫測不可能性이랄까요, 계측불가능성計測不可能性이랄까요, '계측불가능성'이라는 사태는 어떻게 해도 피하기 어렵습니다. 다시 말해서 그런 계측불가능성이라는 의미에서의 비합리성이라는 것이라면, 인간의 영위인 사회현상에만 특유特有한 것은 아니며, 자연을 대상으로 하는 경우에도 인식 방향이 개체의 파악을 추구하는 한, 마찬가지로 볼 수 있다는 것입니다.

그처럼 베버의 경우, 인식의 방향 두 개는 자연현상에도 사회현상에도 마찬가지로 성립한다고 하며, 그 점에서는 자연과학도 사회과학도 근본에 있어서 다르지 않습니다. 다시 말해서 사회현상에 관한 과학적 연구의 인식 방향을 본질적으로 개성 인식과 연결시키고, 거기서부터 법칙론적 지식의 성립 가능성이나 그 본질적인 의의를 몰아내 버리는 그런 일은 절대 하지 않습니다. 다만 사회과학의 경우에는, 대상이 살아있는 인간의 영위이기 때문에, 인과성의 범주를 사용하면서, 하지만 우리는 아무래도 질質을, 양量보다는 한층 더 질을 문제 삼지 않으면 안 됩니다. 그런 의미에서 개성적인 인과 관련을 파악하려고 하는 인식 방향 쪽이, 한층 더 전면에 나서게 되며, 법칙론적 지식은 오히려 그 수단으로서 배후에 놓이게 되는 성질이 한층 더 현저해지게 되는 것입니다만, 하지만 아무튼 그런 점에서는 사회과학은 자연과학과 원리적으로 다른 부분이 없으므로, 오히려 사회과학도 자연과학과 마찬가지로 인과성 범주를 사용해서 대상을 다루는 것이므로, 그런 점에서 당연히 과학적 인식이란 이름에 값하게 된다는 것입니다.

그런데 그야말로 바로 그런 점에서, 무엇보다 근본적인 문제가 생기게 됩니다. 인간은 의지의 자유를 가지고 있다. 그래서 어떤 목적을 설정하고, 또 그 목적을 위해서 어떤 수단을 선택해서, 어떤 결단을 내려가면서 행동하는가 하는 것은, 적확하게는 도저히 예측하기 어렵다. 인간의 자유로운 의지라는 비합리적인 것은 본질상 계측計測을 허용하지 않기 때문이다. 따라서 사회현상의 경우에는, 인과 관련이라는 것과 같은 것을, 아무리 해도 자연현상에서처럼 적확하게 추구할 수가 없다. 이 같은 의문이 당연히 생기게 되겠지요. 그런데 베버는 그렇게 생각하는 방식에 대해서 정면에서 반대합니다. 거꾸로 인간 의지의 자유 영역이 확대되면 확대될수록, 사회현상에서의 인과 관련의 추구는 도리어 쉽게 될 뿐만 아니라 일반적으로 자연현상의 경우보다도, 사회현상의 경우 쪽이 인과 관련을 한층 더 확실하게 인식할 수 있다고 조차 말하고 있습니다. 그것은 베버 사회학의 방법을 특징짓는 하나의 포인트point가 되기도 하므로, 조금 유념해서 이야기해보도록 하겠습니다.

베버의 '사회학' 경우에는, 인식의 대상은 시종일관 살아있는, 자유로운 의지를 지니고 행동하는 인간이라는 것은, 이미 반복해서 말씀드렸습니다. 그 같은 살아있는 인간 제 개인이라는 것은, 어디까지 의식적인가 하는지는 별개의 것이라 하더라도, 어쨌든 끊임없이 다양한 목적을 설정하고 그 수단을 선택해서 결단을 내리면서 행동하는 것이며, 사회현상은 그처럼 살아있는 인간 제 개인의 사회적 행동의 궤적과 다름없기 때문에, 무릇 사회현상 속에는 인간 행동에서의 목적-수단의 연관, 이른바 텔레올로기, 목적론적인 관련이 아주 깊숙이 포함되어있다는 것은 새삼 말할 것까지도 없습니다. 따라서 사회현상 속에서는, 자연현상의 경우와는 달리 그 같은 목적-수단의 목적론적인 관련이라는 사실을 더듬어갈 수가 있습니다. 이는 사회과학 연구에서 무의미하지 않을 뿐만 아니라 본질적으로 중요한 것이기도 합니다. 하지만 중요한 것은, 그 같은 목적론적 관련의 추구는, 원인-결과의 연관을 더듬어가는 인과 관련의 추구와는 상호 간에 본질적으로 관련이 있으면서도, 그 자체로서는 완전히 별개의 것이라는 점입니다. 저로서는 그것이 제일 중요한 부분이라 생각합니다. 아무튼 목적론적인 관련은 인과 관련과는 다른 것이기 때문에, 사회현상 안에서 아무리 그런 목적론적인 관련을 추구하더라도, 그것만으로는 자연과학이 과학이라는 식의 그런 의미에서, 과학적 인식은 따라서 훌륭한 의미에서의 사회과학이라는 것은 아무리 해도 성립될 수가 없습니다.

그러면 도대체 그런 사회현상을 대상으로 하면서, 어떻게 하면 인과성의 범주를 사용해서, 충분히 과학적이라 불리기에 적합한 인식을 성립시킬 수 있을까요. 그런 어려운 물음에 대해, 베버는 실은 명쾌한 해결을 제공해주고 있습니다. 그렇게 함으로써, 그 같은 목적론적 관련을 포함하여 성립하고 있는 사회현상을 대상으로 하더라도, 우리는 인과성의 범주를 사용해서 온전한 의미에서 과학적 인식을 성립시킬 수 있다는 것을 근거로 하는 셈입니다. 그런 해결의 방식을 저는 '목적론적 관련에서 인과 관련으로 재편성'이라는 식으로 부르고 있습니다만, 그것이 어떤 것인지 말씀드리자면, 대체로 다음과 같은 식으로 설명하면 좋지 않을까 생각합니다. 어떤 목적을 설정하고 그것을 위한 수단을 선택하고, 그리고 결단을 내리면서 행동함으로써 일정한 결과를 가져오게 된다는 것은, 우리의 주관主觀에서는 확실히 목적-수단의 연관으로 의식되고 있지만, 그것을 객관적인 과정에 놔두고 보면, 그것은 그런 행동을 불러일으킨 원인의 하나로 적어도 작용하고 있다는 것이지요. 다시 말해서 객관적으로는, 그것은 하나의 원인-결과 관련으로 되어있기도 하지요. 어쨌든 그리하여 목적-수단의 관련을 끊임없이 원인-결과의 관련으로 재편성해가면, 사회과정에서의 객관적인 인과 관련을 하나하나 더듬어갈 수 있게 되는 것입니다. 하지만 그 같은 목적-수단의 관련을 원인-결과의 관련으로 재편성해가는 것은 도대체 어떠한 절차에 의해서 가능하게 되는 것일까요. 실은 거기에 그의 근사한 착상着想이 나오게 됩니다. 그것이 유명한 '이해적 방법Verstehende Methode'이며, 그 자신의 표현을 빌자면 "사회학이란 사회적 행위의 (주관적으로 생각된) 의미를 해명하면서 이해하고, 그렇게 함으로써 그 경과와 영향을 인과적으로 설명하려고 하는 학문"이라는 것으로 됩니다. 다시 말해서 사회과학적인 인식의 경우에는, 그 같은 자연과학에서는 볼 수 없는, 동기의 의미 이해意味理解라는 것이 덧붙여지게 됩니다. 또 그 언저리에서 리케르트 방법과의 차이도 비로소 분명하게 드러나기 시작한다는 것은, 베버 자신도 인정하고 있는 그대로입니다.

앞에서 말씀드린 것을 다시 한번 떠올리면서 그 점을 설명해본다면, 이렇게 되지 않을까 싶습니다. 보편적으로 타당한 인과법칙을 추구한다는 인식의 방향, 개성적인 인과 관련을 추구한다는 인식의 방향, 이것은 자연과학의 경우와 마찬가지로 사회과학 경우도 둘 다 성립하지만, 사회과학 경우에는 대상이 자연이 아니라 의식을 가지고 행동하는, 그처럼 살아있는 인간 제 개인이기 때문에, 인과 관련을 확실하게 추구해가는 데에는, 자연과학에서는 볼 수 없는 독자적인 방법, 즉 동기의 의미 이해라는 절차를 아무래도 거치지 않으면 안 됩니다. 그뿐만 아니라 그렇게 함으로써 인과귀속因果歸屬은 자연과학의 경우보다 도리어 한층 더 확실한 것으로 된다고조차 베버는 말하고 있는데, 그것은 대체로 이런 식이라 할 수 있겠지요.

예를 들면 앞에서 말씀드린 태풍의 예를 들어 생각해 보면, 처음에 남태평양에서 일어난 하나의 저기압이 거대한 활弧 모양을 그리면서 일본 본토를 덮친다는 개성적인 경과에 대해서, 기상학자들은 다양한 법칙론적 지식을 구사해 인과 귀속을 확실하게 하면서, 그 개성적인 경과 속에서 볼 수 있는 인과 관련을 추적하고, 또 가능한 한 정확하게 장래를 예측하려고 합니다. 다시 말해서 보편적으로 타당한 법칙을 추구한다는 인식 방향에 의해서 얻어진 법칙론적 지식을 원용援用하면서, 개성적인 인과 관련을 분명하게 밝히려고 한다는 것이지요. 그런데 사회현상 경우에도, 그것과 원리적으로는 같은 일을 할 수 있다는 것입니다. 예를 들면 경제학에서의 경기 분석이나 예측 같은 것을 생각해보면 잘 알 수 있으리라 생각합니다. 그런 점에서는 자연과학 경우와 완전히 같습니다만, 다만 사회과학 경우에는 단순한 외면적인 경험으로 얻어진 규칙성이라 할까요, 그런 법칙론적 지식에 덧붙여서 동기의 의미를 이해한다는 절차를 밟음으로써

인과 관련의 인식이 성립될 뿐만 아니라 오히려 한층 더 확실하게 된다고 베버는 말합니다. 왜냐하면 인간 행위의 경우에는 그런 행동을 하는 의미를 알 수 있습니다만, 자연현상에는 그와 같은 의미 따위는 있을 리가 없습니다. 시인詩人은 자연을 보고, 무언가 자연이 심히 슬퍼하고 있다든가 화내고 있다든가, 그런 식으로 느낄지도 모르겠습니다만, 과학적으로 볼 때는 자연에는 그런 인식 같은 것은 있을 리가 없다고 생각할 수밖에 없지요. 그런 식으로 말한다면 과학은 성립되지 않기 때문이지요. 다시 말해서 자연현상 경우에는, 과학자가 그 의미를 묻는다는 것과 같은 일은 전혀 있을 수 없습니다만, 인간의 영위에 대해서는 사람들이 대체 어떤 연유わけ로 그런 행동을 하는가, 그 동기가 갖는 의미를 알 수 있으며, 그것에 의해서 단순한 경험적 규칙성에 의거하는 것보다도 확실하게 원인-결과의 연관을 추적하며, 또 장래를 예측할 수 있다는 것으로 됩니다. 간단히 말해서 우리의 개인적인 교제의 경우에도, 어떤 친구가 하는 것을 계속 보고 있는 것만이 아니라, 그는 어떤 동기로 그것을 하는지 그 의미를 알 수 있다면, 다음에 그런 경우에는 그는 어떤 행동을 할 것인가 하는 것을 한층 더 확실하게 예측할 수 있습니다. 조금 다른 예를 더 들어보기로 하겠습니다. 예를 들면 어떤 길모퉁이는 무슨 요일 몇 시 무렵이면 언제나 사람들이 몰려서 혼잡스러워진다고 합시다. 그 같은 경험적으로 확인할 수 있는 혼잡의 반복くりかえし만은 아니며, 또 그렇게 사람들이 몰려드는 것이 예를 들면 그 근처에 있는 야구장에 야구 경기를 보러 가기 때문이라는 식으로, 그런 의미를 알 수 있게 되면, 그런 혼잡의 인과 관련이 확실하게 인정되고, 장래에 혼란한 일시日時와 그 정도를 한층 더 정확하게 예측할 수 있게 된다는 것은 분명하다고 할 수 있겠지요.

그런 식으로 사람들이 주관적으로 어떤 의미를 담아서 목적을 설정하고, 수단을 선택하면서 행동하고 있는지, 그들의 행위의 의미를 이해해서, 말하자면 추체험追體驗할 수 있다면, 그것을 매개로 해서 사회현상에서의 인과 관련을 확실하게 추적하고, 또 예측할 수 있습니다. 그런 의미에서 사회현상을 대상으로 삼아 자연과학의 경우와 마찬가지로 충분히 과학적이라 불려도 좋은 그런 인식이 성립할 수 있게 된다는 것입니다. 게다가 그 경우, 인간 의지의 자유가 커진다는 것은, 실은 인간이 한층 더 합리적으로 행동하게 된다는 것이기도 하므로, 인간의 의지

가 자유롭게 되면 될수록 점점 더 그들의 행위가 주관적
으로 생각했던 의미는 학문적으로 해명하고 이해하기 쉽
게 되기 때문에, 사회현상에서의 인과 관련은 한층 더 추
적하기 좋게 됩니다. 다시 말해서 의지의 자유라는 것은,
사회현상을 대상으로 하는 바의 사회과학적 인식을 정도
가 낮은 것으로 만드는 것이 아니라 도리어 한층 더 확실
하게 해주는 것이라고조차 베버는 말하는 것입니다. 아
무튼 그의 경우, 현상 안에서 볼 수 있는 경험적 규칙성
의 확인만이 아니라 나아가 또 하나 중요한 '이해'라는 절
차를 추가함으로써, 인과성의 범주를 적확하게 사용할
수 있게 되어, 사회과학에서의 객관적 인식이 성립하게
되었다는 식으로 설명할 수 있겠습니다.

6

　이와 같은 막스 베버의 과학적 방법론은 마르크스가
소외의 사실을 통해서 인간의 영위, 다시 말해서 사회현
상에도 과학적 인식이 성립한다는 것을 설명했던 방식
과는 상당히 다른 차원의 설명입니다. 그 점은 이미 충분
히 알게 되었으리라고 생각됩니다만, 하지만 그 같은 베

버의 과학 방법론은 사회과학 연구에 있어서, 구체적으로는 도대체 어떤 의미를 갖게 되는 것일까요. 이제 그런 사안에 대해서 같이 생각해봤으면 합니다.

마르크스 경우에는, 자연성장적 분업의 결과 생겨나는 소외의 사실을 통해서, 사회과학적 인식의 초점이 무엇보다도 먼저 경제 현상의 이론적 파악(즉 경제학)으로 좁혀져 간다는 것은 지난번에도 말씀드렸습니다만, 어쨌든 그는 과학적 인식의 시야를 일단은 경제 현상에 좁혔으며, 그렇게 함으로써 인간의 행동을 움직여가고 있는, 혹은 사회현상의 깊은 바닥에서 그런 동향을 크게 좌우하고 있는, 인간 제 개인의 경제적 이해의 존재 양태를, 베버식으로 말한다면 경제적 이해상황ökonomische interessenlage을 먼저 정확하게 파악한다는 학문적 작업에 집중했습니다. 그리고 그 점에서 마르크스의 사회과학적 방법의 분명한 특징뿐만 아니라 대단한 강력함 역시 볼 수 있는 것입니다. 그 같은 경제 현상의 중시라는 점이 베버에게 전혀 없다는 식으로 말씀드리지는 않겠습니다만, 하지만 그의 경우에는 지금 말씀드린 것과 같은 과학 방법론의 독자적인 성질로부터 아무래도 경제사회학이 전면에 나서게 되며, 좁은 의미에서의 '경제이론'이 —성립될 수 없다는 식으로는 결코 말씀드리지 않겠습니다만— 배경으로 물러서는 경향이 있었다는 것은 역시 부정할 수 없겠습니다. 그 점은 마르크스 쪽이 한층 더 뛰어난 측면을 갖추고 있다고 할 수 있지 않을까 하는 생각이 듭니다.

그런데 마르크스 경우에는 그처럼 경제적 사상事象의, 혹은 인간 제 개인이 처해있는 경제적 이해상황의 '고유한 법칙성'(즉 경제법칙) 그 자체의 적확한 인식을 지향할 뿐만 아니라, 그것의 달성에 근거해 상부구조上部構造, 베버식으로 말하자면 경제에 대한 다른 문화 제 영역, 예를 들면 법, 혹은 정치, 혹은 예술, 그 외에 종교에 이르기까지, 그와 같은 다양한 문화 제 영역에서의 사상事象은 하부구조下部構造 즉 경제적 이해상황의 존재 양태에 의해서 근저적根底的으로 제약당하고 있으며, 따라서 결국은 그것을 이데올로기적으로 표현하게 된다는 측면이 대단히 강조됩니다. 또 그런 지적은 물론, 그 나름대로 훌륭한 유효성有效性을 가지고 있는 것입니다. 그에 대해서 베버 경우에는, 그 같은 경제적 이해상황이 다른 문화 제 영역에서의 사회현상을 근저적으로 제약하는 것은 충분히 인정합니다만, 그것만은 아닙니다. 정치, 예술, 종교 —종교라는 단어가 여러분들의 머릿속에 조금 걸린다면, 사상思想으로 바꾸어 말씀드려도 괜찮겠습니다만— 그 같은 다양한 다른 문화 제 영역에서의 사회현상이, 경제에 제약당하면서도, 그것에로 환원시킬 수 없으며, 각각에 '고유한 법칙성Eigengesetzlichkeit'에 따라서 독자적으로 움직여간다. 그뿐만 아니라 그 같은 다른 문화 여러 영역에서의 독자적인 움직임이 다시, 경제의 움직임을 거꾸로 근저적으로 제약한다. 그 같은 사회현상에서의 다원적인 관련을, 그는 대단히 강조하는 것입니다. 단순히 경제 현상만이 아니라 그런 다양한 여러 문화 영역에서의 사회현상의 모든 것을 각각의 '고유한 법칙성'에서 파악할 수 있는, 그런 사회과학 방법을 성립시키는 것을 의도하고 있었으며, 그런 점에서 베버 '사회학'의 방법이 마르크스 방법에서는 보이지 않는 국면을 머금을 수 있다는 것, 적어도 사회과학적 연구의 사정射程거리가 그로 인해서 현저하게 확대될 수 있으리라는 것은, 이제 여러분들도 대략은 알 수 있게 되지 않았을까 생각합니다.

물론 마르크스 경우에도 경제적인 것이 다른 문화영역에서의 여러 현상을 뿌리에서부터 제약한다는 것을 강조하는 것만은 아니며, 정치든 예술이든 사상이든 경제 이외의 문화 제 현상, 다시 말해서 상부구조도, 하부구조를 형태 짓는 경제에 대해서 상대적으로 독자적인 운동을 하며, 역작용逆作用을 한다는 것은 충분히 인정하고 있습니다. 그것을 부정하게 되면, 아마도 마르크스주의 측으로부터 강력한 반박이 나오게 될 것입니다. 마르크스가 상부구조를 이루는 문화 제 영역의 각각에, 상대적인 독자성을 갖는 운동을 인정하고 있는 것은, 물론 확실히 그렇습니다만, 그렇다면 정치든 예술이든 사상이든, 그런 다양한 문화 제 영역은 경제적 이해상황으로부터 상대적으로 독립해서, 각각 어떻게 독자적인 방식으로 운동하는가, 또 그 고유한 운동법칙은 대체 어떤 것인가 하는 것으로 되면, 아무래도 적극적인 답변을 얻을 수가 없습니다. 오히려 상부구조의 운동은 구극究極에 있어서 경제적인 것에 의해서 제약당하고 있다, 오로지 그렇게 말하는 것을 일면적으로 강조하는 데 머물러 있는 것이 실세 사정이 아닌가 생각합니다. 그에 대해서 베버 경우에는, 경제적 이해상황에 의한 근본적인 제약을 충분히 인정하면서도, 오로지 그것에만 머물지 않고서, 나아가 다른 여러 문화영역에서의 사회현상이 그 같은 경제적 이해상황의 제약에서 상대적으로 독립해서, 어떤 '고유한 법칙성Eigengesetzlichkeit'을 가지고 독자적인 움직임을 보여주는가, 그것과는 거꾸로 경제의 움직임을 어떻게 제약하게 되는가, 그런 것들을 베버는 정면에서 다루고 있으며, 그것을 '사회학'적으로 추구하고 이론화해가려고 하는 것입니다. 또 베버의 방법이 갖는 그와 같은 독자적인 측면이야말로 마르크스 경우와 비교해서, 한층더 거대한 사정射程거리를 가지고 나타나게 되는 것처럼, 제게는 생각되는 것입니다.

지난번에 군중의 예를 들어가면서 말씀드렸습니다만, 마르크스 경우에는 인간을 소외 상태에서 구원하기 위해서, 일단은 물화物化된 모습에서의 인간관계의 추구에서부터 시작해서, 비판적 경제학을 통해서 먼저 관념의 세계에서 인간 소외로부터 해방을 선취先取하고, 그렇게 함으로써 현실에서 인간을 소외에서 해방하기 위한 지도를 그리려고 했으며, 그렇기에 『자본론』에서는 사물もの로서의 상품의 분석에서 시작해서, 한 걸음 한 걸음, 경제 현상이라는 것이 사실은 인간과 인간의 관계와 다름없다는 점을 상기시켜가면서, 마지막에는 계급이라는 인간의 가장 현실적인 존재 양태가 분명하게 드러나는 형태를 취하고 있습니다. 그런데 그처럼 인간의 가장 현실적인 존재 양태가 분명하게 드러난 그 이후라고 하면, 마르크스 사고방식에서도, 더는 인간을 단순한 사물로 다룰 수는 없다고 생각합니다. 예컨대 정치의 세계에서도, 혹은 법의 세계에서도, 경제에서 바깥으로 벗어난 다른 문화 제 영역에서는 사회현상은 노골적으로 인간과 인간의 관계로 나타나게 됩니다. 그 경우 경제학의 방법을 단순히 연장하는 것만으로는 그 같은 사회 제 현상이 경제적으로, 다시 말해서 사물物과 사물의 관계로 보이는 것과 같은 경제적 사태에 의해서 근저적으로 제약당하고 있는 것은 추구할 수 있겠지만, 경제 현상에서 상대적으로 독자화獨自化해 있는 그런 사회 제 현상의 움직임을, 그것 자체로서 추구하는 것 따위는 있을 수 없는 일입니다. 다시 말해서 거기서는 인간의 소외 현상을 통해서 과학적 인식이 성립한다고 하는 것만으로는, 이미 현상을 파악할 수 없는 것 아니겠습니까. 그렇다고 한다면 사물과 사물의 관계로 추구해가는 경제학의 방법을 단순히 연장하는 것만으로는, 경제 이외의 다른 문화 제 영역에서의 사회현상의 '고유한 법칙성Eigengesetzlichkeit'을 적극적으로 규명해가는 길을 그만 놓쳐버리게 될 것으로 생각됩니다. 그리고, 그야말로 그 같은 부분ところ에서 베버의

'사회학'의 방법이 거대한 사정射程거리를 갖게 되는 것이 아닐까, 하고 저는 생각하고 있습니다.

그런데 마르크스도 이미 『자본론』에서, 베버가 '이해적 방법'에 따라 사회현상의 인과 관련을 추구해가는 것과 아주 비슷한 ―저로서는 본질적으로 같다고 말하고 싶습니다만― 방법적 절차를 밟고 있다라고 말할 수 없는 것은 절대 아니지 않은가 생각됩니다.

예를 들면 지난번에도 말씀드렸던 제1부 제1장 제4절 「상품의 물신적 성격과 그 비밀」이라는 부분을 사이에 두고서, 그 앞에는 가치형태론이, 그 뒤에는 교환과정론이 자리하고 있는 그 언저리의 문제를 다시 한번 떠올려주시면 좋겠습니다. 그 경우, 문제는 이런 것이었습니다. 상품의 가치가 현상現象하는 가치형태의 전개 이후를, 그 논리적 필연성을 추적해가면서 일반적 등가等價에까지 이르게 됩니다만, 그 일반적 등가라는 가치형태가 이번에는 현실에 금金이라는 특정한 사용가치에 집중적으로 감쪽같이 관계를 맺게 되고, 화폐 형태로 이행해가는 과정은, 단순히 사물과 사물의 관계로 추구하는 것만으로는 아무리 해도 그 필연성이 설명되지 않는다는 아포리아(aporia, 난점)에 부딪혀버리고 맙니다. 일반적 등가

가 화폐로 이행해간다는 필연성이 나오지 않습니다. 그
야말로 그 같은 논리 단계에서「상품의 물신적 성격과 그
비밀」이라는 한 절節이 나와서, 부르주아사회의 현실, 즉
인간이 떠올려지게 되면서 '교환과정'론의 서술에 들어
서게 되며, 거기서 처음으로 화폐의 필연성이 논리적으
로 분명하게 드러나게 된다는 것입니다. 그런데 그 '교환
과정'이라는 것은, 마르크스에 의하면 "자신의 욕망을 채
워주는 사용가치를 갖는 다른 상품과 바꾸는 데에만, 자
신의 상품을 양도讓渡하고자 하는", 그 같은 상품 소지자
들이 시장市場에서 서로 대치對峙하며, 현실에서 그 상품
의 교환을 수행한다는 '사회적 행위'의 과정과 다름없습
니다만, 그 같은 "사회적 행위만이 …… 어떤 일정한 상
품을 일반적인 등가로 만들어준다." "그래서 다른 모든
제 상품의 사회적 행동이, 그에 따라 그들이 자신들의 제
가치를 전면적으로 표시하게 되는, 어떤 일정한 상품(즉
금金)을 배제하는 것이다. 그렇게 해서 그 상품의 자연적
형태가, 사회적으로 타당한 등가형태가 된다. 일반적인
등가라는 것이, 사회적 과정에 의해서 그 배제된 상품의
독차적·사회적인 가능이 된다"라고 말하는 것입니다.

정말이지 매우 어려운 것을 말씀드렸습니다만, 그 경

우 제가 말하고 싶은 것은 대략 이런 것이지요. 상품교환이라는 사회적 과정 속에서 일반적 등가가 끊임없이 화폐라는 모습을 취한다는 사실 그 자체는, 베버식으로 말하자면 우리가 경험적으로 그것이 반복됨을 확실하게 할 수 있는 그런 규칙성입니다. 그 같은 법칙론적 지식이지요. 그것만으로는 그 이행의 필연성을 뒷받침해주는 인과 관련이 아주 분명하지는 않습니다. 그래서 마르크스는 상품 소지자들이 자신의 상품을 교환하려고 하는 동기—라 하더라도, 그 경우 개인의 것이 아니라 평균적인 상품 소지자의 동기입니다만— 의 의미를 해명하면서, 교환이 이루어지는 인과 관련의 필연성을 설명하려고 하는 것이지요. 다시 말해서 상품 소지자들은 여러 가지 물건을 만들고 있거나 혹은 가지고 있지만, 그것을 자신이 사용하려고 생각하고 있지는 않다. 자신이 사용하고 싶은 것은 누군가 다른 사람이 상품으로 만들고 혹은 가지고 있다. 그러므로 자신의 물건을, 다른 사람이 가지고 있는 자신에게 필요한 것과 교환하고자 하는, 그런 동기動機로 시장으로 나가서 상품교환을 하는 것이다. 그러므로 거기서는 일반적 등가가 화폐라는 모습으로 끊임없이 이행하지 않을 수 없는 것이라고 말합니다. 그리하여 일반적인 등가가 현실에서 끊임없이 화폐라는 모습을 취하게 된다는, 경험적으로 얻을 수 있는 규칙성의 지식이 한층 더 확실한 법칙론적 지식으로 되는 것만은 아니다. 사회를 이루어 생산하면서 인간 제 개인의 경제적 이해 상황의 법칙적인 추구가, 더 나아간 단계에서 논리적으로 가능하게 되어간다는 것은 지난번에도 말씀드린 그대로입니다. 그 같은 해석 방식에는 물론 마르크스 경제학자들 측에서 강한 비판이 나올 것이 분명하다고 여겨지지만, 저는 그러한 동기의 의미 이해방식은 이 부분만은 아니며 『자본론』의 다양한 논리 단계에서 다양한 형태로 이미 행해지고 있다고 생각합니다.

　그런데 사회과학적 인식이 이와 같은 『자본론』의 제 단계를 빠져나가 버리고, 마르크스의 이른바 상부구조 즉 경제 이외의 문화 제 영역에까지 나오게 되었을 때, 거기서는 과학적 인식의 대상이 되어가는 인간 제 개인은, 이미 사물もの 혹은 기껏해야 경제학적 범주의 인격화라는 것일 수는 없게 되어있습니다. 경제학에 의해 분명하게 드러난 것과 같은 경제적 이해상황에 의해 깊이 제약받고 있다고는 하지만, 그것과는 상대적으로 독자적인 행동을 하는 본래 그대로의生まのままの 인간 제 개인입니

다. 거기에까지 도달하기 직전에는, 사물과 사물의 관계를 추구한다는 것과 같은 방법으로는 사회과학적 인식은 성립하기 어렵게 되며, 아무리 해도 본래 그대로의 인간 제 개인의 행동을 그것 차체로서 인과적으로 파악할 수 있는 그런 방법이 필요하게 된다는 것은 분명하겠지요. 베버 '사회학'의 방법이 중요한 의미를 지니고 있지 않은가, 라고 제가 말하는 것은, 그런 문제점을 감안해 그렇게 한 것입니다만, 이번에는 그것을 조금 다른 레벨level에서 말씀드려 보기로 하겠습니다.

베버는 이처럼 사회현상을 인식대상으로 삼을 경우, 단순한 경험적인 규칙성의 지식만이 아니라 거기에 동기의 의미해명에 의한 이해라는 절차를 조합시켜서, 비로소 사회과학에 독자적인, 어떤 의미에서는 자연과학보다도 한층 더 확실한 과학적 인식을 얻을 수 있다고 생각하고 있습니다. 그것은 또 그가 역사를 보는 시각에도 조응하고 있습니다. 마르크스 경우에도, 지난번에 설명드렸던 것입니다만, 자연성장적 분업에서 유래하는 소외 현상을 통해서 인간의 역사를 자연사적 과정으로 본다라는 방법적 절차를 거쳐서, 비로소 천동설天動說처럼 거꾸

로 선 경제학이 아니라 지동설地動說처럼 말하자면 본래生まの 있는 그대로의 실감實感을 비판해서 발을 땅에 디딘, 경제학 비판이 성립한다는 것으로, 역사를 바라보는 시각(그의 경우에는 이른바 유물사관)이 사회과학적 인식의 성립 근거와 밀접하게 관련되어있습니다만, 베버 경우도 그 점은 완전히 같습니다. 베버에 대해서는, 먼저 사회과학적 인식의 성립 근거를 지금까지 문제 삼아왔기 때문에, 이번에는 그것을 염두에 두면서 그가 역사를 바라보는 시각을 살펴보기로 하겠습니다.

실은 베버와 마르크스 두 사람의 사회과학 방법론 사이에 조금은 서로 겹쳐지는 것이 있는지 어떤지, 혹은 서로 겹쳐지는 것이 있다면 그것은 어떤 형태인가 하는 것 같은 것에 대해서는, 앞에서도 말씀드린 것처럼 다양한 논의가 있습니다. 아니, 베버와 마르크스 두 사람의 과학 방법론은 서로 도무지 인연이 없는 것이라 잘라 말하는 사람조차 많습니다. 실제로 마르크스 경제학과 베버의 경제사회학만을 비교하고 있는 한에서는, 확실히 그런 느낌이 깊이 틀리지 않습니다. 무엇보다도 잘 읽어보면, 반드시 그렇게는 말할 수 없다는 식으로 저는 생각합니다만. 그런데 일단 그 같은 경제학 또는 경제사회학 분야에서 역사의 넓은 영역으로 나오게 되면, 마르크스와 베버 두 사람이 사물을 바라보는 시각, 다시 말해서 역사관歷史觀은, 실은 아주 흥미로운 교착交錯 —서로 겹쳐짐과 서로 간 격차—을 보여주게 되는 것입니다.

　베버는 사회과학적 인식의 성립 근거의 경우에도, 역사관 경우에도, 대상으로서의 사회현상을 이른바 두 개, 적어도 두 개의 눈으로 보면서 나아갑니다. 간단히 말해서 인간은 누구나 두 개의 눈으로 사물을 보게 되지요. 어느 한쪽 눈만이 아니라, 양쪽 눈으로 보게 되면 대상의 깊이를 잘 알게 됩니다. 그런 비유가 어디까지 타당한지는 별도로 해두고서, 베버는 이른바 오른쪽 눈과 왼쪽 눈, 그들 두 개의 눈으로 사회현상을 바라보면서 나아갑니다. 앞에서 사회과학적 인식 성립 근거로서 그가 경험적인 규칙성과 동기의 의미 이해, 그들 두 가지를 모두 중시하고 있다고 말씀드렸습니다만, 그것은 확실히 그 하나의 표현인 것입니다. 그런 식으로 대상을 두 개의 눈으로 파악해간다는 것은 그의 '사회학'적 방법의 특징이며, 그 같은 이른바 복안적複眼的 시각視角 사용은 인식론 레벨에 한정되지 않으며, 그의 방법에서는 이르는 곳마다 다양한 레벨에서 그 모습을 드러내게 됩니다. 예를 들면 이런 점은 여러분들의 흥미를 끌게 되지 않을까 싶습니다. 마르크스 경우 '계급'이라는 개념이 기본적으로 중요성을 가지고 드러나게 된다는 것은 다 아시는 그대로입니다만, 베버 경우에도 다양한 사회계층에 조응照應하는 이해상황의 분석을 위한 중요한 수단으로 역시 '계급'이라는 개념이 나오게 됩니다. 그 의미 내용은 거의 마르크스 경우와 같다고 해도 좋으리라고 저는 생각합니다. 그런데 베버의 경우에는, 그런 '계급Klasse'과 말하자면 짝을 이루는 또 하나 '신분Stand'라는 개념이 나오게 되는 것이지요. 그것은 봉건적 신분이라 할 경우의 '신분'처럼 좁은 의미는 아니며, 그것을 포함하면서도 더 넓고, 더 기초적인 개념입니다. 조금 난폭스럽습니다만 한마디로 말해본다면, '계급'이 우선은 외적-경제적인 '이해상황Interessenlage' 관련 개념인 데 대해서, 그것은 무엇보다도 먼저 인간의 내적-심리적인 '이해상황'에 관련된 개념으로, 베버의 경우 현실 '이해상황'은 언제나 그 같은 두 가지가 서로 얽히면서, 서로 침투해있는 것으로 파악되어가게 됩니다. 다시 말해서 베버는 다양한 사회계층이 처해있는 현실의 이해상황을 '계급'과 '신분'이라는 방법적인 양안兩眼으로 바라보면서 나아가는 것입니다.

이 같은 복안적複眼的 방법은, 베버의 경우 '사회학'적 이론의 모든 레벨에서 나오게 됩니다만, 그 같은 '사회학'의 이론을 관통하면서, 그것을 인식 무기로 '역사'—거기서는 이론에 의한 파악을 넘어선 우연적-비합리적인 요인이 본질적인 것으로 포함되어있다— 그 자체에 대항해갈 때도, 그 같은 좌와 우의 두 눈兩眼으로 사물을 바라본다는 방식이 어디까지나 관철되어가는 것입니다. 그것을 한스 거스Hans H. Gerth는 '이념과 이해상황의 사회학'이라는 식으로 근사하고 표현하고 있습니다. 하지만 그렇게 잘라서 말해버리면, 조금 오해를 불러일으킬 수 있는 여지가 남습니다만, 대략적으로는 그렇게 말해도 큰 지장은 없겠지요. 아무튼 이념과 이해상황, 이들 양자의 상관관계와 긴장의 관계로서 역사를 바라보는 것입니다. 바꾸어 말하면 앞에서 설명한 것과 같은 사회과학의 복안적複眼的인 방법론을 성립시킨 베버의 인간관이 역사관 속에도 그림자를 드리우고 있는 것이며, 그런 의미에서 그의 과학방법론이 역사관에 그야말로 조응照應하고 있다고 해도 좋으리라 생각합니다.

그러면 '이념과 이해상황의 사회학'에 토대를 두는 역사의 시각이란 대체 어떤 것일까요. 역사를 움직여가는 다이내믹스라고 할까요, 그렇게 움직여가는 근원적인 힘, 나아가 거기에 전개되어가는 다양한 양상, 그런 사안들에 대해서 베버는 마르크스처럼 단순히 경제적 이해의 사회적인 존재 양태에 의한 규정만을 일방적으로 강조하는 그런 것은 하지 않습니다. 혹은 역사의 다이내믹스를 그 같은 경제적 이해상황이라는 움직일 수 없는 틀枠 안에 집어넣어 버리는 그런 것은 하지 않습니다. 오히려 이념이 역사의 움직임에 방향을 잡아주는 작용을 한다고 할까요, 그 같은 이념의 근원적인 말하자면 역작용逆作用도 충분히 인정합니다. 역사라는 것을 그 같은 이념과 이해상황 양자의 상관관계와 긴장의 과정으로 파악하는 것이지요. 그런 식으로 그는 역사를 끊임없이 오른쪽과 왼쪽 두 눈으로 바라봅니다. 그래서 우선은 한편으로는 이해상황이라는 측면에서, 동시에 다른 한편으로는 이념이라는 측면에서 역사의 인과 관련을 추구해서, 양자를 아울러 역사의 개성적인 경과가 충분히 파악될 수 있도록 한다는 것입니다.

무엇보다 그 점을 조금 더 깊이 들어가서 설명해두자면 대략 다음과 같습니다. 베버의 경우, '이해상황' 그 자체 안에도 이념과 이해상황의 상관관계와 긴장 관계가 다시금 그 그림자를 드리운다는 사실을 그냥 지나쳐서는 안 됩니다. 따라서 현실의 '이해상황' 안에는 단순한 경제적 이해 외에 정치적 이해도 포함되어있으며, 게다가 그 같은 외적-사회적으로 제약받는 이해만이 아니라, 나아가 그와 더불어 다양한 내적-심리적으로 제약받는 이해도 포함되어있다는 점을 거듭 지적하고 있습니다만, 그 같은 다양한 국면을 포함한 현실의 '이해상황' 속에서도 두드러지게 '기초적인 중요성fundamentale Bedeutung'을 가지며, 또 역사의 새벽曙으로 거슬러 올라가면 갈수록 그 같은 다양한 문화 제 영역에서의 이해상황을 모두 포괄해서 나타나게 되는 것이, 일상성의 본래의 장소로서의 경제적 이해상황이라 생각하고 있는 듯합니다. 그러므로 여기서는 논점을 간단하게 하려고, 일단은 그가 말하는 '이해상황'을 경제적 이해상황과 같은 것으로 보고 等値 이야기를 진행해가고자 합니다. 이 같은 방식은 사실은 정확하지는 않습니다만, 이번 경우에는 큰 오해를 불러일으키는 일은 없으리라 생각하는 것은, 한편으로는 이런 것도 있습니다. 그것은 베버가 이해상황과 관련해서 경제적이라거나 정치적이라거나 할 경우, 그 용어법이 마르크스 경우와는 조금 내용적으로 어긋나고 있다는 점입니다. 마르크스가 경제적이라 할 때, 베버라면 정치적으로 부르는 그런 것도 포함되어버리는 경우가 있습니다. 예를 들면 사회의 경제적 구조(혹은 경제적 사회 구성)라고 하는 것은, 마르크스 경우에는 두드러지게 경제적인 것 안에 들어가 있습니다만, 베버 경우에는 계급상황이나 신분상황을 매개로 삼아 정치적인 것 속에 편입되어버리는 것이지요. 그런 사정으로 인해서, 정확하지는 않습니다만 논점을 간단하게 만들기 위해서 '이해상황'이라 베버가 부르는 것을 일단은 '경제적 이해상황'으로 종종 대표되는 그런 형태로 이야기를 진행해가도록 하겠습니다.

그런데 베버 경우에도 경제적 이해상황은 그 자체 '고유한 법칙성'을 가지고 있으며, 독자적인 자율적 운동을 합니다. 그러므로 이해상황의 범위 안에서만 하더라도, 역사적인 인과 관련의 끈을 계속 더듬어갈 수 있다고 생각하는 것입니다. 마르크스가 그 같은 경제적 이해상황의 자율적인 운동의 '고유한 법칙성'을 분명하게 밝혀낸다는 점에서 근사한 성과를 올린 것은, 앞에서도 말씀드린 그대로입니다만, 그런 형태로 경제학 혹은 경제사회

학이 성립 가능하다는 것을 베버는 그 대강에서 결코 부
정하지 않았던 것입니다. 오히려 그 같은 마르크스의 구
상을 천재적인 것으로 베버가 종종 감탄했다는 것은 잘
알려진 부분입니다. 따라서 역사 과정에 대해서도, 그것
을 '이해상황'에서의 인과 관련으로, 그런 측면에서 추구
해간다는 것을 전혀 부정하지 않았을 뿐만 아니라, 앞에
서도 말씀드렸던『프로테스탄트 윤리와 자본주의 정신』
이라는 유명한 논문 끝부분 등에서 그것이 사회과학의
방법으로서 필요불가결한 하나의 절차다라는 식으로조
차 강조하고 있습니다. 다시 말하자면 이렇습니다. 근세
초기의 유럽에서 자본주의 경제가 발전을 이룬, 그 역사
적 과정에 대해서 지금까지 오로지 경제적 이해상황이란
측면에서만 인과 관련의 추구가 행해져 왔다. 그렇지만
역사 과정에서의 개성적인 인과 관련을 적확하고 또 충
분하게 추구해가기 위해서는 오른쪽과 왼쪽의 두 눈으로
바라볼 필요가 있다. 그래서 이해상황이란 측면만이 아
니라 이념이란 측면으로부터의 구명究明도 역시 필수적
이며, 연구 과정의 한 국면으로서의 중요한 의미가 있다.
그런 측면으로부터의 연구도 현실에서 충분하게 가능하
다는 것을 보여주고 싶어서, 그런 범례範例로서『프로테

스탄트 윤리와 자본주의 정신』이라는 논문을 쓰게 되었
다. 나아가 앞으로도 그런 종교사회학적 연구를 진행해
갈 생각이다. 이런 것들을 말하고 있는 것이지요. 또한
다른 논문의 어디선가에서는, 이렇게 말하고 있기도 합
니다. 자신은 『프로테스탄트 윤리와 자본주의 정신』에서
는, 역사적인 인과 관련의 연쇄連鎖를 오로지 이념 (따라서
내적인 이해상황) 측에서만 보아왔다. 더 이전에는 이해상
황 (특히 경제적 이해상황) 측에서의 구명究明도 시도하게 될
것이라고 생각한다. 하지만 그때는, 지금까지 베버는 종
교에서 자본주의의 성립을 설명했다는 식으로 말해온 사
람들은, 완전히 바뀌어서―轉해서, 마침내 유물사관에 항
복했다는 식으로 말하게 될 것이라고 해학적諧謔的으로
적고 있습니다. 다시 말해서 '이해상황' 측으로부터의 역
사적 인과 관련 추구라는 과학적 영위는 충분히 성립하
며, 또 지극히 중요하지만, 동시에 또 하나의 이념 측으
로부터 규명도 역시 빼놓을 수 없으므로不可缺, 그 같은
오른쪽과 왼쪽의 두 눈으로 바라봄으로써 비로소 충분한
역사 인식이 성립되는 것이다, 라는 식으로 말하는 것이
지요.

막스 베버는 이처럼 역사 과정의 다이내믹스를 이념과 이해상황 그들 둘의 상관관계와 긴장 관계로, 말하자면 복안적複眼的으로 파악해가려고 합니다. 다시 말해서 역사를 움직여가고, 또 그것에 방향을 부여해가는 것은 단순히 이해상황, 특히 경제적인 이해상황만은 아니다. 그것도 애초부터 중요하며, 오히려 기초적인 중요성을 지니고는 있지만, 하지만 그것을 보는 것만으로는 아직은 일면적이며, 또 하나 이념 및 내적인 이해상황이란 측면에서도 바라보아야, 비로소 역사의 다이내믹스가 온전하게 밝혀지는 것이다, 라고 말하는 것이지요. 그런데 베버의 입장을 이렇게 설명하면, 아마도 이런 비평이 당장 나올 것임이 틀림없습니다. 아, 케케묵은 상호관계를 추구하거나, 상호관계론 따위를 말하는 것은 과학적 인식이란 이름에 값하지 않는다. 뭐 이런 비평이지요. 상호관계론이 케케묵었다든가, 과학의 이름에 값하지 않는다고 하는 것이 맞는지 아닌지는 별개 문제라 하더라도, 베버 입장을 그처럼, 본래 흔히 그러하듯이 상호관계론이라 단정하는 것은, 제게는 아무래도 정확하지 않은 것처럼 생각됩니다. 그 점을 설명하고 싶습니다만, 그 전에,

또 하나 호의적이지만 조금은 짐작이 틀렸다고 생각되는 그런 비평에 대해서도 조금 말해두기로 하겠습니다. 이런 것이지요. 베버는 역사 현상 혹은 사회현상 속에서 작용하는 이념과 이해상황, 이들 양자의 역할을 정당하게 문제 삼았다. 하지만 그 경우, 어디까지가 이해상황으로부터의 결과이며, 어디까지가 이념 측으로부터의 결과인지, 그 정량的定量的인 산정算定을 하지 않았다. 그러므로 우리는 이제부터 그것을 해나가지 않으면 안된다라는 식의 비평입니다. 그런 것을 말하기 시작하면, 베버 견해는 그것이야말로 세상에 얼마든지 있는 상호관계론이 되어버리고 말 것 같습니다. 베버가 말하는 이념과 이해상황의 상관관계와 긴장 관계는 결코 그런 것은 아닌 것으로 제게는 생각됩니다. 여러분에게는 조금 의외인지도 모르겠습니다만, 『자본론』 첫머리에 나오는 마르크스의 상품구조론을 예로 들어 그것을 생각해보기로 하지요. 상품은 사용가치와 가치로 구성되어있다. 마르크스는 상품을 사용가치와 가치의 모순을 내포한 통일統一이라 보았던 것입니다. 그런데 그 경우, 만약 우리는 어떤 상품에 대해서 그것의 어디까지가 사용가치이며, 어디까지가 가치인가, 정량적으로 산정하지 않으면 아직 분석이 부족하다는 식으로 말한다고 한다면, 마르크스는 정면에서 반대하리라 생각합니다. 역사에서의 이념과 이해 관련 관계도 아마도 그것과 마찬가지로 여겨져야 할 것이라 생각합니다. 마르크스에 의하면, 하나의 상품은 전부 사용가치임과 동시에 전부 가치입니다. 그러한 이중성二重性입니다. 베버 경우에도 역사 과정은 그야말로 그런 의미에서, 이념과 이해상황의 이중존재二重存在이며, 그 같은 둘 사이의 긴장 관계라고 생각한다면, 제일 잘 알 수 있지 않을까 생각됩니다.

그러면 이념과 이해상황, 이들 둘의 상관관계와 긴장관계가 역사의 다이내믹스로 나타난다는 것은, 대체 어떤 것일까요. 그는 그것에 대한 소론所論을, 특히 『종교사회학논집』의 「서론」「세계종교의 경제윤리·서설」「중간고찰」 등에서 전개하고 있습니다. 『종교사회학논집』3은, 저는 베버 역사관의 표명表明이며, 그 점에서 '사회학' 이론을 훌륭하게 전개한 대작 『경제와 사회』—그 안에도 「종교사회학」이라는 1장章이 있습니다— 에 대비對比될 수 있을 것으로 느끼고 있습니다. 아무튼 그 『종교사회학논집』 제1권에 수록된 「세계종교의 경제윤리·서설」에서, 이 같은 흥미로운 설명을 하고 있습니다. 그 중심

부분은 첫머리에 제시한 「내용의 개요」에도 인용했습니다. 1절은 베버에 대한 흔히 있는 오해를 피하기 위해서도 꼭 기억해주셨으면 좋겠다고 저는 생각합니다.

그것은 이렇습니다. "인간의 행위를 직접적으로 지배하는 것은 이념이 아니라 이해이다. 하지만 이념에 의해서 만들어진 '세계상世界像'은 아주 빈번하게 전철수轉轍手─기관차의 진행 방향을 바꾸는 바로 그 전철수입니다─로서 궤도軌道를 결정하며, 그 (이념이 결정한) 궤도에 따라서 이해의 다이내믹스가 인간의 행위를 추동해왔다." 다시 말해서 인간 제 개인의 행위를, 따라서 역사의 움직임을 밀고 나가는 것은 다름 아닌 그들이 처해있는 이해상황, 그중에서 경제적 이해상황이다. 그런데도, 그 과정에서 특히 종교적 이념은 추진의 방향을 결정하는 형태로 작용한다는 것입니다. 그 경우 '종교' 이념이라 해서 알기 어렵다면 '사상思想'이라 바꾸어 말씀하셔도 괜찮습니다.

'종교' 이념을 '사상'이라 바꾸어 말해도 좋다는 것은 도대체 어떤 것일까요. 그 점에 대해서도 조금 말해두지 않으면 안 되겠습니다. 베버의 경우 '종교'라는 것은, 한마디로 말하면 이런 특질을 가지고 있습니다. 지금 우리가 처해있는 '고난苦難' 상태가 대체 어디서 유래하며, 또 어떻게 하면 우리는 거기서부터 구원받을 수 있는지, 그 해명을 도출해낼 수 있는 그런 세계상世界像, 혹은 그 같은 세계의 의미를 가르쳐주는 이념, 그와 같은 이념을 종교는 그 핵심에 가지고 있으며, 사람들은 그런 이념에 비추어 세계를 해석하고 행동 방향을 결정하게 된다. 종교는 그런 것으로 여겨지고 있는 것입니다. 그러므로 우리가 알기 쉽게 하기 위해서는, 어떤 경우에는 오히려 '사상'이라 부르는 쪽이 좋지 않을까 하고 저는 생각하기도 합니다.

베버에 의하면, 역사의 다이내믹스로서 인간 제 개인의 행위를 직접적으로 밀고 나가는 것은, 그들이 처해있는 '이해상황'이며, 그들의 '이해 관심利害關心'이라는 것입니다만, 우선 그것을 인정하는 수밖에 없겠지요. 뭐랄까요 인간이 자신이 처해있는 이해상황에 근저적으로 반항해서 움직일 수 있는 존재라는 식으로 생각하는 것은, 저는 인간의 자부심이 아닐까 생각합니다. 성서에도 "의인義人이 없다, 심지어 한 사람도 없다"라고, 인간이 모두 자신의 이해를 근시안적으로 추구하고 있다는 것이 누차 쓰여있습니다만, 아무튼 인간 제 개인이 옛날이나 지금이나 자기 자신이 처한 이해상황에 근거해서 행동한다는 것은 의심할 수 없는 사실이겠지요. 실제로 인간의 존재는 그것 이외에는 있을 수 없다고 생각합니다. 그런데도, 그 같은 역사 속에 이념이, 혹은 '사상'이 끼어들어서 그 방향 결정에 참여한다는 것은, 대체 어떤 일일까요. 그런 문제가 바로 나오게 되겠지요. 그것은, 저는 사람들이 베버에 걸려 넘어지는 첫 번째 문제점이라 생각하고 있습니다. 그래서 조금 저의 생각과 말을 너무 많이 섞는 듯한 혐의는 있습니다만, 그 점을 가능한 한 알기 쉽게 설명해보려고 합니다.

우리 인간 제 개인은, 모두 각각 자기 자신이 처한 이해상황 속에 있으며, 그것에 떠밀려가면서 살고 있습니다. 무엇보다도 먼저, 우리는 먹지 않으면 살아갈 수가 없습니다. 그것은 현실의 이해상황 중에서도 가장 기초적인 이해상황이지요. 어떤 사람이라도 먹지 않으면 안 됩니다. "사람은 빵만으로 살아가는 존재가 아니다"라는 말이, 인간은 먹지 않아도 살아갈 수 있다거나 혹은 먹지 않고 있는 쪽이 좋다, 라는 식으로 말하는 것이 아니라는 것은 굳이 설명할 것까지도 없겠습니다. 그런데 그런 먹는 것食 외에도 의류衣나 주거지住의 필요 그 외에, 다양한 물질적 이해가 우리를 둘러싸고 있는 것만은 아닙니다. 그것들과 서로 침투해가면서 제 개인의 내면에서 발하는 인간적-심리적인 다양한 이해 관심 —그중에서도 중요한 것은 명예심名譽心이겠지요— 이 있습니다. 그 같은 내적-인간적인, 그리고 외적-사회적인 다양한 이해가 서로 교착交錯하고, 서로 모순矛盾하면서 소용돌이치고 있습니다. 그런 것이 현실의 이해상황이며, 우리는 살아 있는 한 거기서 도망칠 수 없습니다. 그렇다고 한다면 종교 혹은 사상, 그러한 이념은 대체 어떤 식으로 인간 제 개인의 행위에 작용해서, 역사 위에서 방향을 결정하는 영향을 안겨주게 되는 것일까요. 이념이라는 것은 앞에서도 말씀드린 것처럼, 우리의 완전히 비근한 이해상황 속에도 구석구석까지 파고 들어가 있기에, 그런 비근한 사실에서 예를 들면서 그 점을 조금 설명해보기로 하겠습니다.

우리는 일상에서, 지금 말씀드린 것처럼 다양한 이해가 소용돌이치는 상황 속에서 살아가고 있습니다만, 그 안에서 우리는 그런 현실의 이해상황을 바라보고서, 어디까지 의식적인지는 별도로 하더라도, 각각의 시야視野에 들어오는 한에서 다양한 이해를 일정한 비전vision으로 조합해서, 그것에 비추어 각각의 행위의 방향을 결정해가는 것이지요. 그런데 그 같은 이해 관련을 시간적 혹은 공간적으로 어느 정도까지 넓게 내다보고, 어떤 범위에서 다양한 이해를 조합해서 어떤 형태의 비전을 만들어내는가 하는 것은, 그야말로 각각의 개인이 품고 있는 이념 혹은 사상에 조응照應하게 되는 것이지요. 비근한 예를 들어보겠습니다. 같이 돈을 모으더라도, 돈을 모으는 것 자체를 인생의 구극究極 목적으로 생각하는 ―혹은 특별한 이유 없이 그렇게 생각하는― 그런 사람들은 다른 사람의 곤궁困窮함에 관계없이 마구 사들여서 폭리暴利를 취하기도 하고, 고리대高利貸를 해서 빌린 사람이 아무리 힘들어한다고 할지라도 "증서證文 그대로 하기를 원합니다"라고 하면서 잔혹하게 거두어들일지도 모르겠습니다. 혹은 더 인도적人道的인 생각을 가지고 있어서, 다른 사람이 필요로 하는 것을 만들고, 그것을 팔아서, 그 결과로 돈을 모읍니다. 그렇게 돈 모으는 데 마음을 다쏟는 사람도 있겠지요. 혹은 또 모아놓은 돈의 용도에 대해서도, 자신이 모았으니까 어디다 쓰던 자기 마음대로라고 하면서 아주 어리석은 일에 낭비하는 사람도 있겠지요. 옛날의 〈키분다이진〉[2]까지 거슬러 올라가지 않더라도 1차 세계대전 무렵 호경기好景氣 때, 나리킨(成金, 벼락부자-역주)으로 불리는 일군一群의 사람들이 술 마시고 흥청망청 떠들어대면서 크게 낭비하는 것도 당시 인기가 있었습니다. 그렇게 쓰는 방법도 있습니다. 혹은 더 훌륭한 이상을 품고서 기부를 하고 학교를 만들고, 도서관을 만드는 등, 다양한 유익한 사업을 위한 재단財團을 만드는 사람도 있겠지요. 이런 식으로 같은 현실의 이해상황에 직면하더라도 각각의 사람이 품고 있는 이념에 따라서, 그 행동에 다양한 차이가 생기게 된다는 것입니다.

또한 많은 사람 중에는 현재보다도 더 먼 장래를 내다보고서 한층 더 큰 비전을 만들어내는 사람들도 있습니다. 제가 이제 '사상적思想的'이라 할 경우에, 특히 그런 비전을 가리키게 됩니다. 현재의 곤궁한 상태는 도대체 어떻게 해서 생기게 되었는가. 또 어떻게 하면 우리는, 그리고 사람들은 그런 상태에서 벗어날 수 있을까. 이처럼 '어디에서 어디로' 혹은 '무엇에서 무엇으로'라는 장래

---

2) 紀文大盡, 1911년 초연한 나가우타長唄 곡명. 호쾌하게 놀다가 취해서 잠이 들었다가, 자신의 아버지가 폭풍우 속을 뚫고 귤을 싣고 오는 꿈을 꾸고, 아버지가 쌓아놓은 부를 다 탕진해버린 것을 깨닫게 되지만, 꿈에서 깨어난 후 다시금 유흥에 빠져든다는 이야기-역주

에 대한 시점視点을 품고 있는 이념이 '사상'이겠지요. 훌륭한 종교는 물론 그것을 품고 있습니다. '구원救い'이 그것입니다. 아무튼 그 같은 '무엇에서 무엇으로'의 이념을 품고 있는 것이야말로 '사상'이란 이름에 값할 수 있는 것이라고 저는 생각합니다만, 어쨌든 그런 의미에서 '사상'을 가진 사람들의 행동양식은 앞에서 말씀드린 것과는 역시 다른 것으로, 아무래도 그렇게 되지 않을 수 없는 것입니다. 그렇습니다. 현재의 상태는 다양한 모순과 고난으로 가득한 것이지만, 이러이러한 개혁을 할 수 있다면 장래 언젠가는 자신뿐만 아니라 많은 사람의 고난과 모순은 제거될 것임이 틀림없다. 그래서 지금은 자기 자신의 이익을 버리더라도 장래의 좀 더 큰, 많은 사람을 위한 이익을 목표로 삼아 행동한다는, 그런 비전을 현실의 이해상황 속에서 만들어내게 될 것입니다. 하지만 그런 사람이라 하더라도, 그저 자신의 이해상황을 모조리 무시하고 행동하고 있는 것은 아니며, 현실의 복잡한 이해상황을 크게 먼 장래를 향해서 내다보고서, 설령 현재의 이익은 버릴지라도, 좀 더 큰 그리고 많은 사람을 위한 장래의 이익을 염두에 두고서 비전을 만들어내는 것입니다. 예를 들면 "자유인가, 아니면 죽음인가"("자유가

아니면 죽음을 달라")라는 절규는 그것을 잘 표현하고 있다고 생각합니다. 자유라는 무엇과도 바꿀 수 없는 보물을 어떻게 해서든 획득하고 싶다는 내면적 충동衝迫 때문에, 현재의 죽음의 위험조차 과감하게 돌아보지 않는다, 그런 장래를 내다보는 비전이지요.

이 같은 비전이 미래를 향해서 더 펼쳐지고, 마침내 내세來世까지 그 안에 들어오게 되는 그런 장대한 규모에 이르게 되면, 그것은 종교가 되는 것입니다. 그리하여 현세의 즐거움을 버리더라도 내세를 위해서 천국에 보물을 저축하자고 주장하는 사람도 나오게 됩니다. 그 경우에도 자신을 둘러싼 내적, 외적인 이해상황을 전혀 무시하고 있는 것은 아니며, 내세도 포함한 장대한 비전 안에 그것을 감싸 안고 있는 것이지요. 예를 들면 신약성서에 나오는 사도 바울Paul의 편지를 읽어보면, 자기 자신이 처해있는 이해상황을 무시하고 있는 것은 아닙니다. "그러나 나에게 이익益이 되었던 그런 것들을, 그리스도 때문에 손해損라고 생각하게 되었다. 주主 그리스도 예수를 아는 지식의 절대적인 가치 때문에, 그 모든 것을 손해라고 생각하고 있다. 그리스도 때문에, 나는 모든 것을 다 잃었지만, 그런 것들을 마치 썩은 흙덩이처럼 생각하고 있다"라고 말하는 것이지요. 장대壯大한 비전입니다. 또 완전히 정반대 형태입니다만, 같은 것을 힌두교의 윤회輪廻와 업業의 사상에서도 볼 수 있는 듯합니다. 다르마Dharma[3], 즉 카스트Caste의 관습법을 바르게 지켜서 생활하고 있으면, 다음 세상에서는 행복한 높은 신분으로 태어난다고 합니다. 하지만 다르마에 반하는 생활을 하고 있으면, 고난이 많은 낮은 신분으로 떨어지게 되는 것이지요. 그래서 그 경우에는, 그렇게 다시 태어날 때 상태에 대한 공포가, 현세에서의 모든 고난과 모순에 침묵하면서 눈을 감아버리는 절대적인 보수주의를 낳게 되기 때문에, 그것이 인도에서는 지금도 하나의 중요한 문제가 되어있다는 것은 여러분이 아시는 그대로입니다. 여러분이 이런 것을 생각하게 된다면, 같은 현실의 이해 상황 속에 있으면서도, 그것에 근거해서 어떤 비전을 구성해낼 것인가 하는 것이, 인간 제 개인의 행동에 얼마나 큰 영향을 미치는지 알게 되리라 생각합니다.

다시 말해서 베버가 말하는 바는 이런 것입니다. 인간 제 개인은 누구나 자신의 이해상황에 반해서 행동하

---

3) 힌두교에서 인간의 참된 본질을 정의하는 데 관련된 용어. 다르마가 인간 행위 규범이라면, 카르마는 실제 인간 행위에서 비롯되는 것이다. 정의롭고 올바른 행위, 곧 선업善業을 행하는 것은 다르마를 수행하는 길이기도 하다—역주

는 것은 아니다. 다만 그 이해상황에 근거해서 어떤 비전을 만들어내는가, 그 차이가 그들의 행동이 지향하는 방향에 큰 영향을 미친다. 그 비전 차이가 각각의 제 개인이 알고 있는, 혹은 자신의 내적 상황으로 품고 있는 이념 여하에서 유래한다. 왜냐하면 다양한 이해를 조합해서 비전을 만들어내는 것은, 끊임없이 그런 이념 혹은 사상에 비추어 행하지 않으면 안 되기 때문입니다. 베버는 이런 말도 하고 있습니다. "1906년에 이르러서도 여전히 일정한 숫자(상당히 다수)의 프롤레타리아 중에서, 신앙이 없는 이유를 물으면, 근대 자연과학의 이론에서 도출된 결론을 가지고 대답한 사람은 지극히 소수이며, 현세의 세속적 질서가 '공정하지 못한' 점을 지적한 사람이 대다수였다"라는 조사 결과를 소개한 후에 "물론 본질적으로는 그들이 현세 내부에서의 혁명에 의한 평균화를 믿고 있었기 때문일 것"이라는 주석을 덧붙이고 있습니다. 그러니까 인간, 특히 대중大衆은 과학적으로 옳다고 해서 그것만으로 움직이는 것은 아니다. 오히려 현재의 곤궁한 상태는 어떻게 해서 만들어졌는가, 우리는 어떻게 하면 거기서 벗어날 수 있는가, 그런 '구원'을 가리키는 사상 —베버는 그것을 넓게 '종교의식'이라 부릅니다만—

에 의해서 그 비전을 얻게 되었을 때, 비로소 움직이게 된다고 합니다. 과학적 지식은 기껏해야 "그대로 지구는 돈다" 하고 중얼거리는 데 지나지 않는다. 대중에게 그 현실의 이해상황에 근거해 행동의 비전을 품게 하는 그런 사상 ―종교적 이념― 이야말로 역사의 다이내믹스의 근저根底를 형성하게 된다고 말하는 것이지요.

베버는 그런 의미에서 이념과 ―혹은 사상이라 해도 좋습니다.― 이해상황, 그들 둘의 상관관계와 긴장이 역사를 움직여간다고 보는 것입니다. 구체적으로는 그런 이념 안에도 이해상황이 구석구석까지 반영하고 있으며, 현실의 이해상황 속에도 이념이 구석구석까지 침투해있다. 그래서 그들 둘이 서로서로 침투해가면서, 게다가 근저적인 긴장 관계 위에 서 있다. 그렇게 역사는 움직여간다고 하는 것이지요.

그러면 역사의 흐름이 휙 하고 방향을 크게 바꾸게 되는 전환기는 대체 어떻게 해서 찾아오는 것일까요. 물론 그 자체 자율적으로 움직이는 외적-사회적인 이해상황이 그것을 위한 외적-사회적 제 조건을 만들어내지 않으면 안 됩니다만, 베버에 의하면 다시금 거기에 더해서 새로운 이념, 즉 '사상'이 그것에 대응하지 않으면 안 된다.

게다가 그 경우, 그는 마르크스처럼 그것이 경제적 이해 상황이 의식 측면에 반영된 것이라는 식으로 그렇게 간단하게 생각해버리지는 않습니다. 그 언저리에서 베버가 역사를 보는 시각은 마르크스와 분명하게 달라지는 것이 아닐까 생각합니다. 그에 의하면 이렇습니다. 같은 이해상황에 있더라도, 다양한 사상이 혹은 생겨나거나 혹은 도입되는 것이 가능합니다. 그것은 현재의 일본 사상계나 종교계를 생각해보면 잘 알 수 있는 것입니다만, 아무튼 그런 다양한 '사상'은 대중을 끌어들이기 위해 서로 경합합니다. 그 경우, 어떤 사회계층의 이해상황이, 그중에 어떤 '사상'에 대해서 적합한 공명판共鳴盤이 되었을 때, 그 '사상'이 그 사회계층을, 나아가서는 넓게 사회 전체를 사로잡아서 이른바 육체화肉體化하게 되는 것입니다. 그리하여 사회 전체는 새로운 비전을 얻게 되고, 그것에 의해서 역사가 움직여가는 방향이 확 바뀌게 된다는 것입니다. 그런데 그것이 아마도 마르크스와 결정적으로 달라지는 점이라 생각됩니다만, 베버에 의하면 그런 사상과 그 담당자가 되는 사회계층 사이에는 어떤 친근한 적합한 관계가 있다고 하더라도, 법칙적인 필연적 관계 따위가 있는 것은 아니다. 어떤 사회계층을 공명

판으로 삼을 수 있는 '사상'은 결코 하나가 아니라 여럿이며, 따라서 그들 사이에 격렬한 투쟁이 일어납니다. 어떤 것은 승리하고 어떤 것은 패배합니다. 그중에서 어떤 '사상'이 승리를 차지하는가가 그 후 역사의 방향을 크게 바꾸어놓게 되는, 그런 결정적인 차이를 불러옵니다. 베버는 그런 식으로 생각하는 것입니다.

예를 들면 고대 로마 말기에, 때마침 동쪽에서 기독교라는 바람을 바꾸어놓는 종교가 들어와서는, 박해를 받았으며 박해를 받으면서도 굴하지 않았으며, 마침내 당시 직접적인 생산과정을 오로지 짊어지고 있던 광범한 해방 노예 계층을 사로잡게 되었습니다. 가령 기독교라는 종교가 생겨나지 않았다거나 혹은 생겨났다 하더라도 어떤 사정으로 로마제국의 판도 안에 들어오지 않았다고 한다면, 역시 그 후 유럽 역사는 그 양상을 매우 달리했을 것이 분명하다고 베버는 보는 것입니다. 다시 말해서 베버 경우에는 이념 혹은 사상은 물론 이해상황에 의해서 구석구석까지 침투되어 제약받고 있습니다만, 그런데도 구극究極에서는 그들의 제약에서 독립된 독자적인 깊은 바닥을 가지고 있다는 식으로 생각하고 있었다고 해도 좋을 것으로 여겨집니다. 바로 거기에 베버의 '사회학'

에 완전히 독자적인 '카리스마[4] 이론', 특히 종교적 카리
스마(예언豫言) 이론이 전개된다고 하겠습니다만, 오늘 여
기서는 더 말씀드릴 수가 없겠습니다.

이제 여기까지 오게 되면 마르크스와 베버 사이에 있
는 차이가 분명하게 드러나게 됩니다. 하지만 어느 쪽이
맞는가 하는 것은, 여기서는 문제 삼지 않겠습니다. 하지
만 여러분, 부디 이런 것만은 한 번쯤 생각해주셨으면 합
니다. 예를 들면 로마제국에 기독교가, 현대 중국에 마르
크스-레닌주의가 들어와서, 민중民衆을 사로잡는다는 사
태가 일어나지 않았다면, 각각 그 후의 역사는 아주 크
게 달라지지 않았을까 하는 것입니다. 그것을 어떻게 이
론화하는가는 별개로 하더라도, 어떤 사상이 민중을 사
로잡는가 하는 것은, 역시 그 후의 역사 흐름에 결정적인
차이를 불러오게 되므로, 사상이랄까 이념이라 할까요,
그런 것이 역사에서 갖는 무게를 무시해서는 안 된다는
것은, 역시 맞지 않겠습니까. 세계관의 문제를 떠나서도,
그 점만은 마르크스주의 입장에 서 계신 분들도 한 번 생

---

4) Charisma, 예언이나 기적을 나타낼 수 있는 초능력이나 절대적인 권위. 신의 은총
을 뜻하는 그리스어 'Khárisma'에서 유래. 대중을 심복시켜 따르게 하는 능력이나 자
질. 베버는 지배의 세 가지 유형으로 합리적 지배, 전통적 지배와 함께 카리스마적 지
배를 들고 있다-역주

각해봐 주셨으면 좋겠다 싶습니다. 이렇게 말씀드리는 것은, 지금 다들 아시는 것처럼 남북문제(南北問題, 선진국과 후진국 간 경제 격차 문제-역주)로 시끄럽습니다만, 남반구의 국가들이 정치적인 식민지 지배에서 잇달아 독립하고, 독립을 확보하는 데 불가결한 국민경제國民經濟를 만들어내기 위해서 필사적으로 되었습니다. 그런데 거기에는 상당히 어려운 역조건逆條件이 산적해있어, 신생 독립국들은 그것을 하나하나 해결해나가지 않으면 안 됩니다. 그것들은 어느 것이나 하나의 길만으로는 되지 않는 어려운 문제들입니다만, 어려운 문제 중에서도 어려운 문제가 종교 문제라는 것은 앞에서 조금 말한 힌두교의 경우를 생각해보는 것만으로도 상상할 수가 있겠습니다. 종교의식 문제를 사회과학적으로 풀어나간다는 과제는, 고대 유대교에서 기독교에 이르는 종교사적 관점에서 볼 때 한 가지 색으로만 물든 듯한 유럽문화를 전제로 한 사회과학의 경우에는 종교의식 차이라는 문제를 고려하지 않고 구성되어 이론적 맹점 안에 들어가게 되는 것이 틀림없다고 생각합니다. 다시 말해서 해명의 열쇠를 찾아낼 수가 없는 것입니다. 그렇다고 해서 유럽에서 기원起源한 것과 근본적으로 다른 비유럽적인 과학적

인식 같은 것은 아직은 존재하지 않는 듯합니다. 그런 의미에서 저는 베버의 복안적複眼的 '사회학', 특히 종교사회학을 한층 더 전개해가는 것이 앞으로 중요한 의미와 유효성을 갖게 되지 않을까 생각합니다.

지금까지 말씀드려온 것과 같은 의미에서, 베버의 '사회학'은 마르크스 이론을 부정했다기보다는 그것을 상대화시키면서 섭취해서, 그 인식의 시야를 넓히는 데 공헌했다는 논의도 성립될 수 있다는 점은, 이해하실 수 있지 않을까 생각합니다. 또한 그 때문에 도리어, 베버는 언제까지나 경제사회학 분야에 발을 딛고 서 있어 마르크스와 같은 경제학 비판에는 이를 수 없으며, 그것이 경제적 이해상황의 분석에서 큰 약점이 되었다는 논의도 성립될 수가 있어서, 그 점은 충분히 고려하지 않으면 안 된다고 생각합니다. 그런데도 베버 경우에는, 그 독자적인 과학방법론에 의해서 이론적 시야가 경제를 넘어서 다양한 문화의 여러 영역에까지 미쳤으며, 그에 의해서 각 문화영역의 사회현상 각각에 '고유한 법칙성'을 파악할 수 있는 가능성을 만들어냈습니다. 그 점에서 베버의 '사회학'은 마르크스 경우보다도 한층 더 사정거리가 크게 되었다는 것은 분명하다고 하지 않으면 안 될 것입니다. 또한 그 점에서 아시아인인 일본인이 그 독자적인 발상으로 사회과학을 만들어가는 경우에, 아주 좋은 범형(範型, 모델)의 하나가 될 수 있지 않을까 하고 저는 생각합니다.

지금까지 두 번에 걸쳐 아주 어수선한 이야기를 했습니다. 문제는 크고 또 어려운 것이라 충분히 다 말씀드리지 못한 것도 많고, 이해하기 어려운 것도 많았으리라 생각합니다. 열심히 들어주신 것에 정말 감사드립니다.

* 이 글은 1964년 가을 이와나미 시민강좌에서 두 차례에 걸쳐서 행한 강연 내용에 가필해 《도서圖書》에 연재한 것입니다.

Ⅱ. 경제인經濟人
로빈슨 크루소

내용의 개요

『로빈슨표류기』의 저자 다니엘 데포(Daniel Defoe, 1660~1731, 데포 소설에는 악당惡黨의 일대기라는 형식으로 된 '악당소설'이 많으며, 그 사실적인 수법으로 인해 영국 최초의 근대적인 소설로 간주되기도 한다-역주)는 18세기 전반 영국에서 활약한 유능한 정치·경제 기자로 알려져 있다. 런던 정육점 상인의 아들로 태어나, 메리야스 상인과 기와煉瓦 제조 등을 한 경험이 있으며, 또 정치에도 관여해서, 누차 투옥당하는 쓰라린 체험을 하는 등, 그야말로 파란만장한 생애였다. 만년의 10년 정도는 주목할 만한 저서를 계속 펴내고 있는데,『로빈슨표류기』도 그 시기에 쓴 것이다.

그는 영국 국민경제의 실력이 당시 이미 네덜란드와 프랑스를 능가해서, 그야말로 바다 일곱 개를 지배하기 시작하려 한다고 보았으며, 게다가 그런 실력의 '뿌리根'는 국내의 농촌지대에 살면서, 반농반공半農半工 형태로 공업생산을 영위하고 있던 광범한 '중등 신분의 사람들'이라는 확신이 있었다. 그런 전망이 옳았다는 것은 반세기 남짓 후에 산업혁명 추진의 중핵中核이 되는 사람들이 그런 사회계층에서 나왔던 것에 의해서도 증명되고 있다.

그런데 그가 로빈슨 크루소Robinson Crusoe라는 한 사람이 외딴 섬孤島에서 생활한 것으로 그려낸 생활양식은, 실은 지금 말한 중등 신분 사람들의 그것과 아주 흡사하며, 그 점에서 『로빈슨표류기』는 그런 사람들이 살아가는 방식을 유토피아적으로 이상화理想化했다고 생각할 수 없는 것도 아니다. 만약 그렇다고 한다면, 그 후에 널리 읽혀서 사람들에게 영향을 미쳤다고 말해지는 『로빈슨표류기』는, 당시 영국에서 그야말로 장래를 짊어질 사회계층—좋은 의미에서의 국민國民—을 위해서 인간을 만들어주는 책이라는 역할을 수행했다라고 할 수 있지 않을까.

1

오늘은 '경제인 로빈슨 크루소'라는 제목으로 이야기하기로 되어있습니다만, '경제인'이라는 단어가 여러분에게 조금은 신경이 쓰이지 않을까 생각합니다. 그래서 먼저 이 '경제인'이라는 단어의 의미에 관해서 설명해두기로 하겠습니다.

그것은 말하자면 이런 것이지요. 같은 학문이라 하더라도 자연과학 경우에는 연구대상이 자연, 즉 사물もの인데 대해서, 사회과학 경우에는 살아있는 인간, 사람ひと입니다. 그 살아있는 인간의 사회활동을 대상으로 삼아 사회과학은 성립하기 때문에, 거기에는 자연과학 경우에 없는 그러한, 별개의 중요한 문제가 분명히 생겨나게 된다는 것은, 아마도 여러분도 쉽게 이해하실 것으로 생각합니다. 예를 들면 경제학 이론이라든가 경제법칙 같은 것이라 할 경우에도, 바로 그것이 나오게 되는 것입니다. 그러면 그것은 과연 어떤 것일까요.

인간 제 개인은 각각의 개성을 가지고, 각각의 환경에 부응해서 다양한 행동을 합니다. 이것은 의심할 수 없는 것입니다만, 인간 행동의 그런 측면만을 일면적으로 강조하면 사회현상에 대한 법칙이나 이론 같은 것은 성립될 수 없다는 것으로 됩니다. 그런데 다른 한편으로 저 거대한 국가의 어느 한 시대를 취해서 보면, 그 국민을 구성하는 인간 제 개인의 행동양식이, 대체로 어떤 공통된 타입type을 보여준다는 것도 충분히 생각할 수 있으며, 또 그럴 수 있어서, 살아있는 인간의 활동을 대상으로 과학이 성립할 수 있다는 것은 그야말로 인간 행동의 그 같은 방면에 관해서인 것입니다.

그러면 경제학에 대해서 생각해보기로 하지요. 사회를 이루고 살아있는 인간 제 개인이 경제학적인 행위를 하는 경우, 그 같은 인간 제 개인의 행동이 만들어내는 움직임이라 할까요, 혹은 그런 말을 사용해본다면 그들의 행동이 서로 얽히면서 그려내는 궤적, 그런 것이 경제 현상으로 나타납니다만, 그 경우, 그 인간 제 개인의 행동양식에 어떤 공통된 타입, 유형이 있다고 한다면, 그들의 행동의 궤적이라 할 수 있는 경제 현상 속에 어떤 법칙적인 것을 인정하게 되는 것입니다. 아니, 그것이야말로 경제학에서 법칙으로 불리고 있는 것이라 해도 좋겠습니다. 그래서 또, 거꾸로 말하면 그 같은 인간 제 개인의 행동 타입이라는 것은, 물론 만고에 바뀌지 않는 것도 아니고 만국에 공통된 것도 아니기 때문에, 어떤 나라의 어떤 시대의 현실에 기초해서 만들어진 경제이론이라는 것은, 다른 나라와 별개의 시대에는 그렇게 간단하게 들어맞지 않으며, 때로는 거의 들어맞지 않는다라는 것으로 되어 버리지요.

그런 의미에서 경제이론이라는 것은 그 출발점에서 어떤 인간 타입, 특히 어떤 합리적인 인간 행동 타입을 예상하는 것입니다. 인간이라는 존재는, 경제의 영위에서 대체로 그 같은 합리적인 행동양식을 취하는 존재라는 것을 전제로 해서, 경제이론이 만들어집니다. 그리하여 인간의 영위에 다름 아닌 경제 현상을 대상으로 삼아, 과학으로 불리는 데 적합한 학문이 생겨나는 것입니다만, 여기서 제가 '경제인'이라 한 것은 역사상 경제학다운 경제학의 첫물はしり이라 할 수 있는 영국의 고전파 경제학, 즉 애덤 스미스Adam Smith에서 데이비드 리카도 David Ricardo에 이르는 언저리의 경제학 경우에, 그 방법적 전제로 상정되어있던 인간 타입을, 그리고 그들 스스로가 그렇게 불렀던 것을 생각하고 있는 것입니다.

그러면 애덤 스미스가 『국부론國富論』을 쓰는 데 전제가 되어있던 그런 '경제인Homo Economicus'이라는 인간 타입, 혹은 인간 유형을 알기 위해서는, 물론 그의 『도덕

정조론道德情操論』(보통 『도덕감정론』으로 번역하지만, 여기서는
저자의 번역 그대로 따랐다-역주)과 기타 다른 저작을 충분히
연구하지 않으면 안 되겠지만, 만약 그것을 쉽게 설명한
다면 어떻게 되는가 하고 묻는다면, 저는 아무래도『로
빈슨표류기』를 읽는 것이 어떻겠습니까라고 말씀드리고
싶습니다. 여러분은 조금은 놀라고 계신 것처럼 보입니
다만, 물론 마치 농담처럼 말하는 것은 아니며 정말 그렇
습니다. 제게는 '로빈슨 크루소'는 그런 인간 타입, 즉 '경
제인'의 생활과 행동 타입을 근사하게 그려내고 있는 것
처럼 생각되기 때문이며, 그래서 오늘은 여러분과 함께
다니엘 데포의 『로빈슨표류기』의 서술을 떠올려가면서,
그런 관점에서 다양하게 생각해보기로 하겠습니다.

2

　다니엘 데포의『로빈슨표류기』에는 모델model이 있었
다는 이야기가 전해지고 있습니다. 아마도 있었겠지요.
그 언저리 부분에 대해서, 제게는 말씀드릴 수 있는 자격
은 없습니다. 하지만 그 이야기를 읽고서, 저희들처럼 경
제사經濟史를 연구하는 사람들이 금방 알아차렸던 것은,

로빈슨 크루소라는 인간이 외딴 섬에 표류해서 오랫동안 거기서 생활했는데, 그 생활양식 그 자체는 아무래도 실제 표류자 보고에서 얻은 것은 아닌 듯하다는 점입니다. 오히려 그는 로빈슨 크루소라는 가공인물 표류담을 빌어서, 실은 자기 자신 주변 혹은 당시의 영국 현실의 일면을 서술하고 있는 것처럼, 제게는 생각됩니다. 여기서는 먼저 그런 연유를 조금 설명하려고 합니다.

로빈슨 크루소가 외딴 섬에 표착漂着해서, 아무튼 자신의 목숨을 건지게 된 것을 신神에게 감사드리면서, 나아가 더 오래 살아가기 위해서 지극히 현실적인 태도로 일상생활의 설계를 하고, 그것을 씩씩하게 실행에 옮겨가는 양상은, 여러분 모두 다 아시는 그대로입니다. 배에서 남아있던 밀小麥이나 철포鐵砲와 탄약彈藥과 같은 필요한 자재資材를 옮겨오고, 여러 가지 생활 설계를 해가게 됩니다만, 우리에게는 그 경우, 특히 이런 점이 눈에 띕니다. 울타리柵를 만들어 토지를 구획 짓고, 또 집住居 주위에 나무를 빙 둘러 심고, 그 안에서는 자신이 주인(主人, Master)이라고 선언한다. 이것은 당시 영국 용어로 말한다면 인클로저enclosure, 토지 둘러싸기, 토지 구획區畫 짓기(중세 말부터 근대에 걸쳐, 주로 영국에서 미개방지·공유지 등

공동으로 이용했던 토지를, 영주나 지주가 농장이나 목양지로 만들기 위해 돌담·울타리 등으로 둘러싸서 사유지로 만드는 것-역주)입니다. 로빈슨 크루소는 그렇게 구획된 땅(토지)을 몇 개나 만들고 있습니다. 어떤 구획된 땅에서는 잡아 온 산양山羊을 기르며, 그 젖을 짜기도 하고 혹은 도살해서 그 고기로 스튜stew를 만들어 먹기도 합니다. 또 다른 구획된 땅에는 밀을 경작해서 식량을 점점 더 늘려간다는 것입니다. 그리고 한가운데 있는 주거住居에는 작업장을 설치하고, 거기서 흙을 반죽해서 여러 가지 도자기陶器를 만들며, 스튜용 냄비를 장만하고서는 크게 기뻐합니다. 또 산양의 가죽을 벗겨서, 그 모피로 옷이나 기이한 모자나 일산日傘을 만들기도 합니다.

이처럼 토지를 구획 짓고서, 그런 이용 방식을 취한다는 것은 역사상으로 보자면, 그렇게 일반적인 것은 아닙니다. 아니, 역사상 거의 볼 수 없는 것입니다. 아마도 중세 말기 이후의 서유럽, 게다가 그렇게 깔끔하게 나오는 것은 예외이며, 근대 영국뿐이라고 해도 좋을 것입니다. 일본의 근대사 속에서는, 없다고는 할 수 없겠지만, 어지간히 찾지 않으면 안 될 것입니다. 게다가 그런 영국에서조차, 그 같은 토지 구획 짓기가 역사상에서 나타나게 된 것은, 겨우 중세 말기 이후 일입니다. 다시 말해서 15세기가 끝나갈 무렵부터 시작되었으며 다양한 부침消長은 있습니다만, 때마침 『로빈슨표류기』가 쓰였을 무렵부터, 점점 더 잉글랜드 전 지역을 휩쓰는 그런 움직임이 되어 갑니다. 이른바 '2차 인클로저 운동'입니다.[1] 그런 의미에서 구획된 토지는 당시의 영국에 특징적인 제도라고 할 수 있습니다. 이것을 보더라도, 다니엘 데포가 로빈슨 크루소의 외딴 섬에서의 생활로 그리고 있는 것은, 설령 실제로 있었던 표류 생활을 모델로 삼아서 구성한 픽션 fiction이라 할지라도, 지금 말씀드린 것과 같은 의미에서 진정한 모델은 오히려 그의 조국 영국의 당시 현실 속에 있었다는 것을, 충분히 추측해볼 수가 있겠습니다. 그런데 그 같은 토지 구획 짓기뿐만 아니라 둘러싼 토지 안에 주거를 만들어 거주하고, 또 거기에 작업을 가지고서 다

---

1) 16세기 영국에서 모직물 공업 발달로 양털값이 폭등하자 지주들은 자신의 수입을 늘리기 위해 농경지를 양을 방목하는 목장으로 만든 운동을 인클로저 운동이라 한다. 자본주의적인 경영 방식에 눈뜨게 된 젠트리들은 부를 축적할 수 있었지만, 다수 영세 농은 몰락했다. 토지를 잃은 빈농들은 농촌을 떠나서 도시로 유입되었으며 도시의 자본가들은 그들 노동자를 고용해서 신흥 매뉴팩처를 발전시켰다. 중세 촌락이 가지고 있던 공동체적인 성격은 거의 해체되었다(1차 인클로저 운동). 한편 2차 인클로저 운동은 대농장 경영으로 인한 것이었다. 곡물 가격이 오르자 자본가들은 소농민의 토지를 흡수하여 대농장을 경영해, 농업의 자본주의 경영이 이루어지게 되었다. 농민들은 토지에서 이탈해 도시 임금 노동자로 흡수되었다. 그들은 공업에 필요한 값싸고 풍부한 노동력을 제공하게 되었다-역주

양한 물건을 만들어낸다는 방식, 그것도 역시 그 당시의 영국에 특징적인 것이었습니다. 물론 비슷한 현상을 벨기에서도, 북프랑스에서도, 서북 독일 등에서도 볼 수 있습니다만, 그 당시 영국에 가장 특징적으로 나타나고 있다는 것은, 무엇보다 의문의 여지가 없습니다. 그렇게 잘라 말해도 좋다고 생각합니다.

때마침 다니엘 데포가 『로빈슨표류기』를 썼을 무렵, 영국의 요크서 서부에서 모직물 공업지대 중심을 이루고 있던 리즈Leeds 그 외의 지방, 혹은 미들웨스트, 나중에 블랙컨트리Black Country로 불리게 되는 금속공업 중심지 버밍엄과 같은 지방에서는 신문이 간행되고 있었으며, 그 지상紙上에 종종 임대 '공장工場' — 이른바 매뉴팩처(manufacture, 공장제 수공업. 자본주의 생산의 초기 발전 과정에서 성립한 과도적 경영 양식-역주) — 광고가 실리고 있습니다. 경제사학자는 그것을 보면서, 당시 공업경영의 모습을 여러 가지로 상상하게 되는데요, 어째서 그 같은 임대 공장 광고가 나오고 있었는가 하면, 그 사정은 이렇습니다. 예를 들어 공장(매뉴팩처)을 경영하고 있던 부친이 사망했지만, 아직 아들이 어려서 스스로 그 뒤를 이어서 해나갈 수 없는 경우, 혹은 제대로 된 아들이 있을지라도

그 뒤를 이어서 해나갈 생각이 없는 경우에는, 공장설비를 임대해주고 싶어지는 것이지요. 주식회사株式會社가 보급되기 이전에는, 대체로 3대째가 되면, 어느 나라에서도 이른바 '가라요오데카쿠(唐樣で書く, 직역하면 '중국 서체로 쓴다'는 뜻. 하지만 여기에는 다른 뜻이 있다. 삼대째가 되면 초대[할아버지]가 모은 재산을 다 써버리게 되고, 글씨만 잘 쓰는 삼대째[손자]가 '매가賣家'라고 쓰게 된다는 것. 흔히 이렇게 쓰인다. 売[り]家と唐樣で書く三代目-역주)'라는 식으로 되어버리는데, 당시 영국에서도 물론 그랬습니다. 모처럼 생겨나고 있던 공장설비 ―라 하더라도 산업혁명 이후에 비하면 아직은 지극히 작은 것이었습니다만― 그런 공장설비를 헛되게 내버려둘 수는 없으므로, 그것을 임대해주고 싶다는 신문 광고가 나오게 된 것이지요. 그런 광고 문구文面에, 틀에 박힌 양식처럼 나오는 것은, 작은 구획된 토지가 몇 개쯤 있으며, 그 한가운데 공장이 있다. 흐르는 물의 이용이 편리하다든가 직물織物 경우라면 방차紡車나 직기織機 등을 두는 방이 있다든가 하는 것들이 적혀 있습니다. 그런 광고에 등장하는 비교적 큰 것 외에도 아직은 공장(매뉴팩처)이라 할 수 없는 그런 작은 작업장도 물론 많았습니다만, 그런 경우에 구획된 토지 한가운데 작

업장과 주거住居가 만들어져 있다는 것은, 다른 사료史料에서도 분명하게 나타나 있습니다. 『로빈슨표류기』에서 다니엘 데포가 그리고 있는 것은, 바로 그런 것들과 아주 비슷하다는 것입니다. 물론 『로빈슨표류기』 경우에는, 단 한 사람이므로 공장(매뉴팩처)은 아니고 그저 작업장에 지나지 않았습니다만.

3

경제학자나 경제사학자가 일반적으로 매뉴팩처 등으로 부르고 있는, 산업혁명 전야의 영국 각지에서 널리 볼 수 있었다는 공장 경영의 모습은, 실은 그와 같은 것이며, 더구나 그것은 도시보다는 농촌 지역에 훨씬 더 널리 퍼져있었습니다. 그 매뉴팩처라는 말은 경제학 용어로서는 마르크스가 처음 사용했습니다만, 실은 다니엘 데포가 살았던 무렵의 영국에서는 일반적으로 쓰이고 있던 말이었습니다. 다니엘 데포가 쓴 책에서는 매뉴팩처 외에 같은 의미로 매뉴팩토리manufactory라는 단어도 사용하고 있습니다. 비슷한 무렵 존 스미스John Smith라는 사람은 그런 공장은 매뉴팩토리라 불러야 한다, 보통 매뉴팩처라고 말해지고 있지만 가능한 한 그런 용어법은 쓰지 않는 쪽이 좋다라는 식으로 말하기도 했습니다. 그런데 애덤 스미스는 『국부론』에서 매뉴팩토리라는 단어를 사용하고 있지요.

그러면 그 매뉴팩처라는 공장 경영은 다니엘 데포가 살았던 무렵에는 어느 정도 크기를 가진 것이었을까요. 가족 외에 열 명 정도를 고용하고 있는 경우가 매우 많았다고 합니다만, 그보다는 약간은 적었겠지요. 그 외에 여기저기서 상당한 정도의 대경영大經營이 두드러지고 있었으며, 다른 한편으로 하청下請받는 소생산자小生産者들이 수없이 많이 여기저기 흩어져있던 것도 사실입니다. 게다가 그 같은 매뉴팩처는 도시보다도 오히려 농촌지대에 널리 퍼져있었습니다. 다니엘 데포는 그처럼 널리 농촌지대에서 생산을 영위하고 있던 사람들, 그중에서도 중산中産 공업생산자들을 높이 평가했으며, 그들이야말로 실은 그 당시 영국 국부國富의 근본을 떠받쳐주고 있으며, 또 그 활기로 가득한 장래를 짊어지고 있는 사람들이라 생각하고 있었습니다. 예를 들면 콜George Douglas Howard Cole의 경우, 다니엘 데포는 그런 중산의 생산자들이야말로 영국의 장래를 두 어깨에 짊어진 사람들이라 생각하고 있었으며, 그런 생각은 결국 옳았다고 말하고 있습니다만, 다니엘 데포의 그런 시각은 근래 유럽과 미국 경제사학계에서는 그 옳았음을 점점 더 인정하게 되었다라고 해도 좋을 것이라 생각합니다.

『로빈슨표류기』를 쓴 조금 후라고 생각됩니다만, 다니엘 데포는 『영국주유기A Tour through the Whole Island of Great Britain』라는 책을 쓰고 있습니다. 본래 그는 신문기자여서 필시 지식이 넓어 정치, 경제, 사회, 각 방면에 대해서 많은 것을 알고 있었습니다. 그런 그가 영국 전 지역을 여행하고, 그 경험을 살려서 여행안내 책자를 썼는데, 그게 바로 이 책입니다. 읽어보면 정말 재미있습니다. 어디까지 그 서술을 믿어도 좋을지 하면서 역사학자는 아주 신중하게 비판적으로 읽습니다만, 아무튼 경제사의 중요한 사료 중 하나입니다. 거기서 나중의 산업혁명 때 면공업綿工業의 중심이 되는 랭커셔의 맨체스터에서 동쪽으로 가서 요크셔 쪽으로 들어가는 경계 지역은, 당시 그 부근에서 요크셔의 서부(웨스트 라이딩West Riding) 지방에 걸쳐 있는 지역은 모직물毛織物의 중요한 생산지대였습니다. 그 경계 지역을 넘어서 요크셔에 들어가는 도중에, 그 언저리의 정경情景을 바라보았던 때 일을 다니엘 데포는 상세하게 쓰고 있습니다. 재미있으니까 조금 소개하기로 하겠습니다.

모직물 공업의 중심지 핼리팩스 지방에 가까운 부근을 멀리서 바라본 풍경입니다만, "핼리팩스에 가까이 가면 갈수록 늘어선 집들이 점점 더 밀접해진다." 그 부근은 언덕을 오르기도 하고 내려가기도 하는 길이 계속 이어지고 있습니다. 그 "언덕의 기슭에 있는 마을들이 점점 더 커지고 있는 것이 눈에 띈다. 그 험한 언덕 경사면에도 한쪽으로 집이 있으며, 그것도 매우 밀집해있다. 토지가 작은 구획된 땅으로 나뉘어져 있으며 —어느 것이나 2에이커acre에서 6, 7에이커, 그 이상은 거의 없다— 3, 4 구획區畫의 토지마다 집 한 채가 있다는 식으로 되어 있다." 그 부근을 지나가는 동안에, 점점 어째서 그렇게 되어있는가 하는 연유를 그는 알게 되었다. "그런 식으로 토지가 작은 구역으로 나뉘어지고 주거가 분산되어있는 것은, 사람들이 넓게 영위하고 있는 모직물 제조 작업의 편리를 위해서이다." 다시 말해서 셋이나 넷 정도의 구획된 땅 한가운데 집이 있다는 것이지요. 그것도 단순한 주거가 아니며, 모두 다 각각 매뉴팩토리가 들러붙어 있다라는 것입니다.

그런데 세 번째 언덕을 다 올랐을 때, 그의 눈에 비친 것은 거기서부터 앞쪽은 쉽게 말하면, 계속 이어지는 하나의 마을처럼 같은 풍경이 어디까지나 이어지고 있다는 것이었습니다. "이웃과 말을 할 수 없는 그런 집은 거의 없었다. 그 사이에 날씨가 좋아져 태양이 비치게 되면 (그래서 그 근방의 작업을 바로 알 수 있었지만), 어느 집에나 물건 늘어놓는 대張物枠가 있고, 그런 대에는 모두 모직물이 널려있는 것이 보였다." 그런데 잘 보면, 그 어느 집 곁을 지나가더라도 작은 냇물이나 웅덩이가 있고, 그것이 집안으로 흘러들어와 흘러나가고 있다. 또 "두드러지는 집에는 어디서나 매뉴팩토리, 다시 말해서 작업장이 있다." 게다가 그뿐만 아니라 "어느 모직물 제조업자織元도 반드시 영업용으로 부리는 한두 필의 짐말駄馬을 기르고 있다." 그래서 여러 물건을 시장에 싣고 가기도 하고, 싣고 오기도 하는 것이다. 그 외에 그들은 "모두 가족을 위해서 한두 마리 혹은 더 많은 암소雌牛를 기르고 있다. 집 주위의 두세 개 혹은 네 개의 구획된 둘러 쌓인 땅이 그에 할당되어있다. 곡물은 겨우 닭을 기를 수 있을 정도로 종자를 부릴 뿐"이다. "가축을 기르고 있으므로 그 분뇨(똥)가 비료가 되어 토질은 상당히 비옥한 편이다. 게다가 그런 제조업자의 집들 사이에는, 마찬가지로 여기저기 작은 집이나 작은 주택이 흩어져있으며, 제조업자에게 고용되어있는 노동자들이 거기서 살고 있다. 부인이나 아이들은 (자신의 집에서 하청下請을 받아) 털毛을 빗거나梳, 실糸을 뽑거나 하는 일을 하느라 쉴 새 없이 바쁘다. …… 어느 제조업자 경우에도 그 집을 방문해보면, (그 매뉴팩토리 안에) 건장한 사내들이 가득 차 있는 것이 눈에 띈다. 그 몇 사람인가는 염물통染物桶 옆에, 몇 사람인가는 모직물을 다루고, 몇 사람인가는 기계에, 어떤 사람은 이 일을, 다른 사람은 또 다른 일을, 모두가 열심히 일하면서, 충분히 제조製造에 힘쓰고 있어서 모두가 다 힘껏 작업을 하는 것처럼 보인다. …… 이곳은 런던과 그 주변을 별도로 한다면, 영국에서 가장 인구가 조밀한 지역 중 하나다."— 이런 식으로 쓰고 있습니다.

다시 말해서 여기저기 이르는 곳마다 매뉴팩토리(다시 말해서 매뉴팩처)라 불리는 그런 작업장이 있으며, 그 안에서 다양한 노동자들이 다양한 일을 하면서, 모직물을 제조하고 있습니다. 경제학에서 말하는 분업分業에 의한 협업協業을 실행하고 있다는 것이지요. 여기에는 약간의 과장이 있을지도 모르겠습니다. 하지만 그런 풍경을 어떤 모델도 없이 그려낸다는 것은 천재라도 쉽게 할 수 없는 일이며, 또 그것이 실제로 그러했다는 것은 다른 사료가 여실히 보여주고 있습니다. 나중에 면공업綿工業의 중심이 되는 맨체스터 주변도, 또 이미 금속공업의 중심이 되어있던 버밍엄 주변에도, 그와 비슷한 풍경을 볼 수 있다는 것은, 연구사研究史에서도 이미 분명하게 확인되었다고 하니, 틀림없는 것 같습니다. 또 그런 생산자들, 고용주든 고용인이든 간에 —다니엘 데포 경우에는 고용인인 가난한 사람도 계속 일해서, 마침내는 독립된 생산자가 될 가능성을 가진 존재로 상정되어있습니다—, 이런 사람들이야말로 영국 국부國富의 현재와 장래를 짊어지고 있는 사람들이라 생각하고 있었습니다. 그런 사람들의 생활양식이, 실은 로빈슨 크루소의 외딴 섬에서의 생활 속에 분명하게 인정되고 있다고, 제게는 그렇게 생각되는 것입니다.

4

그런데 여러분이 『로빈슨표류기』를 읽게 되면, 먼저 만나게 되는 것은 말할 것도 없이 로빈슨 크루소가 아버지에게 설교를 듣고 훈계 당하고 있는 장면이지요. 그 언저리를 읽으면서 시시하다고 생각했던 경험이 있는 분도 계시리라 생각합니다. 그렇지만 오늘 이야기에서는 그 부분이 상당히 중요한 의미를 갖는 것으로 됩니다.

실은 다니엘 데포가 『로빈슨표류기』라는 소설 속에서 말하고 싶었던 가장 중요한 것은, 첫머리의 1페이지나 2페이지에 다 나와 있다고 하더라도, 저는 그렇게 지나친 말은 아니라고 생각합니다. 다시 말해서 다니엘 데포는 로빈슨 크루소 아버지 입을 빌어서, 자기 생각을 서술하고 있다는 것입니다. 그것은 말하자면 이렇습니다. 로빈슨 크루소 형은 이미 해외로 날아가 버려서, 그 무렵에는 어디서 무엇을 하고 있는지 알 수가 없습니다. 게다가 로빈슨 크루소 자신도 해외에 모험adventure 삼아 날아가서 큰 돈벌이를 하고 싶어서 어쩔 줄 몰라 했습니다. 사실 그도 아버지가 말씀하시는 것을 듣지 않고서 해외로 나가서 브라질에서 큰 돈벌이를 하고, 돈을 모아 거기서 토지를 사서 플랜테이션(plantation, 대규모 농장. 다국적기업 자본 및 기술과 원주민의 값싼 노동력이 결합되어 상품 작물을 대규모로 경작하는 농업 방식-역주)을 경영하게 되지요. 그것은 매뉴팩처와는 달라서, 노예를 사용해서 하는 방식입니다.

아무튼 로빈슨 크루소는 그 같은 흥하든 망하든(건곤일척乾坤一擲, 운을 하늘에 맡기고, 그런 정도의 의미-역주) 그런 큰 돈벌이를 하고 싶어서 안달이 났습니다.

그러자 통풍痛風으로 다리를 앓고 있던 아버지가 아픔을 견디면서 로빈슨 크루소에게 훈계합니다. 제발 너는 그런 일 하지 말아라. 반드시 대가를 치러서 심한 꼴을 보게 될 거야. 그것을 로빈슨 크루소는 나중에 깨달아 알게 되는 것이지요. 그러니 우리가 해온 것과 같은 작업을 그대로 계속해 나가도록 해. 그것이 너에게 제일가는 행복이 될 것이라 합니다. 그에 의하면, 세상에서 제일 행복한 것은 상류上流 사람들이 아니다. 물론 최하층 사람들도 아니다. '중류中流의 신분middling station of life' ─ 이것은 애덤 스미스도 사용하고 있는 말입니다─ 이야말로, 세상에서 가장 행복한 사람들이다. 그러니 너도 해외로 날아가는 것을 그만두고, 자신과 같은 그런 중류 신분의 일을 하도록 해라. 그뿐 아니라 그런 중류 사람들이야말로 진정으로 영국을 떠받쳐주고 있는 중요한 토대이다. 그런 식으로 아주 열심히 훈계하고, 해외로 갈 생각을 그만두게 하려고 하는 것입니다. 그 부분을 만약 뛰어넘고 읽으신 분은, 다시 한번 주의해서 읽어봐 주십시오.

아무튼 로빈슨 크루소는 결국 아버지가 말하는 것을 듣지 않고서 모험가로서 해외로 날아가서, 마침내 혼자서 외딴섬에 표착漂着해, 거기서 새삼 회개하고서 아버지의 훈계에서 볼 수 있는 그런 생활양식을, 이번에는 스스로 진지하게 실행하게 된다는 것입니다. 『로빈슨표류기』는 바로 그런 이야기입니다.

이런 식으로 설명해가게 되면, 다니엘 데포가 그 당시 중산 사람들, 특히 농촌지대 생산자층의 생활양식을 로빈슨 크루소의 표류 생활을 구실로 삼아서 그려내고 있는 것이라는 저의 상정想定이 그렇게 표적을 벗어난 것이 아니라는 점을 알아차릴 수 있지 않을까 싶습니다. 아무튼 다니엘 데포는 실은 그 당시 영국의 중산 생산자층의 생활양식을 잘 알고 있는 사람이었습니다. 그렇기에 그것을 모델로 삼아서, 예를 들면 슌칸(俊寬, 헤이안시대 승려. 고시라카와인後白河院을 옹립해 헤이지平氏를 토벌하는 모의를 기도했다가 발각 후 유배-역주)이 기카이가시마(鬼界ヶ島, 거란이나 고려처럼 먼 지역을 가리키는 일반명사이기도 했으며, 고대 이후 일본 서쪽 끝 지방으로 오랫동안 인식되었다-역주)에 유배당해서 고향의 하늘을 그리워하면서 탄식하고 슬퍼한다는 그런 형태가 아니라, 저 같은 늠름한 생활 건설 이야기를 그려낼 수 있었겠지요. 다만 거기서는 특유한 유토피아처럼 그려지고 있기는 합니다만.

5

지금까지는 지극히 외면적인 측면에서 『로빈슨표류기』 내용을 생각해왔습니다만, 이제부터는 조금 더 중요한 측면에 들어가 보려고 합니다. 앞에서도 말씀드렸습니다만, 로빈슨 크루소는 외딴 섬에서 구획된 땅을 만들고, 그 안에서 산양을 기르기도 하고 밀을 경작하기도 할 뿐만 아니라, 한가운데 주거와 작업장을 만들어 도자기를 굽기도 하고 의복을 짓기도 하는, 그런 생활의 외적인 조건을 정비해가면서 아무튼 인간으로 불리기에 적합한 생활을 해가게 됩니다.

그런데 그 경우, 로빈슨 크루소는 대체 어떤 타입의 행동양식을 하는 인간, 다시 말해서 어떤 인간 유형으로 그려지고 있는가 하는 점을 생각해보면, 그것은 분명히 지극히 합리적으로 행동하는 인간입니다. 현실적인 계획을 세우고, 그에 따라서 합리적으로 행동하는, 경제적인 잉여를 최대한으로 할 뿐만 아니라 재생산 규모를 점점 더 크게 해간다는 방향을 향해서, 합리적으로 행동하는 인간입니다. 흥하던가 망하는 식의 모험가 같은 모험으로, 요행僥倖을 목표로 행동하는 그런 타입의 인간은 아닙니다. 면밀한 계획을 세워서 장래를 합리적으로 예측하면서 행동하는 타입의 인간, 그야말로 경영자經營者입니다. 그렇게 말하기는 했지만, 근대 경영자들의 경영 속에 모험이라는 요소가 없다라는 식으로 말하는 것은 물론 아닙니다. 근대의 경제사회 현실 속에서는, 먹느냐 먹히느냐 하는 격렬한 경쟁이 행해지며, 거기에 다양한 상략商略을 가지고 대처해가는 모험을 끊임없이 시도해가지 않으면 안 됩니다. 그런 점은, 수많은 부하를 거느리고 전쟁을 하는, 또한 다른 한편으로 자신의 영지領地를 경영해가는 옛날 영웅들과 공통되는 부분이 있습니다. 그런 의미에서는 경영이라는 것은 예로부터, 그리고 어느 시대에도 볼 수 있는 것이므로 손빈孫臏이 썼다는『손자孫子』라든가, 도쿠가와 이에야스德川家康의 생애를 주제로 하는 소설2)이, 현대 경영자들에게 어느 정도까지

---

2) 야마오카 소하치山岡莊八가 쓴 대하 역사소설『도쿠가와 이에야스德川家康』. 1950년부터 1967년까지 집필했으며 총 26권으로 출간되었다. 1970년대 한국에서도『대망大望』이라는 제목으로 번역, 소개되어 인기를 끌기도 했다. 해적판이라는 지적도 있었고, 관련해서 법정 시비도 있었다-역주

중요한 시사를 던져줄 수도 있을 것입니다. 하지만 그 같은 옛날 영웅들의 행동양식과 근대 경영자에게 적합한 행동양식 사이에는 어떤 결정적으로 다른 것이 있습니다. 그 결정적으로 다른 것이 무엇인가 하는 것은, 차차 알게 되리라 생각합니다만, 아무튼 그것이 '로빈슨 크루소'의 생활양식 속에 나타나 있다는 것입니다.

그런데 로빈슨 크루소가 외딴섬에 표착漂着해서 자기만 남은 후에, 주기적으로 감상적으로 된다는 것은 인간으로서 당연한 것입니다만 그는 본질적으로 감상적인 인간은 아닙니다. 집안家, 동족同族, 향당벌鄕黨閥 등은 그의 생활 안에서는, 어떤 본질적인 의미를 지니고 있지 않습니다. 그는 그저 한 사람一人이며, 그저 자기 한 사람의 정신력과 육체의 힘肉體力을 가지고, 지극히 현실적으로 환경에 맞서가게 됩니다. 그는 먼저 난파해서 먼바다에 있던 배 안에 무언가 쓸 만한 것이 남아있지 않을까 하고 생각합니다. 계속해서 살아남기 위해서, 현실에서 그 이후의 생활을 건설해가기 위해서는, 그것이 제1의 조건이 되는 것입니다. 그 같은 현실적인 예측 위에 입각한 경제 건설, 그것이 근대사회에서 경영의 첫 번째 조건이라는 것은 새삼 말할 것까지도 없습니다. 그래서 그는 사용할 수 있는 것은 없을까 하고, 배 안을 샅샅이 뒤지면서 찾아서 여러 가지 물건을 손에 넣게 됩니다. 예를 들면 밀小麥. 하지만 그 밀도 단순히 먹기 위한 것만은 아니었습니다. 먹어버리면 그것으로 끝나버리지만, 그는 그것을 생산수단으로 사용해 씨앗으로 뿌려서 키워서 먹었으니, 재생산再生産이라는 것을 잘 알고 있습니다. 앞날을 내다보고 있지요. 철저한 실천적 합리주의입니다. 밀 외에, 그는 난파한 배에서 철포鐵砲와 화약火藥을 찾아서 왔는데, 그것으로 사람을 잡아먹는食人 인종人種이 오더라도 싸울 수 있다는 것만은 아닙니다. 산양을 쏘아서 그 고기로 스튜를 만들어 먹으면서 크게 기뻐합니다만, 화약을 가지고 온 후에 열대성 큰비가 내립니다. 축축하게 젖어버리면 큰일이라고 걱정했던 화약이 무사하자, 그것을 신에게 감사드리지만, 바로 다음에 내릴 비를 내다보고, 화약을 몇 개로 나누어 곳곳에 저장해둡니다. 그런 방식으로 위험을 분산시키는 것입니다. 보험을 들어두는 셈이지요. 하지만 그것만이 아닙니다. 산양도 그저 총을 쏘아 잡아서 고기를 먹는 것만은 아니며, 일단 화약이 없어져 버렸을 때의 일을 생각해서, 함정을 파서 산양을 잡아서, 구획된 땅의 목장에서 기르고, 번식하게 합니다. 다시 말해서 그는 생활에 필요한 것을 모아서, 그것을 단순히 소비하는 것이 아니라, 언제까지나 그런 소비가 계속될 뿐만 아니라 그 내용이 점점 더 풍부해져가는 식으로 계획적으로 자재資材를 손에 넣고, 그 자재와 그것에 맞는 노동력을 합리적으로 배분해서, 이른바 재생산, 다시 말해서 언제까지나 계속되고, 점점 끝으로 갈수록 더 커지게 된다는 경제 시스템을 만들어가고 있는 것입니다.

마르크스가 『자본론』에서, 경제학자는 로빈슨 크루소 이야기를 좋아한다고 하면서 경제학의 추상성을 야유하고 있는 부분이 있다는 것은 유명합니다. 그런데 일반적으로는 그런 야유하는 측면만이 문제가 되기에 십상입니다만, 마르크스는 동시에 로빈슨 크루소 이야기의 뛰어난 측면도 지적하고 있습니다. 다시 말해서 그 안에는 자재와 노동의 합리적 배분이라는 경제생활의 기본적 사실의 모든 것이 포함되어있다는 것입니다. 그 점은 이미 쇼와(昭和, 1926년~1989년까지 일본에서 사용한 연호-역주) 초기에 오쿠마 노부유키(大熊信行, 일본 경제학자이자 평론가-역주)가 지적하고 있어서, 거기서 크게 가르침을 받을 수 있었습니다. 아무튼 로빈슨 크루소의 생활양식은 유토피아로 그려지고 있다 하더라도 가치법칙價値法則의 관철을 매개로 진행되는 근대 경제사회의 근저에 있는 기본적인 사실을, 이미 그 안에 포함하고 있다는 것은, 마르크스도 인정하고 있는 부분이라 해도 좋을 것입니다.

6

이제 조금 더 나아가 로빈슨 크루소의 행동양식이 갖는 특징이라 할 수 있는 점을 다시 하나하나 찾아보도록 하지요. 우선 그는 아주 시간을 중시하고 있습니다. 달력을 만들어 오늘은 몇 월 며칠인지 기억하고자 했으며, 또 지금은 하루 중에서 몇 시인지를 판별하는 공부를 하고 있습니다. 인간 행동양식의 합리성을 측정하기 위해서 가장 중요한 표지標識 하나로 여겨지고 있는 정확성 punctuality을 그는 몸에 지니고 있습니다. "시간은 돈이다"라는 관념을 낳은 것이 당시 영국과 미국의 중산층 사람들 —대표적인 인물이 다니엘 데포와 벤저민 프랭클린Benjamin Franklin— 이라는 점을 부디 생각해주십시오. 외딴섬에서의 단 한 사람의 생활이기 때문에, 화폐로 시간을 표현하는 것은 무의미하다고 하더라도, 아무튼 그는 태양이 어떤 방향에 그림자를 드리우는가 하는 것으로 시각을 나타내고, 표착한 날의 일자日付를 기준으로 매일, 오늘은 몇 년 몇 월 며칠인지 하는 것을 정확하게 추정戡定해내고 있었습니다. 만 1년째 되는 날에는, 깔끔하게 이로써 표류 생활도 만 1년이 되었다는 것을 알고 있습니다. 그런데 이 같은 시간관념을 갖는 그런 타입의 인간은, 역사상에서 당시의 영국, 조금 더 넓게는 서유럽과 북아메리카 식민지 외에는 거의 볼 수 없다는 것이 확실합니다.

　실업가實業家로서 나이가 드신 이후에『로빈슨표류기』등을 읽으시는 분은 아주 적을 것이라 생각합니다만, 만약 그분들이 다시 한번 읽게 됐을 때, 표류 생활 1년째 부분에 이르게 되면, 아마도 한 번 크게 웃으실 것破顔一笑임이 분명하다고 저는 생각합니다. 로빈슨 크루소는 거기서, 자신의 표류 생활 밸런스시트balance sheet, 혹은 손익계산서損益計算書를 만들고 있기 때문입니다. 다시 말해서 자신이 외딴섬에 거주하기 시작한 이후 그때까지 어떤 손익損益이 있었는지, 그것을 차방借方·대방貸方의 밸런스시트로 만들고 있는 것입니다. 마지막에 차감 잔액 계산(差引勘定, 차감 잔액 계산, 수익과 지출의 차액을 계산함-역주)을 해서, 충분히 이익이 있었다는 것을 신神에게 감사드리고 있습니다. 막스 베버는 『프로테스탄트 윤리와 자본주의 정신』이라는 논문에서 그것을 흥미롭게 지적하고 있습니다만, 그런 것은 그 시대에는 영국의 중산층 사람들 이외에는, 흔히 할 수 있는 일은 결코 아니었지요.

실은 다니엘 데포라는 사람은 『로빈슨표류기』를 쓰고 나서 그 얼마 후에 『영국상인대감A Plan of the English Commerce, being a Compleate Prospect of the Trade of Nation, as well the Home Trade as the Foreign』으로 번역해야 할런지요, 일종의 중소경영자中小經營者를 위한 경영지침서 같은 것을 쓰고 있습니다만, 그것은 지금 읽어보아도 아주 흥미로운 책입니다. 상인이 독립할 때 알아두어야 할, 가장 중요한 것을 다양하게 가르쳐주고 있는데, 예를 들면 이런 것이 쓰여있습니다. 어떤 결혼을 하는가 하는 것이, 특히 소경영자에게는 대단히 중요해서, 이상한 부인을 얻게 되면, 그야말로 비즈니스는 망치게 된다고 합니다. 왜냐하면 그 당시, 소경영자들은 부부가 같이 일하는 것이 보통이어서 부인이 비즈니스의 조력자였기 때문입니다. 예를 들면 매뉴팩처를 경영하고 있다면, 주인이 시장이나 거래처에 가기도 하고 또 자금을 마련하는 등 자기 일을 하는 동안에, 부인은 노동자들을 감독

하기도 하고 그 외의 일들을 돕지 않으면 안 되었습니다. 다시 말해서 부인은 직인職人이나 노동자들과 같이 일했기 때문에, 그게 그들과 같이 홍차를 마시고 있다거나 쓸데없는 이야기를 하고 있게 되면, 그 일은 반드시 엉망이 됩니다. 그래서 그런 결혼은 좋지 않다고 하는 것이지요. 지금으로 보자면 슬며시 웃음이 나오는 것도 쓰여있습니다만, 또한 소매상인小賣商人이라는 것은 종종 이를 악물고 어려움을 견뎌내지 않으면 안 된다라고 지독한 것도 쓰여있습니다. 물건을 사러 오는 손님이 완전히 자기 마음대로일지라도 상인은 어디까지나 인내하지 않으면 안 됩니다. 그런 인내를 하지 않으면 비즈니스는 결코 성공할 수가 없다고 합니다.

그 외에도 여러 가지를 쓰고 있는데, 그 안에는 부기簿記를 적는 법도 친절하게 설명하고 있습니다. 어느 정도 매입해서, 어느 정도 판매해 어느 정도 이익을 얻었는지, 그런 차감 잔액 계산, 손익계산을 정확하게 하지 않으면, 비즈니스는 성공하지 못한다는 것입니다. 그런데 로빈슨 크루소는 외딴섬에서의 생활이 전체적으로 마치 하나의 경영인 것처럼, 부기를 적고 손익계산을 하는 것이지요. 그런 지극히 합리적이고, 착실하게 건설해간다는 생활 태도는 물론 그 당시 영국 중류 신분의 그것이었습니다.

말하자면 이런 것이겠지요. 로빈슨 크루소는 아버지의 뜻을 거역하고 집을 뛰쳐나오려고 했을 때, 아버지로부터 아주 간절한 훈계를 받았다. 영국에서 제일 행복한 것은 중류 사람들이다. 너도 그런 생활을 하도록 해라. 모험을 추구해서 해외로 뛰쳐나간다면, 반드시 험한 꼴을 당할 것이다. 그때는 후회해도 소용이 없다. 그러니 그만두도록 해라. 그 같은 아버지의 훈계를 로빈슨 크루소는 외딴섬에서 통절하게 기억해낸 것이며, 마음으로 회개하면서 모험가적인 행동양식을 포기하고, 당시 영국의 광범한 중소 생산자들의 행동양식에서, 그런 사람들을 내적으로 떠받쳐주는 윤리로 되돌아왔다. 그런 입장에서 외딴섬에서의 생활을 전개했다는 것입니다. 그 같은 생활 태도 전환에 따라, 그의 경제의 영위도 역시, 그 당시 영국의 국부國富를 떠받쳐주고 있다고 말해지던 중류 생산자의 생활양식에 아주 비슷한 것으로 되었던 것입니다.

7

이와 같은 사정으로 인해 다니엘 데포는 로빈슨 크루소라는 가공인물의 외딴섬에서의 표류 생활에 가탁해서, 그당시 영국의 국부를 짊어지고, 나아가 그 눈부신 장래를두 어깨에 짊어지고 있다고 스스로 생각하는, 그런 사람들의 생활양식을 유토피아적으로 이상화理想化시켜서 그려냈다고 해도 좋으리라고 저는 생각합니다. 혹은 또 거꾸로, 그런 사람들에게 이상理想의 생활상을 유토피아적으로 그려서 보여주고, 그들에게 이른바 생활의 비전을제공해주려고 했다라고 할 수도 있지 않을까 생각합니다.

다만 그렇게 잘라 말했을 경우, 아마도 여러분이『로빈슨표류기』를 읽고서 납득이 되지 않는 점이 둘, 셋 나오지 않았을까 하는 생각도 듭니다. 예를 들면 로빈슨 크루소가 난파선이 있는 곳에 가서 금화金貨를 발견하고서, 이것은 나라 사람들이 가지려고 서로 다투면서 피를 흘리기도 하는 것이지만, 이런 것은 사실은 어떤 도움도 되지 않는다라고 하면서 발로 차버리는 부분이 있습니다. 그러면 산업혁명을 그야말로 수행하려 하고 있던 당시 영국 중류 사람의 이상적인 생활상과는 조금 다르지 않은가, 하고 여러분은 생각하실지도 모르겠습니다. 하지만 실은 그렇지는 않습니다.

앞에서도 말씀드린 것처럼, 당시 영국 국부를 짊어진 사람들의 중견中堅은, 다름 아닌 농촌지대에서 널리 공업 생산을 운영하던 중산中産 생산자들이었습니다. 그리고 또 약 반세기 후에는, 그들 중에서 산업혁명 담당자가 되는 경영자들이 나오게 되는 것입니다만, 그런 중산 사람들이 화폐라는 것에 대해 큰 가치를 두고 있지는 않았다라고 잘라 말해버린다면, 물론 그것은 잘못된 것이지요. 그 점에 대해서는 뒤에서도 말씀드리겠습니다만, 그러나 또 어떤 면에서는 그들은 반드시 화폐에 최고의 가치를 두고 있지는 않았다라고 생각해도 좋을 그런 부분이 확실히 있습니다. 다시 말해서 그들에게는 그저 돈만 열심히 모은다는 것은 아니며, 경영 그 자체를 자기 목적으로 삼아 헌신하는 사람, 이라는 특징이 보였던 것입니다. (여기서 그것을 설명하는 것은 상당히 어려우므로, 흥미를 느끼신 분은 1965년 6월 제가 세 사람의 친구와 같이 공간公刊한 『막스 베버 연구』[岩波書店], 거기에 저는 「막스 베버에서의 자본주의의 정신」 이라는 논문을 싣고 있습니다만, 거기서 벤저민 프랭클린Benjamin Franklin의 정신적 분위기를 분석하고 있으니, 그것을 한 번 읽어주신다면 훨씬 더 잘 이해할 수 있게 된다고 생각합니다.) 아무튼 로빈슨 크루소가 외딴섬에서 회개하고, 당시의 중산 사회 계층의 가장 견실한 사람들을 본받아서 도덕적으로 성실하고 진지하게 생활하려고 결심했을 때, 그 특징이 상당히 잘 나타나고 있습니다. 예를 들면 모험가식으로 수단을 가리지 않고 마구 돈벌이를 하는 것을 분명하게 거부하고 있습니다. 다시 말해서 돈벌이를 모두 긍정하거나 더구나 그것을 생활의 이상으로 삼거나 하는 것이 아님은 분명합니다. 그가 아버지와 같이, 크게 도덕적인 의미를 부여하고 있는 것은, 특히 중산 신분 사람들의 돈벌이라기보다는 그들이 돈을 벌기 위해서 하는 경영, 특히 산업경영 그 자체입니다.

그러면 대체 중산 사회계층 사람의 돈벌이는 같은 돈벌이 중에서도, 어째서 좋은 것으로 생각되었는가 하면, 그 이유는 이러합니다. 그들은 단순히 어떤 일을 하더라도 돈벌이를 할 수만 있으면 그것으로 좋다라는 식은 아닙니다. 오히려 일상생활 속에서 이웃 사람들隣人이 정말로 필요하다고 생각하는 것들, 예를 들면 빵, 채소, 곡물, 의복 등등의 소비물자消費物資, 나아가 그것들을 만드는 데 필요한 다양한 생산수단, 이 세상 사람들 모두가 현실에서 필요로 하고 있는데, 자신은 그것들을 만들지는 않는다고 하더라도, 그런 일에 도움이 되는 것을 만들어 파는 것이지요. 만약 그것이 모두가 정말 반기면서 손에 넣고 싶어 한다고 생각하는 것이라면, 점차 팔리게 되겠지요. 점차 팔리게 되면 결과적으로 돈벌이가 됩니다. 결국 그런 돈벌이는 사람들이 그런 형태로 이웃에 대한 사랑隣人愛을 실행했다는 것의 표현이라는 것으로 됩니다. 중산 사회계층 사람들은 그렇게 보았던 것입니다. 다니엘 데포는 그런 돈벌이는 아주 좋다. 하지만 다른 사람은 어떻게 되든 간에 자신은 돈만 벌면 된다라는 식의 돈벌이 방식은 강하게 배척했던 것입니다.

그런데 이런 것은 결코 제가 과장하고 있는 것이 아니라 그 당시 영국에서는 현실에 그런 식으로 생각하고 있던 마디ふし가 충분히 있습니다. 예를 들면 조금 국면을 바꾸어, 이런 것을 생각해보기로 하지요. 그 당시 영국은 이른바 머칸틸리즘mercantilism 시대입니다. 머칸틸리즘은 중상주의重商主義로 번역되고 있기 때문에, 무언가 상인, 특히 무역 상인의 이해가 경제정책의 방향을 결정하고 있던 것처럼 생각되기 쉽지만, 절대 그렇지는 않습니다. 프리드리히 리스트Friedrich List가 그것을 머칸틸리즘이라 한 것은 잘못이며, 오히려 인더스트리얼리즘

(industrialism, 중공주의重工主義)[3]이라 불러야 할 것이라 했다는 것은 유명합니다만, 그것은 어떤 점에서는 맞는 말이며, 다니엘 데포가 살았던 무렵 영국 경제정책 기조를 이루고 있었다는 것은 오히려 중산 공업생산자층, 특히 그 상층의 이해利害였다고 해도 지나친 말은 아닙니다. 물론 정치 요충지衝에 서 있었던 것은 지주(地主, 젠트리 gentry), 그리고 어느 정도까지 상인(商人, 머천트merchant)입니다만, 그들이 무엇보다도 일차적으로 중요하게 여겼던, 아니 여기지 않으면 안 되었던 것은 중산 생산자층, 특히 공업생산자층의 이해였습니다. 당시 "직물업자(위버스weavers)들이 지주(젠트리)를 설득했다"는 식으로 말해지고 있던 것이 바로 그것입니다만, 그런 사정은 그 무렵 실제로 정치 요충지에 있으면서, 정책을 입안하고 있었다고 생각되는 사람들의 문헌을 읽어보면 잘 알 수 있습니다. 그런데 그런 문헌을 읽고 있으면, 여러 가지 흥미로운 것들이 나오는데요, 예를 들면 머캔틸리즘의 정책이론을 명시明示한 부분에서 이런 식으로 쓰고 있습니다. 상업 ―따라서 상업에 의한 돈벌이― 는 국민 전체

---

3) industrialism은 흔히 '산업주의'로 번역되고 있다. 저자는 '중농주의'와 관련해서 독자들의 이해를 돕기 위해 '중공주의'라는 용어를 괄호 속에 넣어두고 있다-역주

관점에서 보자면 좋은 것과 나쁜 것이 있는데, 좋은 것은 보호하고 나쁜 것은 억지하지 않으면 안 된다. 그러면 그 좋고 나쁨을 가르는 기준은 무엇인가 하면, 무엇보다도 먼저 국민적 공업(매뉴팩처)의 번영에 도움이 되고, 또 그 때문에 국내시장(홈 마켓home market)을 해친다거나 하지 않는 것, 그것이야말로 제너럴 맥심 오브 트레이드(general maxim of trade, 통상격언. 통상에서 지켜야 할 일반적인 원칙-역주)라는 것입니다. 뭐든지 간에 모든 돈벌이는 나라를 위해서 한다라는 식으로는 말하지 않습니다. 국내에서 공업이 발달하고, 더구나 그것이 국민 생활에 도움이 되면, 그것을 촉진시키는 한에서 돈벌이가 긍정적으로 평가받고 있는 것입니다. 감히 말해본다면 국민경제 전체의 경영을 1차적으로 생각하고 있었으므로, 그것이 『로빈슨표류기』속에 나오고 있으며, 그것이 화폐에 대한 낮게 평가한 의미라고 저는 생각하고 있습니다.

그러면 그것을 개인 레벨로 다시 끌어와 생각해보면, 거기에 '경제인'이라는 것 안에 포함되어있는 '경영자'—단순한 '기업가'가 아니라— 라는 한 면이 분명하게 드러나게 되는 것입니다. 다니엘 데포가 살았던 무렵의 영국 중산 생산자들 사이에, 어떤 직업이 좋은 직업으로 여

겨지고 있었는지 말씀드리자면, 그 표준은 —막스 베버 요약에 의하면— 다음의 세 가지였던 듯합니다. (1) 부도덕한 것이 아닐 것, (2) 사회 전체를 위해서 유익한 것, 다시 말해서 사람들을 위해서 무언가 도움이 되는 것을 생산해서 공급하는 것, (3) 그런데 만약 그렇다고 한다면, 그 결과 당연히 이익もうけ이 생기는 것으로 되기 때문에, 벌이가 되는 직업이 좋은 직업으로 된다는 것이다. 다시 말해서 단순히 돈벌이(기업)가 좋다는 것이 아니라 유익한 재화를 이웃사람隣人에게 공급하는 것(즉 경영), 그것을 표현하는 한에서 돈벌이가 긍정되고 있었다. 그렇기에 모험가식의 마구잡이로 돈 버는 것은 강하게 비판되었으며, 중산 생산자들의 영위에 높은 가치가 주어지고 있었다는 것입니다.

그런데 유익한 재화를 이웃에게 가능한 한 싼 가격에, 가능한 한 풍부하게 공급하기 위해서는 어떻게 하는 것이 좋을까요. 다양한 자재資材와 노동을 헛되지 않고, 게다가 합리적으로 조합시켜서, 거기에 인간 노동의 합리적인 조직을 만들어내지 않으면 안 됩니다. 그것이야말로 '경영'입니다. 다름 아닌 그런 의미에서 '경영'이 단순한 돈벌이보다도 결정적으로 높은 가치를 부여받게 되었던 것이라 하겠습니다. 그 같은 '경영'으로 불리는 그런 생활양식이, 로빈슨 크루소의 표류 생활에서 인정된다는 것은, 새삼 말씀드릴 필요도 없겠습니다.

다니엘 데포는 『로빈슨표류기』에서 실은 당시 영국의 국부國富를 짊어지고 있던, 게다가 또 그 빛나는 장래를 짊어지게 될 중산적 생산자층의 행동양식 속에 포함되어 있는, 그런 측면을 유토피아적으로 이상화시켜서 그려냈다고 저는 생각합니다. 사실 그 엘리트들은 반세기 후에 산업혁명의 선두에 서게 됩니다. 그처럼 빛나는 미래를 막연하게나마 선취先取하면서, 다니엘 데포는 중산적 생산자층의 행동양식 혹은 인간 유형에 포함되어있는 밝은 측면을 집중적으로 그려냈던 것이며, 그런 의미에서 『로빈슨표류기』는 당시의 베스트셀러로서, 앞으로 다가올 영국 국민을 위한 이른바 인간 형성의 책이었다고 해도 좋을 것입니다.

예를 들면 독일의 석학 에른스트 트뢸치(Ernst Troeltsch, 막스 베버 영향으로 기독교의 종교 사회학적 연구에 업적을 남겼음-역주) 같은 학자도 『로빈슨표류기』가 당시의 영국에 큰 영향을 미쳤을 뿐만 아니라 루소J. J. Rousseau의 교육론에도 영향을 미쳤으며, 나아가 독일의 교육학에도 영향을 미치고 있다는 것을 지적하고 있습니다만, 그것이 맞는지 아닌지 여부는 별도로 하더라도, 트뢸치가 말하고자한 것의 의미는, 지금까지 이야기해온 것에서, 이미 대체로 알 수 있으리라 생각합니다.

8

여러분은 조너선 스위프트Jonathan Swift의 『걸리버 여행기』(저자는 『걸리버의 항해』라고 했으나, 여기서는 친숙한 『걸리버 여행기』로 쓰기로 한다-역주)를 읽으셨으리라 생각하기 때문에, 끝으로 『로빈슨표류기』와 『걸리버 여행기』를 조금 비교해보려고 합니다. 그들 양자를 문학으로 비교하는 것은 아니며, 지금까지 『로빈슨표류기』를 살펴본 것과 같은 각도에서 한번 비교해보려고 합니다.

『로빈슨표류기』가 그 당시 영국 중류 신분 ―저는 종종 '중산적 생산자론'이라 부릅니다만, 그런 사회계층 사람들의 행동양식을 유토피아적으로 이상화하고, 그 밝은 면만을 집중적으로 그려낸 것이라 한다면, 거꾸로 그 어두운 면만을 집중적으로 유토피아화해서 그려낸 것이 『걸리버 여행기』라고 할 수도 있지 않을까 싶습니다. 적어도 거기에는 그런 한 면이 포함된 것으로 생각됩니다. 『걸리버 여행기』가 아이들이 읽는 이야기는 아니며 정치비판·사회비판의 서적이며, 지나치게 과격해서 발매금지되었던 책이라는 점은 잘 알려진 부분입니다. 확실히 저 정도의 것을 말한다면, 정치의 요충지에 있는 사람이 화를 내지 않는 것이 이상하다고 생각될 정도로 신랄하게 쓰는 방식을 취하고 있습니다.

그런데 그 격렬한 비판 서적은 무엇보다도 다니엘 데포가 이상화했던 당시 영국의 중류 신분, 그런 사회계층에 속하는 사람들의 행동양식에, 특히 거기에 포함되어 있는 어두운 면에, 아니 어두운 면만을 향하고 있는 것처럼, 제게는 생각되는 것입니다. 『걸리버 여행기』의 맨 마지막 부분에, 말馬이 이성을 가지고 인간이 야수野獸인 그런 나라 이야기가 있는데, 거기서 야후[4](Yahoo, 인욕수人慾獸)라는 욕망이 많은 짐승의, 뭐라 할 수 없는 추잡한 모습이 그려지고 있지요. 거기서 걸리버가 자신의 고국 영국 야후들이 하는 짓도 어쩌면 그들과 그렇게 비슷한지 하고 툭 내뱉습니다. 어디선가 번쩍번쩍 빛나는 돌을

[4] 『걸리버 여행기』에 등장하는, 인간과 비슷한 모습의 야만적인 종족. 야생 생활을 하고 있으며, 지배자인 지적인 말들에게 가축처럼 길러지기도 한다. 어리석고 야만적인 행동을 하는 것이 문제이며, 그 때문에 지적인 말들에게 경멸당하게 되었다-역주

발견하게 되면, 모두 다투어 피를 흘리고 서로 죽이기까지 하면서 그것을 손에 넣으려고 한다. 이것은 당시 스페인 계승 전쟁을 풍자한 것이지요. 또 이런 이야기도 하고 있습니다. 누군가가 그런 빛나는 돌을 발견하고 왔다고 하면, 바로 벽에 구멍을 뚫어 그것을 염탐하려고 한다, 이렇듯 당시 행해지고 있던 산업스파이를 떠올리게 하는 추잡하고 더러운 면모를 폭로하고 있습니다만, 그런 산업스파이는 산업혁명 전야의 영국에서는 흔히 볼 수 있는 것이었던 듯합니다.

유명한 이야기가 있습니다. 리처드 아크라이트Richard Arkwright라는 사람이 워터 프레임water frame이라는 방적기紡績機를 발명해 방적공장을 세웠습니다. 산업혁명의 계기가 되는 유명한 사건이었습니다만, 그 방적기는 실은 토머스 하이스Thomas Highs라는 직인이 발명한 것이었습니다. 아크라이트가 존 케이John Kay라는 시계공(시계공은 당시 기술자입니다)을 교묘하게 포섭해, 몰래 엿보게 해서는, 서둘러 먼저 특허를 얻어버렸습니다. 특허 신청서는 누가 읽어도 잘 알 수 없는 것이었으며, 하이스는 세상살이를 잘하지 못하는 인간이라, 재판해도 좀처럼 이길 수가 없었습니다. 뛰어난 경영의 재주를 가진 아크라이트는 그사이에 완전히 큰 부자가 되어서, 심지어 재판에서 졌는데도 그는 '리처드 아크라이트 경Sir Richard Arkwright'이 되었을 정도였다고 합니다(특허소송에서 1785년 패소했으며, 이듬해 1786년 기사 작위를 받았다. 아크라이트는 50만 파운드나 되는 유산을 남겼다-역주)

저는 물론 그런 스캔들이 당시 영국의 모든 것이었다는 식으로 생각하지는 않으며, 또 그런 점만으로 아크라이트의 인물됨을 평가해서는 안 된다고 생각합니다만, 하지만 그런 어두운 면이 당시 중류 생산자에게 보였다는 것 역시 틀림없는 일이겠지요. 산업혁명이라는 거대한 공업화가 진전되는 과정에서, 당연히 밝은 면과 함께 그런 어두운 면이 전면에 나서게 되었고, 다양한 비참한 사태도 일어나게 되었던 것인데요, 그런 점을 스위프트는 예리하게 지적하고 있다고 생각합니다. 우리가 학문을 하는 경우, 그와 같은 지극히 유쾌하지 못한 사실에도 눈을 가려버리지 말고 직시直視하지 않으면 안 된다는 것은 당연합니다. 당시 영국 중류 신분의 행동양식에 그와 같은 어두운 측면이 상당한 정도로 수반되고 있는 점을 부정할 수는 없겠지요.

다니엘 데포가 중산적 생산자층의 행동양식에 포함되

는, 그 같은 어두운 측면을 알지 못했던 것 같지는 않습니다. 오히려 그의 경력으로 보자면, 그것을 오히려 지나칠 정도로 잘 알고 있었으리라 생각합니다. 그는 정치에 관여해서, 종종 투옥당하는 등, 정말로 곤욕을 치르고 있습니다. 또한 휘그당Whig Party과 토리당Tory Party 사이를 왔다 갔다 해서 후세 사람에게 의혹을 남기는 그런 일도 하고 있습니다. 또 실업가로서 기와煉瓦 매뉴팩처를 근사하게 경영한 적도 있습니다만, 그것은 정치적 압박 때문에 박살이 나서 파산하고 말았습니다. 마지막에는 틀어박혀서 여러 권의 저작을 저술했습니다. 그중 하나가 『로빈슨표류기』입니다. 아무튼 그는 일생을 계속 고생하면서 노력한 사람으로, 인간이 가지고 있는 어두운 면을 지나칠 정도로 잘 꿰뚫어보았던 사람이었다고 생각합니다. 그런데도 『로빈슨표류기』에서는, 그 어두운 면에 대해서는 굳이 눈을 감아버리고 밝은 면만을 유토피아적으로 이상화시켜 그려냈습니다. 게다가 그 경우 스위프트가 완전히 놓치고 있던 중산 사람들의 행동양식 속에 포함되어 있는 '경제인'(따라서 '경영자')으로서의 자질을 뽑아내서 유토피아화하고, 그렇게 함으로써 명확한 인간 형성의 이상 상理想像을 만들어내고 있는 것입니다. 바로 거기에 만년

의 다니엘 데포의 조국 영국 장래에 대한 충심衷心의 바람
이 담겨있었던 것으로 저는 생각하고 있습니다.

　다시 최초의 문제로 되돌아가서 역사상에서 '경제인'
로빈슨 크루소와 같은, 그 이전에는 그 맹아 이외에 일찍
이 볼 수 없던 그런, 경제적으로 합리적인 행동을 하는
타입의 인간이 당시 영국의 중류 신분 사람들 사이에 상
당히 널리 퍼져있었습니다. 그들 모두가 그러했다고 말
하는 것은 아닙니다. 다양한 인간이 있었겠지만, 그런 행
동양식을 몸에 지닌 타입의 인간이 당시 영국의 중류 신
분 중에 지극히 많았으며, 말하자면 대량으로 볼 수 있었
다는 것입니다. 그런 타입 인간을 이념적으로 순수화해
서 파악해보면, 그것이 다름 아닌 고전파 경제학이 전제
로 삼았던 '경제인'이 되지 않을까 하고 저는 생각합니다.
하지만 그런 '경제인'에 대해서 한마디 더 덧붙여둔다면,
영국에서 세계사에서 최초의 산업혁명을 그 두 어깨에
짊어진 그런 '경제인'은, 단순히 돈벌이만을 잘하는 단순
한 기업가는 아니며 더 높은 비전을 가진 '경영자'였다는
것입니다. 바꾸어 말하면 그저 돈벌이를 잘하는 것만으
로는 '경영자'는 아니며, 그런 단순한 기업가만으로는 영
국 국민경제 번영은 있을 수 없었다는 것입니다.

* 이 글은 1964년 도쿄대학교 공개강좌에서 한 강연 속기록에 가필加筆해서 《경제세미나經濟セミナ-》(日本評論社) 1965년 2월호에 발표한 것입니다.

III. 베버의
「유교와 퓨리터니즘」을 둘러싸고서
― 아시아 문화와 기독교

1

동서문화의 상호이해라고 할까요, 서양의 기독교적 문화 속에서 자라난 사람들과 아시아 전통적 문화 속에서 자라난 사람들이 서로가 그 생활이나 행동양식의 의미를 충분히 아는 것, 그것은 아주 중요한 것입니다만, 개개의 사실을 막연히 알고 있는 것만이 아니라 내면적 의미를 진정으로 이해한다는 것은, 정말로 어려운 것으로 생각됩니다. 무엇보다 사안이 자연과학의 범위라면, 서양과 일본의 자연과학자가 같이 대화를 할 경우, 그 의미가 매우 어려워서 상대의 진의眞意를 요해了解할 수가 없다는 그런 일은, 그다지 없지 않을까 저는 그렇게 상상합니다만, 사안이 인간이 만들어내는 문화의 문제가 되어버리면, 상호이해라는 것은 본질적으로 어려운 문제를 내포하게 되는 것이 아닐까 생각합니다. 실은 저는 평생 경제사 공부를 하는 사람입니다만, 경제라고 하는 것은, 말하자면 역사 속에서의 자연이므로, 문화현상 중에서는 비교적 자연에 가까운 성격을 지니고 있기에, 비교적 상호 간 오해가 적은 것으로 생각됩니다. 예를 들면 화폐의 문제, 엔과 달러를 교환하는 경우, 그 의미를 잘못 받아들인다는 일은 그렇게 많지는 않겠지요. 그런데 사안

이 다른 문화영역의 문제가 되어버리면, 비교도 상호이
해도 점점 어렵게 되어버립니다. 서로 간에 아무리 해도
그 의미를 알 수 없는 일도 종종 생깁니다. 그런 것을 정
면에서 문제로 씨름하고 있는 막스 베버의 종교사회학을
발견하고, 아직 한참 젊었을 무렵 매우 놀랐던 그 감격을
지금도 분명하게 떠올려보는 일이 더러 있습니다.

2차대전 이후에 루스 베네딕트Ruth Benedict의『국화와
칼』이라는 책이 번역되었으며(루스 베네딕트는 일본을 방문한
적이 없지만, 이 책은 미국 문화인류학 역사상 최초로 일본문화를 다
룬 책이다-역주), 우리는 그 책을 아주 흥미롭게 읽었습니
다. 일본에 대해 용케도 그런 것까지 조사하고, 또 깊이
이해했구나 싶어 놀라기도 하고, 감명을 받기도 했습니
다만, 베버의 종교사회학과 비교해서 역시 제게는 마지
막에 충분히 채워지지 않는 무언가가 남았던 것입니다.
그것은 간단하게 말하면 이런 점입니다. 베네딕트의 '부
끄러움恥의 문화'와 '죄罪의 문화'라는 대항적인對抗的인
두 개의 패턴 정립은 실로 근사합니다만, 베버도 그것과
거의 같은 내용의 것을, 실은 '내면적 품위의 윤리'와 '외
면적 품위의 윤리'라는 대항적인 두 개의 에토스ethos로
서 파악하고 있으며, 더욱이 베버 경우는 그 같은 두 개

의 대항적인 패턴을 정립해서 현실을 분석하기 위한 도구로 사용할 뿐만 아니라 종교사회학 관점에서 그 정신사적인 유래를 어디까지나 추구했으며, 내면적인 의미도 그 발생의 근원源으로 거슬러 올라가 이해하려고 했기 때문입니다.

그런데 저는 지금 베버의 종교사회학이라는 것을 언급했습니다만, 넓게 종교사회학으로 불리는 것 중에, 막스 베버의 종교사회학은 상당히 독자적인 방법적 특징을 가지고 있는 것처럼 생각되기 때문에, 아무래도 여기서 먼저 그 점에 대해서 간단히 설명해두지 않으면 안 되겠습니다. 그렇기는 하지만 베버의 종교사회학을 소개하는 것은 엄청난 일이며, 특히 전문가가 아닌 제게는 큰 어려움이 따르는 것입니다만, 아무튼 일단 말해서 잘못이 없는 것은, 그의 종교사회학 경우, 연구대상이 종교 혹은 종교현상이며 그것을 사회학 입장에서 연구한다, 그런 측면도 물론 있습니다만, 그것만이 아니라, 그와 동시에 그 경우에는 이른바 종교라는 각도에서 사회현상을 바라본다는 별개의 측면이 포함되어있다는 점이 두드러지게 눈에 띈다고 하겠습니다. 종교라는 시각에서 사회를 파악해간다는 것이지요. 그러므로 그의 경우에는 종교사회학이라는 것은, 사회학 체계의 한 부분을 이룬다는 것만은 아니며, 그의 사회학적 연구의 하나의 토대라고 할까요, 혹은 모퉁이隅의 머릿돌首石이라고나 할까요, 그런 중요한 의미를 갖는 방법사의 기초 시점視点을 형성하는 것입니다.

그런 것을 염두하면서 그의 『유교와 퓨리터니즘』을 중심으로 이야기하려고 합니다만, 그에 앞서 조금 들어가, 그의 종교사회학이 사물을 생각하는 방식을 설명해두고자 합니다. 베버의 종교사회학은 지금 말씀드린 것처럼 단순히 종교 혹은 종교현상을 사회학의 입장에서 연구한다는 것만은 아니며, 사회현상을 종교라는 시각에서 보고, 또 파악해간다는 기초적인 태도를 포함하고 있으며, 그 점에서 아주 독특한 성격을 가지고 있다고 생각하게 됩니다. 그런 관점에서 베버 사회학 특징을 살펴보게 되면, 여러분이 먼저 떠올리게 되는 것은, 아마도 이런 것이겠지요. 막스 베버 사회학의 기초적인 방법은, 그가 유명한 말로서 표현하고 있습니다만, 동기動機의 주관적으로 생각된 의미를 해명하면서 이해함으로써, 사회현상을 인과적으로 설명한다라는 것입니다. 다시 말해서 역사현상 혹은 사회현상을 마치 우리로부터 객관적으로 독립해있는 독자적인 동기에 의해서 자유롭게 행동하고 있는, 그런 행동의 서로 얽힘 속에서 생겨나는 것이기 때문에, 그 점을 포착해서 각각의 인간이 혹은 인간들이 어떤 의도에서 어떤 동기로 행동하고 있는지, 그 주관적으로 생각되고 있는 의미를 해명하면서, 그것을 실마리 삼아 사회현상을 인과적으로 설명해가는, 그런 학문이라는 것입니다. 사회를 구성하고 있는 제 개인이, 그 행동에 즈음해서 품고 있는 동기의 주관적 의미라는 것을 분명하게 하는 것으로부터 출발해간다는 것이, 그의 사회학 방법의 큰 특징을 이루고 있으므로, 그런 점에서 그의 사회학의 경우에는 또 인간 이해라는 것이 피하기 어려운 문제가 되어 나타나는 것입니다. 하지만 그것에 대해서는 너무 들어가지 않고서 우선은 더 중요한 것으로 나아가고자 합니다.

앞에서도 말씀드린 것처럼 베버 종교사회학은 단순히 종교를 연구대상으로 삼아, 그것을 사회학적으로 연구한다는 것만은 아니며, 오히려 종교라는 시각을 통해서 사회현상을 바라본다, 그런 점에서 종교사회학은 그의 사회학적 연구 모퉁이隅의 머릿돌首石이라고나 할까요, 하나의 방법적 초석礎石이라는 의미를 지니고 있습니다만,

그것은 대체 어떤 것인지, 제가 보는 바를 조금 더 깊이 설명해두지 않으면 안 되겠습니다.

베버에 의하면, 문화종교 특히 세계종교로 불릴 수 있는 것으로는 기독교, 이슬람교, 불교, 힌두교, 유교, 이들 다섯을 들 수 있습니다만, 그 같은 문화종교의 종교윤리 안에는, 그 어느 경우에도 ―기독교 경우에 가장 예리하게 나타나고 있습니다만― 신의론[1](神義論, Theodizee)이라는 것이 숨겨져 있습니다. 아주 거칠게 말하자면, 그것은 이런 식으로 설명하면 좋을 듯합니다.

우리가 사는 현세, 그것은 눈물 계곡이나 죽음의 계곡 등으로 불리는 것처럼, 다양한 고통과 번뇌, 다양한 이해하기 어려운 모순이 있기 마련입니다. 다양한 질병에서 오는 육체적인 고통과 죽음, 혹은 자연의 힘에 의한 다양한 재해, 예를 들면 지진, 화재, 폭풍 등 큰 고통이 있습니다. 그 외에 예를 들면 빈곤, 거기에 강자에 의한 약자 학대가 있습니다. 혹은 전쟁에 의한 비참함, 그 같은 인간 자신이 만들어내는 다양한 고통이 있는 것이지요. 그

---

1) 프랑스어로 theodicee, 영어로는 theodicy. 변신론辯神論이라 하기도 한다. 세계에서 악의 존재가 신의 전능과 선과 정의에 모순되는 것이 아니라는 것을 변증하려는 논의. 베버는『고대 유대교』에서『창세기』3장의 타락 이야기에 인류 최초 윤리적 신의론이 보인다고 한다. 신의 의로움을 변증하는 것은 유폐幽閉에 의해 과거 전통이 끊어진 이스라엘에서 시작된다고 보는 것이 타당할 듯하다-역주

런데 만약 신이 전지전능하시다면, 정당한 이법理法이 전 세계를 지배하고 있다면, 어떠한 이유로 그런 모순이 방치된 채 그대로 있는 것일까요. 어떻게 하면 그것을 이해할 수 있게 설명할 수 있을까요. 문화종교라는 것은, 실은 어느 것이나 밑바닥에 그런 문제를 내포하고 있는 것입니다. 무엇보다도 유교 경우에는 그런 긴장이 아주 희박하며, 또 그것이 유교 특징이 되기도 한다고 합니다만, 하지만 희박하다고는 하지만, 역시 밑바닥에는 같은 문제가 잠재되어있습니다. 다시 말해서 문화종교라는 것은, 그런 문제에 정면으로 대결해서, 그런 모순이 있는데도, 신은 의義이며, 신이 하시는 일은 옳다는 것, 혹은 결국 전 세계를 올바른 이법理法이 지배하는 것을 납득할 수 있게 설명하고 이해할 수 있는 이론을 가지고 있지 않으면 안 됩니다. 아주 거칠게 말해서 이런 것이 신의론神義論이라 해도 좋을 것입니다.

그런데 그런 신의론을 중심으로 하는 종교윤리라는 것은 종교가들이 민중으로부터 떠난 곳에서 행한 사색思索의 결과라는 형태를 취하고 있지만, 실은 민중의 영혼 보살핌魂のみとり이라는 일상적인 필요와 지극히 깊게 관련되어있습니다. 다시 말해서 그것은 민중의 생활 구석구

석까지 들어가서, 그들 영혼의 평안을 위해서, 다양한 모순을 이해할 수 있게 설명하고 요해了解시키는 역할을 담당하고 있습니다. 그래서 다양한 문화종교가 갖는 종교윤리 안에는, 당연히 각각 종교를 떠받치고 있는 민중의 생활이 깊이 반영되어있습니다. 그러므로 그와 같은 다양한 문화종교가 가지는 신의론, 나아가 그것에 기초해서 혹은 그것에 밀착해서 형성되고 있는 종교적 사회윤리라는 것을 분석하고 조사해가면, 그런 각도에서, 각각 그 당시 민중 생활의 근본적인 존재 양태 혹은 사회의 구조를 한눈에 볼 수도 있다는 것으로 됩니다. 그래서 베버의 경우, 종교사회학은 사회의 기본적 구조를 바라보기 위한 하나의 기초적인 연구 시각이 될 수 있게 되는 것이며, 또 그런 지위에 자리 잡고 있다고 해도 좋겠지요.

이 같은 설명만으로는 아직은 다분히 알기 어려우므로, 조금 더 다른 방면에서 설명해보는 것도 좋지 않을까 합니다. 예를 들면 흔히 베버 입장과는 아주 다르며, 오히려 근본적으로 대립하고 있는 것으로 말해지는 마르크스 사고방식과 비교해보면 아주 흥미롭습니다. 그런 비교를 해보면, 의외로 납득하시는 분들이 나오지 않을까 하는 생각도 듭니다. 요점을 거침없이 말씀드리자면, 마르크스 경우, 그의 사회과학 체계가 이루어지는 최초의 출발점이 종교 비판이었다는 것은 다 아시는 그대로입니다. 그와 프리드리히 엥겔스가 같이 쓴 『독일 이데올로기』로 불리는 책, 특히 제1부 「포이에르바하론」 등이 대표적인 문헌입니다. 그런데 마르크스 종교 비판이라 하면, 종교는 미몽迷夢일 뿐만 아니라 민중의 정신적 아편이므로 철저하게 부정하지 않으면 안 된다는, 그런 일면만을 뽑아내서, 단순한 종교 부정론으로 이해되고 있는 게 보통이지요. 마르크스의 종교 비판 속에는 그런 측면이 있다는 것은 확실합니다. 하지만 제게는 아무래도 그것만은 아닌 것처럼 생각됩니다. 왜냐하면 그의 경우 종교를 부정했다고는 하지만, 그때까지 종교라는 이름으로 불려온 것을 포함하는 모든 것을 배척하고, 그것에 눈을 감아버리는 것은 아니었다고 생각됩니다. 물론 엄밀한 의미에서의 종교 혹은 종교의식이라는 것은 떨쳐버리지만, 그가 종교 비판에서부터 시작한 데는 그때까지 이른바 종교라는 베일veil 아래 가려있던 사회사상이나 사회비판을 끄집어내서, 그것을 기점으로 사회적 현실의 과학적 파악으로 나아가려고 한다는 것도 동시에 포함되어 있습니다. 그러므로 그는 자신들이 그 안에서 성장해온 기독교, 특히 금욕적 프로테스탄티즘Protestantism에 포함되어있던 사회관이나 에토스 등도 하나에서 열까지 떨쳐버리는 것은 아니며, 오히려 비판적으로 섭취하고 보존하며, 오히려 그것을 자신의 출발점으로 삼는다는 것도 하는 것입니다.

에두아르트 베른슈타인Eduard Bernstein이었던가요, "마르크시즘은 신을 빼버린 캘비니즘(Calvinism, 종교개혁가 칼뱅에게서 발단한 기독교 사상-역주)이다"라고 한 것은 유명합니다만, 그렇게 말하고 싶을 만큼 다양한 점에서 닮아있는 것은, 바로 그런 것 때문이 아닐까 생각합니다. 다시 말해서 프로테스탄티즘의 에토스 혹은 그것에 포함되어있는 사회비판을 단순하게 떨쳐버리는 것은 아니며, 비판적으로 섭취해서, 그것을 하나의 출발점으로 삼고, 유럽문화의 큰 역사 흐름 속에서 볼 수 있는 다른 다양한 요소와 결부시키면서, 저와 같은 사상체계를 만들어냈던 것이 아닐는지요. 그렇다고 한다면, 어떤 의미에서는 마르크스도 역시 어떤 형태로든 종교라는 시각에서 사회구조를 바라보려고 했다고 할 수도 있지 않을까 합니다. 만약 종교라 해서는 안 된다면, 베버처럼 종교의식Religiosität이라는 단어를 사용해도 좋겠지요. 그에 비해서 베버 경우에는, 종교 그 자체를 마르크스와 같은 의미에서 부정하는 것은 아닙니다. 무엇보다도 일본에서는 종종 막스 베버가 열렬한 기독교인인 것처럼 생각하고 있는 사람도 있습니다만, 그것은 정확하지는 않습니다. 그는 자신들은 이미 본래 의미에서 기독교인이 될 수는 없다고 분명하게 말하고 있습니다. 다만 그의 어머니와 이모 등 주변 사람들은 아주 훌륭한 프로테스탄트 신앙을 지니고 있던 사람이었다는 것은 그의 전기에도 분명히 기록되어있으며, 또 그 같은 퓨리터니즘의 정신적 분위기라는 것을 놀라울 정도로 깊이 이해하고, 또 그것에 대해서 깊은 존경과 친근감을 가지고 있었으며, 그것이 그 학문의 하나의 기조基調가 되어있다는 것은 확실하다고 생각합니다. 그것은 아무튼, 다양한 종교 안에 포함되어있는 사회학설이라 할까요, 그런 것을 깊이 파악하고, 거기서부터 사회의 구조를 바라보려고 했던 것입니다. 물론 그는 사람들이 가지고 있는 가치판단의 구극究極의 입장은 각자에게 각각 고유한 것이라 했으며, 종교적인 신앙 그 자체는 학문 세계에서 일단은 바깥으로 내보내 버립니다만, 아무튼 그 같은 방법적 준비를 한 위에서, 다양한 종교 안에 내포된 종교윤리와 그것에 밀착해

있는 사회비판 또는 사회학설 분석에서 시작해서, 각각 사회의 기본적 구조를 궁구하려고 했던 것입니다. 그런 식으로 설명해가게 되면, 베버가 취한 방법은 의외로 마르크스 그것과 서로 겹쳐지는 곳이 있을 듯하다는 것을 알 수 있지 않을까 생각합니다만, 아무튼 양자 모두 이른바 유럽 사상사의 거대한 조류라고 해야 할까요, 문화 조류라고 해야 할까요, 그런 것 속에서 생겨난 것으로, 큰 뿌리가 본래 같으므로 당연히 그런 것이 있었으며 또 그러해야 할 것으로 생각되는 것입니다.

아무튼 베버는 그런 의미에서 종교라는 시각으로, 그 종교를 떠받쳐주고 있는 사회의 기본구조를 파악해갑니다. 조금 더 상세하게 말하면, 각각의 종교에 특유한 종교윤리, 그것에 밀착된 에토스를 파악하고, 그것을 통해서 각 사회 구조를 궁구해간다는, 그런 방법을 취하는 것입니다. 그러므로 당연히 마르크스와는 달라서, 그의 사회이론 속에는 인간관이라는 것이 한층 더 분명하게 전면에 나타나게 되지 않을 수 없으며, 그래서 다양한 종교가 만들어내는 인간관이나 인간 유형, 그의 말에 의하면 에토스라는 것이 아무래도 중요한 문제로 종교사회학 연구의 전면에 나타나게 되지 않을 수 없습니다.

그런 의미에서 베버 경우에는, 종교사회학이 지극히 중요한 의의가 있게 되었으며, 『종교사회학논집』 3책에 수록된 여러 연구가 있으며, 또 대작 『경제와 사회』에도 「종교사회학Religionssoziologie」이란 1장이 모퉁이隅의 머릿돌로 수록되어있습니다. 그런데 그런 종교사회학 방법으로 베버가 달성하려고 했던 것이 당장 무엇이었는지는, 일본에서도 이미 종종 소개되어있는 그대로입니다. 그에게는 유럽 근대문화가 어째서 그런 것으로 역사적으로 생겨났는가, 그 의미와 인과 관련을 아는 것이야말로 구극적으로 중요한 문제였던 것입니다. 다른 지역, 예를 들면 아시아에서는 도저히 생겨날 수 없었던 그런 유럽 근대문화, 흔히 자본주의로 불리는 유럽 근대문화가, 어째서 다름 아닌 근대 유럽에서 자생적으로 생겨났는가. 그 의미와 인과 관련을 파악하는 것, 그런 방식으로 자기 자신을 아는 것이야말로 그의 구극의 문제였던 것입니다. 그런데 구극의 도달 목표는 자기 자신, 즉 근대 유럽 문화를 아는 것에 있었습니다만, 그것을 달성하기 위해서 종교사회학 관점에서 근대 유럽문화를 다른 제諸 시대, 제 지역의 문화와 비교하는 것을 시도했습니다. 그 덕분에, 우리에게는 실로 고마운 일입니다만, 그의 아시아에 관한 종교 사회학적 연구가 남겨지게 된 것입니다. 『유교와 도교』나『힌두교와 불교』등이 그것입니다. 그는 그 외에 이슬람교를 연구할 예정이었던 것 같습니다만, 그것을 해내지 못하고 세상을 떠났습니다. 그것은 아무리 안타까워하더라도 여전히 남음이 있다고 생각합니다.

그런 여러 연구 중에서, 그가 비교연구, 말하자면 가장 중요한 원형의 하나로 전면에 내놓고 있는 것은, 역시 프로테스탄티즘에 정신적 원류源流를 갖는 근대 유럽문화, 특히 서유럽과 아메리카합중국에서 개화한 문화와, 유교와 도교를 정신적 원류로 갖는 중국문화, 즉 옛 중국문화의 대조對照입니다. 그들 양자 사이에 가장 극단적인 형태로 나타나고 있는 대조를, 이른바 원형原型으로 다양한 문화의 개성 차이個性差를 계속해서 파악해가는 것입니다. 물론 그가 아시아라고 할 경우, 중국문화 외에 인도문화가 지극히 중시되고 있으며, 일본 등은 그 안에 들어가 있습니다. 그와 관련해 말해둔다면, 그런 관련에서는 일본은 주변적인 위치에 놓여있습니다만 다른 관련에서는 막스 베버는 일본이라는 나라에 세계사적으로 상당히 중요한 의미를 두고 있습니다. 대충해서 말하자면, 그는 이런 비교를 하고 있습니다. 유럽사에서 프랑스문화가 차지하고 있는 지위를 아시아에서 차지하고 있는 것은 중국문화, 고대 그리스나 이스라엘 문화를 차지하고 있는 지위를 아시아에서 차지하고 있는 것은 고대 인도문화라고 합니다. 그런데 아시아에서는 결국 분명하게 이스라엘에 해당하는 역할을 행한 것은 나오지 않았다. 베버는 거기서 하나의 열쇠鍵를 찾아내고 있는 듯합니다. 서양사의 흐름 속에서는 이스라엘 종교문화가 하나의 원류가 되어있을 뿐만 아니라 거기서부터 근대문화로의 결정적인 방향을 짓는 데서 나오게 됩니다. 아시아사의 흐름 속에서 그 같은 이스라엘의 역할을 하는 그런 것의 모습은 분명하게 나오지 않습니다. 하지만 실은 막스 베버가 그 점에서, 만약 제가 읽은 방식이 옳다고 한다면, 종종 시사示唆하는 것은 일본입니다. 일본사 흐름 속에서, 불교의 하나의 교파敎派 ─다분히 정토진종淨土眞宗이 아닐까 합니다─ 가 그런 방향을 가리켜 보여주었다고 말하고 있습니다. 게다가 그는 완전한 형태로 서양적인 의미에서의 자본주의 문화, 근대문화에 다다르지는 못했지만, 아무튼 봉건사회를 거쳐서 그러한 방향으로 맹아萌芽를 보여준 것은, 아시아에서는 일본이 있을 뿐이라고 했습니다. 아무튼 양자 사이에 이런 식으로 기본적인 병행

현상을 인정하면서, 나아가 그 사이에 있는 지극히 깊은 차이를, 그 특유의 유려한 필치筆致로 그 같은 대조를 그려내 가면서 분명하게 해가려는 것이 베버의 종교사회학입니다. 그 안에서, 그가 세계사 위에서 가장 현저한 대조를 이루고 있는 것의 하나로, 연구의 전면에 내세우게 된 것이 「유교와 퓨리터니즘」인 것입니다.

2

그런데 「유교와 퓨리터니즘」이라는 짧은 논문을 읽는 것에 대해서, 조금 더, 여러분의 기억에 담아두었으면 하는 것이 있습니다. 그것은 막스 베버 용어법이라는 것입니다. 예를 들자면 이런 것이지요. 베버가 사용하는 독일어 'Welt'를 전부 '현세現世'라고 번역해버리면, 곧바로 곤란한 일이 생기게 됩니다. 예를 들면 그는 'innerweltlich'나 'ausserweltlich' 같은 단어를 사용합니다. 그것은 '현세의 내부' '현세의 외부', 즉 'Welt'를 '현세'라 번역해야 할 경우가 물론 있습니다만, 또한 '세속생활의 내부' '세속생활의 외부', 즉 'Welt'를 수도원 생활과 대비되는 의미에서의 '세속생활'로 번역하지 않으면 안 되는 경우도 생기

게 됩니다. 다시 말해서 'Welt'라는 단어를 '현세'와 '세속'
이라는 이들 두 개의 의미로 교묘하게 사용하고, 그렇게
함으로써 다양하고 복잡한 의미 내용을 표현하려고 했
던 것입니다만, 실은 그것은 일본어로는 도저히 정확하
게 번역할 수가 없습니다. 또한 이것은 조금 벗어난 이
야기입니다만, 불교 문제에 들어서게 되면, 베버는 'hin-
terweltliche Entleerung'이라는 표현을 사용하고 있습니
다. 우리 아시아인에게는 그 기미機微가 왠지 알 수 있을
듯한 기분이 들어서, 실로 능숙한 사용 방식이라고 생각
합니다만, 여기서는 말의 미묘한 의미를 해치는 일 없이,
'Welt'를 '현세' 혹은 '세속' 어느 한쪽으로 번역해버릴 수
가 있는지 어떤지, 아무래도 문제가 되는 것입니다. 아무
튼 이 같은 용어법에 주의해서 읽지 않으면, 막스 베버가
대체 무슨 말을 하고 있는지 전혀 알 수가 없다는 그런
결과가 되어버리기 십상입니다.

　또 하나, 아무래도 주의하지 않으면 안 되는 중요한 용
어가 있습니다. 그것은 'Person'입니다. 그는 그 말을 종
종 어떤 점에서 정반대의 이중적인 의미로 사용하며, 게
다가 그렇게 함으로써 이른바 역설적으로, 다양한 중요
한 진리를 정말 교묘하게 표현하고 있습니다. 어쩌면 그

근처 언저리가 베버가 생각하는 방식의 가장 알 수 없는 부분일지도 모르겠습니다만, 동시에 가장 흥미롭고 매력 풍부한 점이 되기도 하므로, 조금 더 설명해두기로 하겠습니다. 앞에서 베버가 유교와 퓨리터니즘을 세계사적인 비교 대조의 이른바 원형原型으로 생각하고 있다는 것을 언급했습니다만, 실은 'Person'이라는 단어의 아마도 그의 독자적인 용어법은 그것과 깊은 곳에 관련되어있는 것입니다. 그는 유교 에토스를 특징지을 경우에도, 어떤 점에서 그것과 정반대 성격을 갖는 퓨리터니즘의 에토스를 특징지을 경우에도, 다같이 'persönlich'나 'personal'과 같은 단어를 사용합니다만, 그 의미를 잘 읽어가게 되면, 양자의 경우 'Person'이라는 말의 의미 내용은 아주 달라지게 됩니다. 퓨리터니즘 윤리가 지극히 'personalistisch'한 성격을 가지고 있다고 할 때는 감정적, 충동적인 것을 억누른 지속적인 내면적 통일, 그런 형식적-심리적인 의미에서의 '인격人格'을 의미하는 데 대해서, 다른 한편에서 유교 세계에서의 다양한 관계가 지극히 'personal'하다고 할 때는, 오히려 외면적-감성적인 '인간' 그 자체를 의미하고 있습니다. 그래서 유교적인 의미에서의 'personal'한 것, '인간'적인 것을 부정해버리는 부분에 퓨리터니즘에서의 'personalistisch'한 것, '인격'이 생겨나는 것입니다. 베버는 그것에 관해서, 이 같은 사실을 들어 설명하고 있습니다. 기독교 선교사들이 중국에 가서, 유교적 교양이 있는 사람들에게 전도傳道했지만, 도무지 효과가 오르지 않았습니다. 왜냐하면 그들에게는 기독교적인 '죄'라는 관념을 전혀 이해시킬 수 없었기 때문입니다. 억지로 설명하려고 노력하면 결국 그들을 화나게 만들어버리는 것으로 끝날 뿐이다. 왜 그런가 하면 유교와 퓨리터니즘 사이에는 '인간관'에서 그 같은 깊은 차이, 아니 대립이 있기 때문이라고 합니다. 아무튼 베버는 'Person'이라는 말의 의미를 이처럼 나누어 사용하면서, 오히려 경우에 따라서는 같은 'Person'이라는 말을 가지고 그처럼 정반대의 의미를 표현하게 하면서, 천재적이라 해도 좋을 정도로 교묘하게, 실로 깊은 정신사적 의미 내용을 설명해가는 것입니다.

  그와 관련해 여기서 여러분이 조금이라도 쉽게 이해할 수 있게, 유교와 퓨리터니즘 비교 중에서 가장 명료하게 드러나는 '인간관'의 차이라는 것에 대해서 지극히 간단하게 설명해두기로 하지요. 기독교의 사고방식에 익숙해져 있는 사람들은 바로 이해할 수 있는 것입니다만 신

앞에 서게 되었을 경우, 인간은 원죄에 의해서 자기 자신으로는 구원에 도달할 수 없는 존재, 다시 말해서 피조물被造物적으로 타락해 야수에 가까운, 오히려 악마에 가까운 것으로 나타나게 됩니다. 그렇지만 거꾸로 야수에 대해서 혹은 악마에 대해서 보았을 경우는, 인간은 신을 닮은 모습似像으로, 신의 모습을 닮게 만들어진 존재라는 면이 나오게 되는 것입니다. 파스칼Pascal이 말한 것처럼, 인간은 천사도 아니고 야수도 아닌 중간자中間者이며, 천사에 대해서는 야수에 가깝지만, 야수에 대해서는 신에 가까운, 그처럼 상반되는 두 측면을 동시에 지니고 있습니다. 우리는 인간이나 인간적이라는 말을 종종 사용합니다만, 주의하지 않으면 안 되는 것은 인간이라는 말이 적어도 그 같은 두 가지 의미를 지니고 있다는 점입니다. 하지만 실제는 상당히 무관심無頓着하게 사용되는 경우가 있는 것처럼 생각합니다. 예를 들면 다양한 규범에서 해방되어, 감성적인 욕구가 향하는 그대로 행동하는 것을 인간답다고 하는 사람도 있습니다. 그런데 그것과는 완전히 거꾸로 감성적인 욕구를 억제하고 내면의 규범에 따라서 살아가는 것이야말로 인간에 적합하다고 생각하는 사람도 있습니다. 이 같은 흔히 볼 수 있는 용어법 차이를 생각해보는 것만으로도, 인간이나 인간적이라는 말의 의미가 다양하게 있을 수 있다는 점을 어느 정도 알 수 있으리라 생각합니다.

그런데 유교의 윤리가 빚어내는 정신적 분위기 속에서 긍정되고 존중되고 있는 '인간적인 것'이란 어떤 것인가 하면, 실은 태어난 그대로의 인간, 그런 감성적 인간에 대해서 언제나 따라다니는 질서에 다름 아닌 것입니다. 퓨리턴이라면 피조물적으로 타락해있다고 생각할 수밖에 없는 본래生地 그대로의 인간관계입니다. 유교는 물론 그것을 타락이라는 식으로 생각하지 않습니다. 수양修養에 의해서 점점 더 완성되어가는, 그런 인격의 바탕素地으로서, 있는 그대로의 인간이 도리어 긍정됩니다. 그러므로 유교에서는 혈연관계 —인류의 역사를 옛날로 거슬러 올라가면 갈수록 점점 더 분명하게 앞면에 나타나게 되는 혈연관계가 긍정될 뿐만 아니라 지극히 중시됩니다. 아니 씨족氏族, 가족, 친자(親子, 어버이와 자식) 등등 인류의 역사와 더불어 오래된 혈연관계에, 오히려 최상의 가치가 주어지게 됩니다. 그런 것이 유교에서 존중되는 '인간적인 것'입니다. 그런데 퓨리터니즘에서 존중되는 인간적인 것, 다시 말해서 '인격'은 그야말로 정반대라고 해도 좋을 것입니다. "나보다도 아비 또는 어미를 사랑하는 자는 나에게 적합하지 않아"서, 신 앞에서 혈연관계를 신과 자신의 관계보다 조금이라도 위에 두거나 혹은 나란히 두는 것조차, 그들은 묵시黙視할 수 없습니다. 다시 말해서 그들의 생각에 의하면, 그와 같은 피조물적으로 타락해있는 인간관계를 한 번 완전히 부정해버리지 않으면 올바른 인간의 존재 양태 같은 것은 나오지 않습니다. 그 같은 살을 찌워가는 자신을 넘어서는 존재로서의 인간, 즉 '인격'으로서의 인간이야말로 존중되는 것입니다.

물론 여러 가지 점에서 유교는 훌륭한 것을 내포하고 있으며, 그것은 충분히 인정하고 싶지만, 그 바닥에 잠재된 '인간관'은 이 같은 있는 그대로의 인간, 본래 그대로의 인간에 가치를 두는 것입니다. 따라서 감각적, 충동적인 것을 철저하게 극복하고, 그런 기존의 질서나 환경에 적응하는 것이 아니라 자신의 생활을 점점 더 높아진 존재로 형성해가려고 하는 그런 내면적 통일로서의 인간은, 거기서는 아무리 해도 나오지 않게 된다라고 베버는 말합니다. 그것에 대비해서 퓨리터니즘 경우에는, 그것과 완전히 정반대의 '인간관'이 만들어지게 됩니다. 우선은 캘비니즘 교의敎義에 따라 표현해보자면, 신의 영광을 더하기 위해서, 기독교인은 자기 생활과 세계의 모든 것을 새롭게 만들려고 합니다. 그런 사명감으로부터, 자신의 방자한 감각적인 욕구를 억누르고 자기의 생활과 힘 모두를 그런 사명의 달성이라는 하나에 집중합니다. 그같은 금욕적 태도에 의해서 개개인의 내부에 형성되는 지속적인 내면적 통일, 그것이야말로 '인격'으로서의 인간 'Person'입니다.

아무튼 퓨리터니즘과 같은 인간관의 경우에는, 세계를 이상에 따라 변혁시키고 새롭게 만들어내려고 하며, 그러기 위해서 지극히 능동적으로 작용하게 됩니다. 그런데 유교 경우에는 아주 훌륭한 윤리를 포함하고 있음에도 불구하고, 그 인간관의 깊은 바닥에서, 있는 그대로의 감성적인 인간이 긍정되고 있으므로, 외면적인 질서 기초에 대해서는 결코 뭐라고 말하지 않습니다. 그것을 거스르지 않습니다. 그러기는커녕 그것을 존중하고, 그것에 먼저 적응해 따라가야適從 한다고 것으로 됩니다. 예를 들면 베버는 다음과 같은 예를 들고 있습니다. 민중이 아무리 미신적인 생활 행사를 하려고 하더라도, 유교적 교양인 즉 군자君子는 괴력난신怪力亂神을 말하지 않는다고 하면서(출전은 "子不語怪力亂神." 『논어』 「술이편」. 공자는 괴, 력, 난, 신에 대해서는 말씀하시지 않으셨다. 괴이한 것, 힘쓰는 일, 어지러운 일, 귀신에 관한 일-역주), 그것에 대해서 아무튼 공경한 태도를 취합니다. 왜냐하면 현재 질서는 지켜지지 않으면 안 되기 때문입니다. 다시 말해서 세계 현상태現狀에 적응해 따르며, 현존하는 질서 유지를 언제나 불변의 대전제로 삼고 있는 것이, 유교 윤리 근간이기 때문에, 그런 정신적 분위기 속에서는 자연히 모두가 수동적, 소극적으로 되지 않을 수 없다는 것으로 됩니다. 그것을 불교적 윤리가 만들어내는 에토스가 더욱이 그것을 다른 형태로 강화하게 됩니다. 그래서 자신이 하고 싶지 않은 것은 다른 사람에게도 하지 말라(己所不欲勿施於人. 내가 하고자 하지 않는 바를 남에게 베풀지 말라는 것. 『논어』 「위령공편」에 나온다. 자공이 공자에게 물었다. "제가 평생동안 실천할 수 있는 한마디의 말이 있습니까." 공자께서 말씀하셨다. "그것은 '서恕'일진저! 자신이 원하지 않으면 다른 사람에게도 하지 말아야 한다[子貢問曰 有一言而可以終身行之者乎. 子曰 其恕乎! 己所不欲 勿施於人]), 라고 하는 소극적인 사고방식이 자연스레 만들어지게 되며, 그것이 습성을 이루게 됩니다. 예를 들면 이런 부분에 아시아에서의 유교적 교양의 영향을 볼 수 있다는 것을 베버는 말하고 있습니다.

3

그런데 「유교와 퓨리터니즘」이라는 제목의 논문에서 가장 중요한 주제는, 표제 그대로 옛 중국의 유교, 서유럽 및 미국의 퓨리터니즘의 종교 사회학적인 비교입니다만, 그 논문에서 제일 먼저 지적해두고 있는 것처럼, 중국 역사에서 유교는 유일했던 지배적인 종교는 아니며, 끊임없이 도교라든가 어떤 경우에는 불교와 짝을 이루어서, 이른바 두 개가 합쳐진, 말하자면 종교의 이중구조를 만들어냈다고 했습니다. 간단하게 설명하자면 그것은 대략 아래와 같습니다.

막스 베버는 유교에 대해서, 그것은 하나의 신분적 윤리Standesethik, 그것도 문헌적인書籍的 교양이 높고, 독자적인 합리적 생활 태도를 갖는 관료층의 신분적인 윤리다, 라고 설명하고 있습니다. 다시 말해서 문헌적인, 문인文人적인 교양이 아주 높으며, 게다가 세속적인 생활 태도 위에서 어떤 특유한 합리주의적 행동양식을 몸에 지니는, 옛 중국의 관료층, 그런 신분에 적합한 관계를 갖는 윤리, 또는 그것을 내포한 독자적인 종교의식이었다고 합니다. 무엇보다 서유럽적인 시각에서 보자면 유교는 충분한 의미에서의 종교는 아니며 오히려 비종교적인 것이라 해야 할지도 모르겠습니다. 아무튼 유교는 그 같은 교양인으로서의 옛 중국 관료층, 이른바 만다린 mandarin[2], 그런 사회계층에 아주 적합한 종교의식이었다는 것이지요.

아마도 여러분은 옛 중국에서는 관리가 될 수 있는 시험이 있으며, 그 시험과목에서도 알 수 있듯이 관료층에게는 시를 짓기도 하고, 글을 잘 쓰기도 하며, 또한 책을 읽고, 책을 통해서 얻은 지식이 풍부한 것이 아주 중요했다는 것을 떠올릴 수 있을 것입니다. 막스 베버는 유교의 이상적 인간상인 '군자(君子, Gentleman)'를 단적으로 '문헌書籍=사람Schrift-Mensch'이라 달리 말하고 있습니다만, 아무튼 유교는 그런 점에서도 알 수 있듯이, 관료층의 내면적인 의식과 깊이 연결되어있습니다. 물론 유교의 거대한 영향은, 그 같은 관료층이라는 사회계층을 넘어서

---

2) 신해혁명 이전 중국의 고급관리를 가리킨다. 1589년 이후 문헌상에 나타나며, 복잡한 의례儀禮와 장중한 위의威儀로 둘러싸인 외경畏敬과 권력權力을 함축하고 있다. 그들은 정형화된 유교의 고전적 교양을 몸에 익힌 독서인이었으며, 또한 형식과 위엄에 치중하는 모습을 보여주었다-역주

직접 혹은 간접적으로 더 넓게, 중국인 일반의 생활양식 위에 미치고 있었습니다만, 기본적인 점에서 유교는 관료층에 아주 적합한 종교의식이었다고 할 수 있겠지요.

그런 의미에서 유교가 교양인인 관료, 그 같은 지배계층과 연결되어있었던 데 대해서, 일반의 일하는 민중들과 연결되어있던 것은 도교 쪽이었습니다. 그리고 어떤 경우에는 그것은 세속 불교이기도 했던 것입니다. 아무튼 사회 상층과 하층이 종교의식상에서 크게 분리되었으며, 더욱이 그것이 고정되어있었습니다. 물론 서양사에서도 그 같은 사회계층에 의한 종교의식의 분열 현상은 없었다고는 말할 수 없겠지만, 그런 관계가 그렇게까지 고정화되어버렸던 적은 역시 없지 않았을까 생각됩니다. 아무튼 그 같은 이른바 종교적인 이중구조 속에서 유교가 교양인으로서의 관료층, 지배계층과 연결된 종교의식이었다는 것을 제일 먼저 기억해두었으면 좋겠다고 생각합니다.

그런데 일반 민중에 의해서 널리 믿어지고 있던 도교도, 물론 하나의 종교라 할 수 있을 만한 것이며, 베버는 유교에 대해서 그것을 '이단(Heterodoxie, 異端)'으로 부르고 있습니다만, 유교에 비하면 아무래도 원시종교적인 색채가 아주 강하게 남아있어서, 아마도 우리 같으면 분명하게 미신이라 여길 만한 다양한 것들과 깊이 얽혀있었으며, 또 연결되어있었습니다. 베버는 그 점을 중시하고 또 강조하고 있습니다만, 그는 흥미로운 표현을 사용해 설명하고 있습니다. 왜냐하면 도교와 연결되고, 또 그것에 의해 떠받쳐지고 있는 정신적 분위기와 그것에 어울리는 사회상태에 대해서, 그는 '마법의 정원, 마법에 걸려 있는 정원Zaubergarten'이라 부릅니다만, 그 용어 연원에 대해서 저는 잘 알지 못하겠습니다만, 정말이지 아주 교묘한 표현이라 생각합니다.

다분히 이런 것이겠지요. 여러분이 다 아시는 그림 Grimm 동화에 나오는 마법이 걸려있는 정원, 마법을 사용하는 마녀에게 마법이 걸려서 백 년이나 넘게 잠든 그대로 있는 성城 —그런 것을 떠올려주시면 잘 이해할 수 있지 않을까 생각합니다. 미신이나 주술이 지배하며, 사람들이 그런 것들에 씌어서 생활하고 있는 그런 사회상태를 가리켜 '마법의 정원Zaubergarten'이라 불렀던 것입니다. 도교가 만들어가는 정신적 분위기는 그야말로 이런 것이라고 한 것이지요. 베버 논문에는 그런 주술이나 미신의 예를 상당히 많이 들고 있습니다. 요즈음

은 상당히 잊혀져 버리고 말았습니다만, 일본 사회에도
아직 남아 있는 것들이 있다는 것은 여러분 모두가 알
고 있는 그대로인데요, 예를 들면 신흥종교에 따라다니
는 온갖 병을 다 고치는 방법이라든가 신이 들린 예언
이라든가, 그런 비합리적인 주술적인 것이 빈틈없이 그
물을 쳐놓은 것과 같은 사회상태, 그런 세계가 '마법의
정원Zaubergarten'인 것입니다. 도교의 정신적 분위기
가 만들어내 가는 세계는 그야말로 그 같은 '마법의 정
원Zaubergarten'이며, 상층이 유교와 연결되어있는 것에
대해서 하층은 특히 그런 도교에 연결되어있으며, 게다
가 그들 양자가 서로 도와주어, 사회의 지배구조를 고정
시키는 데 도움이 되고 있었다는 것입니다. 상층의 유교
도儒敎徒, 다시 말해서 관료층은 아주 교양이 높은 합리
적인 것을 생각하는 사람들이며, 『논어』에 나오는 것처
럼 "자불어괴역난신子不語怪力亂神", 영혼이나 정령의 존
재 따위는 본심으로는 믿지 않습니다만, 하지만 막스 베
버가 약간은 야유를 담아서 말하는 것처럼, 때로는 푸닥
거리가 있다는 얘기를 들으면 두려워하기도 하고, 또 그
런 '마법의 정원'적 정신적 분위기가 민중의 질서를 유지
해가기 위해서 도움이 된다는, 그 효용은 인정하며, 영혼

에 대해서 반신반의半信半疑하면서 공손한 몸가짐을 합니다. 그런 관료층에 연결되어있는 '지배자 종교'로서의 유교, 민중의 일상생활 속에 '마법의 정원'을 잔존시켜가는 '민중 종교'로서의 도교. '민중 종교' 쪽에는 도교 외에 불교도 들어가게 된다고 합니다만, 아무튼 유교와 도교는 그 같은 이른바 종교의 이중구조를 만들어내면서, 사회구조의 현저한 고정화에 도움이 되고 있었던 것입니다. 그와 관련해서, 막스 베버는 앞에서도 말씀드린 것처럼, 서양의 용어법을 구사해서 상층 유교를 '정통주의Orthodoxie', 하층 도교를 '비정통주의Heterodoxie'라 표현하고 있습니다만, 문제는 있을 수 있다고 할지라도, 상당히 교묘하게 다루는 방식이 아닐까 생각합니다.

그와 비교해서 보자면, 서양의 특히 고대 이스라엘에서 시작되어 근대유럽의 프로테스탄티즘에 이르는 종교 발전은, 본질적으로 다른 성격을 띠고 있다는 식으로 말할 수도 있겠습니다. 물론 서로 비슷한 측면도 많이 있습니다만, 그 같은 관련에서는, 근본적으로 다른 곳이 특히 눈에 띄게 됩니다. 그것에 대해서 조금 말씀드려 두겠습니다.

그것을 막스 베버는 다음과 같은 용어를 구사해 설명

하고 있습니다. 우선 '달인達人의 종교의식Virtuosenreli-giosität'과 '대중大衆의 종교의식Massenreligiosität'. '달인의 종교의식'이라는 것은, 소수의 달인Virtuosen만이 도달할 수 있는 그런 종교의식. '대중의 종교의식'은 소극적으로 그 안에 끌려 들어가는 그런 대중의 종교의식을 의미한다. 그것과 서로 뒤얽히면서 생겨나는 '지배자 종교Herrscherreligion'와 '평민 종교Plebejerrreligion'. 막스 베버는 이들 둘을 나눕니다. 그런 용어법으로 가게 되면, 옛 중국에서는 유교가 '지배자 종교', 즉 소수의 교양 있는 지배자 계층 종교의식인 데 비해 도교, 어떤 경우에는 불교가 '평민 종교'라는 식으로 이중구조를 이루어, 상하 두 개의 사회계층의 현저한 고정화에 아주 적합했던 것입니다. 그런데 고대 이스라엘에서 시작되어 근대 프로테스탄티즘에 이르는 종교사宗敎史에서는, 종교의식이 그 같은 '지배자 종교'와 '평민 종교'라는 형태 두 개로 분열된 그대로 오랫동안 고정되어있었던 적이 없다. 물론 그런 경향은 있기는 했지만, 거대한 역사의 흐름 속에서 끊임없이 해소되어갔던 것이 특징적이었다고 해도 좋지 않을까 생각합니다. 다시 말해서 '지배자 종교'와 '평민 종교'를 그 안에 감싸 안으면서 끊임없이 역사적 발전의 중핵이 되어갔다는 것입니다. 막스 베버는 발전 단서를 이루는 고대 이스라엘 종교의식 발생 과정에서, 그런 현저한 특징에 대해서 논하기 시작합니다. 다시 말해서 구약성서 종교의식이, 애초에 지배 씨족氏族의 지배를 받는 일반 노동 민중 종교로 나타나기 시작했다는 것을 강조합니다. 양치기라든가 혹은 소농민小農民이라거나 수공업자거나 그렇게 부유하지 않은 소상인小商人이라든가, 그런 노동하는 민중들 속에 깊이 뿌리를 내린 종교의식으로 시작되어, 고대 아시아의 전제국가에 의해서 끊임없이 그 독립을 위협당하던 약소민족으로서 이스라엘을 전체로 감싸 안게 됩니다만, 그 성격은 나중에 기독교 발전 속에서 끝까지 관철되어갔습니다. 물론 그것은 험난한 역사 과정 안에서, 이따금 상실되려고 하면서도, 또한 끊임없이 회복되어갑니다. 예를 들면 바빌론 유수捕囚(기원전 597년~기원전 538년. 예루살렘이 함락되고 이스라엘 유다왕국 사람들이 신바빌로니아의 바빌론으로 포로가 되어 이주한 사건-역주) 이후에 유대교가 성립하게 됩니다. 그 경우 유대교는 막스 베버식으로 말하면 '천민민족(賤民民族, Pariavolk)'의 종교의식으로, 다시 말해서 외부 세계에서 완전히 차단되었다기보다는 오히려 자신을 외부로부터 격리시키고,

고립시켜가는 독자적인 봉쇄적 종교로 만듦으로써, 거기서 종교의 이중구조가 생겨나게 되었던 것입니다. 그런데 원시 기독교는 그 같은 일종의 민족적인 종교의식으로서의 유대교에 대항해서, 나아가 넓게는 로마 지배자층 종교의식에 대항하는 평민 종교로서 모습을 나타나게 됩니다. 그에 의하면, 원시 기독교 최초 담당자는 로마제국 판도 내에서의 여기저기 돌아다니는(편력遍歷) 수공업자들이며, 그런 사회계층을 신도들의 중심 기반으로 삼아 성장했다고 합니다. 그러면 여러분은 원시 기독교 시대 다양한 것들을 같이 생각해보면 흥미를 느낄 수 있을 것입니다. 바울(Paulos, 기독교 최대의 전도자였으며 최대의 신학자였다. 오늘의 기독교가 있게 한 기독교 형성사상가 가운데 가장 중추적인 인물-역주)과 아폴로(Apollo, 소아시아와 그리스 지역에서 복음을 전하던 유대 기독교인 지도자-역주)처럼, 로마의 영토 안을 돌아다니면서 자신의 노동으로 스스로 먹고 살 것을 마련한다는 편력遍歷 수공업자, 그들을 중심으로 수공업 노동을 오로지 그 두 어깨에 짊어지고 있는 해방 노예라는 광범한 소생산자층이 연결되어있었다. 원시 기독교는 먼저 그런 사회계층을 붙잡았으며, 두드러지게 피지배자 노동 민중 종교로서 그 모습을 잘 드러냈다고 합니다. 따라서 거기에는 로마제국 지배자층의 종교에 대립해서, 마치 유교와 도교에 비슷한 종교의식의 이중구조가 나타나게 됩니다만, 하지만 얼마 후 평민 종교로서 기독교가 로마 사회 전체를 감싸 안아버리게 된다는 것은, 여러분도 아시는 그대로입니다.

그 후, 이것도 막스 베버가 강조하는 부분입니다만, 가톨릭교회 안에서는 예의 수도사修道士에 대한 복음적 권고와 일반 신도에 대한 신神의 명령이라는 이중도덕二重道德이라는 것이 생겨났으며, 그것이 마치 유교와 도교의 관계를 떠올리게 하는 종교의식 이중구조를 만들어내게 됩니다. 하지만 그 경우에도, 마르틴 루터M. Luther나 장 칼뱅Jean Calvin 등의 종교개혁은, 복음적 권고를 부정함으로써 그런 구별 두 개를 말소시켜서, 기독교가 본래의 '평민 종교'로 환원시켜서, 다시 출발하게 했습니다. 그렇기는 하지만 프로테스탄티즘 역사 안에서도, 그와 같은 이중구조가 끊임없이 생겨나고 있다는 것은 사실이겠지요. 두드러진 것들을 들어본다면, 예를 들면 영국 역사에서는 젠트리gentry의 국교회國敎會에 대한 노동 민중 퓨리터니즘의 관계라든가, 혹은 네덜란드 역사에서는 도시귀족의 아르미니위스설(네덜란드 개혁파 출신의 야코뷔스 아르미니위스[Jacobus Arminius, 1560~1609])[3]에 대한 노동 민중의 칼뱅주의 관계 같은 것이 그렇습니다만, 그들 경우에도 역시 평민 종교가 어쨌든 간에 전체를 감싸 안으면서 나아가게 되었습니다. 그리하여 기독교의 생명이라는 것은 평민 종교가 반복해서 사회 전체의 에토스를 감싸 안게 된다는 형태로 나타나고 있습니다. 그런 의미에서 옛 중국 경우 유교와 도교의 고정된 관계와, 그 같은 기독교의 발전 과정을 비교해보면, 양자 사이에는 근본적인 차이를 분명하게 볼 수 있다는 것입니다.

그러면 기독교 발전의 경우에는 그런 식으로 민중의 종교의식이 끊임없이 지배자층의 종교의식을 자신 속으로 끌어들이고, 소화消化해서, 거기서부터 새로운 생명이 약동하는 문화를 끊임없이 낳아간 것에 대해서, 옛 중국에서는 유교가 언제까지나 지배자의 종교의식으로서, 낡은 미신과 주술적인 전통에 연결된 도교가 언제까지나 광범한 민중의 종교의식으로서, 역사에서 종교의 이중구조라 할 수 있는 것이 고정화되어버렸던 것은, 도대체 어떠한 연유에 의한 것인가. 막스 베버는 그 인과관계

---

3) 네덜란드 개혁파 출신의 야코뷔스 아르미니위스[Jacobus Arminius, 1560~1609]에 의해 개발된 신학 시스템. 엄격한 칼뱅주의의 예정설에 대한 의문에서 출발해 수정주의 칼뱅주의, 칼뱅주의의 방계傍系 지류支流로 불리기도 한다-역주

를 검토하면서, 그 하나의 역사적 원인으로 종교윤리로부터 생겨나는 인간관人間觀의 차이, 혹은 에토스의 차이라는 점을 문제 삼는 것입니다. 당연합니다만, 세계사에서 그 같은 대극적인, 동과 서의 거대한 두 개의 흐름이 생겨난 원인을, 막스 베버는 오로지 종교의 영향에서만 찾으려고 하는 것은 아닙니다. 그 점은 부디 오해 없기를 바랍니다. 일본에서는 막스 베버의 학설이라 하면, 종종 모든 것을 종교나 그 윤리로 설명하고, 에토스만 변하게 되면 모든 것이 절로 변해간다는 식의 견해를 가지고 있는 것으로 생각되는 분들도 있는 듯합니다만, 그는 결코 그렇게 단순한 것을 말했던 것은 아니며, 그렇기는커녕 집요할 정도로 역사에서의 인과 관련의 다원적인 설명의 필요를 주장하고 있습니다. 종교 자체의 발생이나 발전 조차, 거기에 경제적인, 정치적인, 문화적인 기타 다양한 원인이 서로 뒤얽혀서 일어나게 되므로, 역사에서 독자적인 에토스나 그것에 연결된 독자적인 인간관이 생겨나는 때도, 물론 종교윤리만이 그것을 만들어내는 것은 아니며, 정치적인 혹은 경제적인, 기타 다양한 사정이 공동으로 작용하고 있다고 생각하는 것입니다. 앞에서도 말씀드렸습니다만, 그런 식으로 종교라는 것은 지극히 깊이, 정치적, 경제적, 다양한 사회적인 것들 안에서 서로 뒤얽혀있으며, 오히려 그것을 전체로서 감싸 안는 것이기 때문에, 종교윤리라는 각도에서 역사적 사회적인 제 현상을 분석해갈 수도 있는 것이므로, 그 점은 부디 오해가 없도록 해주시면 좋겠습니다.

이런 식으로, 그는 단순히 종교만으로 역사 현상 모든 것을, 그래서 또 앞에서 말씀드린 것과 같은 동양과 서양의 역사적 발전의 근본적인 차이를, 모조리 설명하려고 한 것은 아닙니다만, 서로 뒤얽혀있는 다양한 여러 원인 중에서 종교윤리가 갖는 결정적인 영향을 지극히 중시하고 있다는 점은 확실합니다. 아무튼 유교와 퓨리터니즘이라는, 이들 두 개의 두드러지며 독자적인 특징을 갖는 종교가, 각각 어떠한 인간관 혹은 에토스를 형성하며, 또한 각국의 역사에 어떤 식으로 영향을 미치고 있었는지, 막스 베버는 그런 점에서부터 문제를 전개하고 있습니다.

4

막스 베버는 유교의 인간관이라고 할까요, 혹은 윤리라고 할까요, 유교가 빚어내는 에토스를 '외면적인 품위

品位의 윤리'로 특징짓고 있습니다. 그 '외면적 품위'의 원어原語는 'die äusserliche Würde'이기 때문에, 번역어로는 충분히 나타내기 어려운 깊은 뜻을 살펴 헤아려주셨으면 합니다. 그와 관련해서 베버의 그런 외면적 품위의 윤리라는 사고방식에 아주 비슷한 것은 루스 베네딕트 여사의 '부끄러움恥의 문화shame culture'인 듯합니다. 그 표현은 아주 흥미롭습니다. 베버도 바로 그런 의미를 말하고 있다고 생각합니다. 그것은 어떻든 간에 그 논문을 읽고서, 베버가 그런 유교의 '외면적 품위'가 어떤 것인지를 유럽어를 사용해서 설명하기 위해서 얼마나 고심했는지는 아마도 여러분도 알 수 있으리라 생각합니다. 예를 들면 이런 말을 사용하고 있습니다. 프랑스어의 'manières'나 'geste' 'contenance', 교오기(行儀, 예의범절, 예절)라든가 모노고시(物腰, 사람을 대하는 말씨나 언행)라든가 하는 것입니다만, 특히 훌륭한 사람에 걸맞은 점잖은 언행과 몸가짐. 그리고 'Gesicht'라는 독일어도 사용하고 있습니다. '가오顔', 얼굴이지요. 아마도 중국의 '미엔쯔面子'의 번역어, 일본어에서는 체면體面이라는 것으로 생각됩니다. 독일인이 'Gesicht'라는 말을 사용할 때 과연 어떤 의미인지, 미묘한 부분은 저로서는 알 수 없습니

다만, '가오顏'라 하면 우리는 바로 알 수 있지요. '얼굴이 통하다, 얼굴이 알려져 잘 통하다顏がきく'라 하기도 하고 '체면이 깎이다顏がつぶされる'라 하기도 하는 그것입니다. 정말 잘 번역한 것이라는 생각이 들어 감탄했습니다. 아무튼 제일 중요한 것은 윤리적 가치 중심이 겉으로 드러나는 모습에 주어져 있다는 것입니다. 또한 다른 측면에서 베버는 유교의 윤리가 '심미적審美的, ästhetisch'인 성격을 띠고 있다고 설명하기도 합니다만, 그것도 우리에게는 그 의미를 상당히 잘 알 수 있는 듯한 기분이 듭니다. 예를 들면 우리는 윤리적으로 '나쁘다惡'라는 것을 종종 '하품下品'이라든가 '더럽다汚'든가 '부끄럽다'든가, 그외에 다양하게 표현하고 있지요. '부끄러움 문화shame culture'라는 것은 그런 경향이 강하다는 것을 교묘하게 표현하고 있지 않습니까. 무엇보다 일본어의 '하지恥'라는 것과, 영어의 '부끄러움shame'이 완전히 같은 의미인지 아닌지, 저로서는 충분히 알 수 없습니다만, 아무튼 흥미로운 파악 방식이라 생각합니다.

막스 베버는 게다가 그런 '외면적 품위의 윤리'라는 것의 특징을 부각하기 위해서 상당히 준열한 표현조차 사용하고 있습니다. 예를 들면 "특정한 내용을 갖지 않는 태도 그 자체가 존중된다"라는 식의 설명입니다. 다시 말해서 내면적-윤리적인 것이 아니라 외형의 포즈pose 그자체에 가치가 주어지고 있다는 것이지요. 예를 들면 대단히 훌륭한 사람인 것 같은 모습을 하고 장중한 음성으로 이야기를 하면, 자연스레 그 사람에 대해서 존경하는 마음이 생겨나 머리를 숙인다는 그런 정신적 분위기. 정신의 내용이 아니라 장중한 몸가짐에 자연스레 중점이 주어지는 그런 윤리감倫理感. 막스 베버는 유교도儒教徒의 언어는 내용적인 의미전달이 아니라 단순한 '몸가짐 gesture'인 경우가 대단히 많다는 것을 말하고 있습니다. 우리 아시아인들에게는 조금 신랄한 지적입니다만, 확실히 딱 들어맞는 그런 것도 있는 듯합니다. "그렇다, 그렇다, 아니다, 아니다. 그것을 지나치는 것은 악惡에서 나온 것"이라는 성구聖句가 있습니다만, 그야말로 그것과는 정반대로 단식斷食할 때 슬픈 얼굴을 한다거나 "바깥을 하얗게 칠하는" 것에 높은 가치가 주어지고 있다라는 것이지요. 물론 그런 사실은 오로지 동양만은 아니며 물론 서양에도 마찬가지로 많이 있다고 생각합니다만, 다만 유교 윤리 경우에는 그런 것에 어쩐지 본질적인 가치가 부여되어있다는 것이지요. 그런 내면성 결여에는 주어진所與 환경에 대한 적응適從이라는, 사회생활에서 소극적인 성격이 조응照應하는 것으로 되지 않을 수 없다는 것입니다. 그런 근본적인 에토스 위에서 서서, 유교도인 옛 중국의 관료층은 광범한 민중을 도교에 맡겨버리고서, 그들 사이에 언제까지나 '마법의 정원Zaubergarten'이 존속하는 것을 방치해두게 됩니다. 자신들은 그것을 정치의 높은 곳에서 아래로 내려다보면서 '소인은 기르기 어렵다小人爲難養也'고 투덜대면서(『논어』「양화편」제25장-역주), 자신들은 '괴력난신을 말하지 않는다不語怪力亂神'라고 할 정도로 합리적으로 모든 것을 생각하고 있으면서, 확신은 가지지 못하고, 때로는 민중의 동요動搖에 의한 질서의 파괴를 두려워해서 공손한 태도로 '괴력난신怪力亂神'에 예배하는 것을 보여주기도 한다는 것입니다.

그런데 그와 정반대의 극極에 있는 것이 퓨리터니즘의 경우이므로, 막스 베버는 그 에토스를 '내면적 품위의 윤리die Ethik der innerlichen Würde'라 부르고 있습니다. 그 '내면적 품위의 윤리'는 루스 베네딕트의 '죄의 문화guilt culture'에 해당하는 것입니다만, 그 원형原型을 이루는 것이 퓨리터니즘이라는 것이지요. 유교의 '외면적 품위의 윤리'의 경우에는 체면, 즉 "특정한 내용을 갖지 않는 태

도 그 자체"가 존중되는 데 대해서 퓨리터니즘의 '내면적 품위의 윤리'의 경우에는 그것과는 완전히 거꾸로, 행위와 언어 속에 담긴 내용, 특히 그 내면적 의미가 결정적으로 중시됩니다. 특정한 내용을 수반하지 않는 단순한 의례儀禮, 정신을 잃어버린 외면의 형식 같은 것이라 하면 조금 알기 어렵겠습니다만, 비근한 예로서는 우리가 편지를 쓸 때 관용적으로 사용하는 "절하고 아룁니다. 따뜻한 봄철을 맞이해서 귀하께서 날마다 건강하시고 더 번영하고 있는 것을 축하드립니다拜啓, 春暖の候貴堂益益御淸榮の段賀し奉り候"라는 식의 기마리몬쿠(きまり文句, 흔히 상투적으로 쓰는 말-역주), 그리고 오늘날의 젊은이들은 더는 알지 못하는 옛날식 작법作法 같은 것, 유직고실有職故實[4] 같은 것을 생각해보시면 잘 알 수 있으리라 생각합니다만, 그 같은 외면적인 형식 그 자체보다는 오히려 내면의 선의善意에서 발하는 특정한 내용을 수반하는 언어와 행위, 바로 그런 것에 높은 가치가 주어지는 그런 윤리가 '내면적 품위' 윤리이지요. 퓨리턴식으로 표현하자면, 신神의 영광을 더하고 높이기 위해서, 라는 내면적 요구에

---

4) 예로부터의 선례에 근거한, 조정朝廷이나 공가公家, 무가武家 행사나 법령·제도·풍속·습관·관직·의식儀式·장속裝束 등을 말한다-역주

서 발해서, 현세에서의 이웃에 대한 사랑隣人愛의 실현을 추구하는, 그런 내용이 있는 행위와 언어에 높은 가치를 부여하는 윤리야말로 '내면적 품위의 윤리'라고 말할 수 있겠지요. 다만 확실히 다짐해두기 위해 말해둡니다만, 막스 베버는 문제 소재를 드러내고 명확하게 보여주기 위해서, 새삼스럽게 그 같은 세계사에서 두 개의 극단적인 경우를 들어서 설명하는 것이므로, 현실에서는 좀 더 다양한 중간 형태와 복잡한 모습들이 있을 수 있다는 것은 당연합니다.

그런데 이 같은 퓨리터니즘의 '내면적 품위의 윤리'는 지금 말씀드린 것처럼 신의 영광을 더하고 높이기 위한 이웃에 대한 사랑隣人愛의 실천이라는 내면적 요구에서 발해서, 피조물被造物적으로 타락해있는 타고난生來 자신을 바로잡고, 나아가 죄罪 안에 있는 것으로 여겨지는 현세를, 그 세속적 생활을 성화聖化해가려는 방향을 취하게 됩니다만, 거기서 생겨나는 강렬한 능동적, 적극적인 성격은 자연스레 현세 생활의 조직적, 방법적인 methodisch 개혁이라는 모습을 취하게 되어있습니다. 그 반면半面으로, 퓨리터니즘의 경우, 저 인류의 역사와 더불어 낡은 '마법의 정원Zaubergarten'을 철저하게 파괴해버린다는, 독자적인 합리주의적인 성격이 생겨나는 것입니다. 베버는 그런 것을, 실러Johann Christoph Friedrich von Schiller가 만든 조어造語라고 합니다만, 아주 흥미로운 말로 표현하고 있습니다. 'Entzauberung'이 그것인데요, 일단 '마술魔術로부터의 해방'이라 번역해두기로 하지요. 그 의미는 물론 미신이나 주술이 지배하고 있는 세계에서 그런 것들을 제거하고, 냉정하게 사실을 사실로 객관적으로 인식할 수 있는, 그런 내면의 상태를 만들어간다는 것입니다. 그에 의하면, '마술로부터의 해방'이라는 움직임은 고대 이스라엘의 예언자에서 시작해, 원시 기독교에서부터 가톨릭교회, 특히 수도원 생활을 통해서 종교개혁, 특히 칼뱅주의나 재세례파(再洗禮派, 자각적인 신앙고백 이후의 세례만이 유일한 세례라고 주장하는 교파-역주) 계통의 여러 교파教派, 영국 역사에 근거해서 말한다면 퓨리터니즘에 이르러 최고조에 달했습니다. 예를 들면 그 극치極致로, 그는 프랜드파(퓨리턴 계열의 프로테스탄트 일파. 흔히 퀘이커Quaker라 불린다-역주) 신자들이, 근친近親 장례식에서 노래(찬송)도 하지 않고 오로지 기도만으로 장례를 마무리하는 그런 사정을 말하고 있습니다. 아무튼 그런 식이어서, 퓨리터니즘 윤리에서는 지극히 'nüchtern('취

하지 않은, 정신이 말짱한. 절제하는, 삼가는. 식사하지 않은, 공복익'
의미를 담고 있음-역주)'한 태도로, 지극히 적극적으로 바깥
세계外界나 환경에 작용을 가하는 것이어서, 우리 동양인
에게는 얼핏 보면 이상하게 느껴질 정도의 능동성이라는
것이 생겨나게 되었다고 합니다.

　이렇게 설명해가다 보면, 여러분은 베버가 유교 윤리
라는 것은 정말이지 그렇게 하찮은 것이었던 것처럼 생
각했다고 느낄지도 모르겠습니다만, 그런 것은 결코 아
닙니다. 저만 하더라도 우리 선조의 정신을 배양해온 유
교 윤리는 오히려 자랑스럽게 여겨도 좋은, 훌륭한 것이
라 생각하고 있으며, 아마도 『논어』 같은 책을 종종 읽으
신 분들은 그 점에 대해서 필시 동의하지 않을까 생각합
니다. 유교를 따르는 사람들儒教徒은 '군자'의 이상을 향
해서 엄격한 자기 훈련을 하며, 수양修養에 힘쓰는 것은
분명한 일이며, 거기서부터 생겨나는 독자적인 합리주
의는 물론 퓨리터니즘의 경우와는 크나큰 성격의 차이
를 보여주지만, 아무튼 퓨리터니즘의 그것과 더불어, 베
버는 세계사에서 합리주의의 두 개의 거대한 봉우리라고
합니다.

　그런데도 유교 윤리와 퓨리터니즘 윤리, 이들 양자의

깊은 바닥에 깃들어 있는 윤리관, 인간관의 차이가 각각 빚어내는 에토스를 어떤 점에서 정반대의 것으로 만들어버렸다고 합니다. 퓨리터니즘의 경우는, 엄격한 금욕적인 태도, 말할 필요도 없이 기독교적인 의미에서의 이웃에 대한 사랑隣人愛을 위한 자기 훈련으로서 금욕생활 속에서, 현세 전체를 합리적으로 변혁시켜가려는 아주 적극적인 성격이 생겨나게 되었다. 그에 대해서 유교 경우에는 그 에토스 안에서 사는 관료층은 수양이라든가 합리적인 생활 태도라든가 하는 것을 자신들의 생활 속에만 가두어버리고, 광범한 민중 생활은 도교에 맡겨버리고 말았다는 소극적인 성격이 생겨났다. 그러면 애초에 양자의 근저에 있던, 그 같은 생활 태도의 괴리를 낳는 원인이 된 그런 인간관의 차이라는 것은, 대체 어떤 점에서 찾아볼 수 있는가. 그런 것이 문제가 되었던 것입니다.

유교의 경우는, 뒤에서 자세히 설명하려고 생각하기 때문에, 여기서는 우선 퓨리터니즘 경우부터 설명해보기로 하겠습니다. 퓨리터니즘의 경우에는, 태어난 인간은 원죄에 의해서 피조물적으로 타락한 존재이므로, 엄격한 자기 훈련에 따라 '육신肉에 들러붙은 것'을 억제하고,

모든 것을 신의 큰 의리大義를 위해서 바치는, 그런 방향을 짓는 데서 가능한 생활에 부여하려고 한다. 그 같은 금욕적 태도의 주체를 이루는 '내적인 인간', 혹은 거기서 생겨나는 '새롭게 태어난 인간'을 세속적인 차원에서 표현해보면, 생활과 행위에서의 개인의 내면적 통일로서 '인격人格'이라는 것으로 됩니다. 이와 같은 식으로 퓨리터니즘 분위기 속에서는 한편에서는 '인격'이라는 관념이 나타나게 됨과 동시에, 얼핏 보면 기묘하게 보입니다만 다른 한편에서는 모든 것을 신의 큰 의리를 위해서 받치려고 하는 태도에서 합리주의적으로, 모든 것을 비인간화非人間化시켜서, 조금 오해하기 쉬운 표현입니다만 '물화物化'시켜 생각한다는 일면이 나오게 됩니다. 어떤 것인가 하면, 조금 묘한 예를 들어서 죄송스럽습니다만, 예를 들면 여러분은 은행에 가서서 돈을 맡기기도 하고 찾기도 하지요. 그것은 은행과 금전金錢 거래를 하는 것입니다만, 누구나 그다지 '인간'을 느끼지 않고서 지극히 '사무적'으로 실무적으로 처리하고 있지요. 그런데 개인들 사이에서 금전 거래를 할 때는, 그렇게 되지는 않지요. 종종 '인간적'인 옥신각신하는 일이 생기는 것은 다 알고 있는 그대로입니다. 은행에 간 경우에는, 그 같은 인간적인 것은 모두 사라져서, 마치 물物과 물物의 관계처럼 다루어집니다. 그런 것이 '물화物化' 현상이지요. 거기서는 '인간'적인 포즈pose나 인정人情 같은 것은 던져버리게 되고 특정한 내용만이 남게 됩니다. "그렇다, 그렇다, 아니다, 아니다. 그것을 지나치는 것은 악惡에서 나온 것이다." 퓨리터니즘의 금욕적인 태도는 '인격' 관념을 낳음과 동시에 그 같은 실무적인 성격도 낳게 됩니다. 왜냐하면 그것은 말하자면 인정人情을 나누지 않고서, 그야말로 척척 일해 나간다는 식으로 하지 않으면, 실제로 일은 순조롭게 되지 않습니다. 신의 영광을 위해서 현세를 개혁한다는 칼뱅주의 구극究極의 목표를 가능한 한 실현하기 위해서는, 피조물신화被造物神化 같은 위험이 있는 인정人情 따위에 얽매이지 말고 능률 있게 일을 진행해가지 않으면 안 되며, 그렇기에 모든 것을 합리적으로 실질적으로 처리해가는 태도가 생겨나는 것입니다. '내면적 품위의 윤리'로부터 한편에서는 인간 존중이 다른 한편에서는 실무적인 행동양식이 나오게 된다는 것이지요. 그 연결의 필연성이라 할까요, 그것의 내면적인 의미는 우리 동양인들에게는 조금 이해하기 어렵습니다만, 그런 식으로 따라가다 보면 상당한 정도까지 이해할 수 있을 것입니다.

5

　그러면 지금까지 설명한 퓨리터니즘의 경우에 비해서 유교의 경우, 저 '마법의 정원'의 존속과 결부되는 그런 '외면적 품위의 윤리' 같은 것을 도출해내는 인간관이란 도대체 어떤 것일까요. 그 점을 조금 더 파고 들어가 보면, 막스 베버는 그것을 이런 식으로 설명하고 있는 듯합니다. 유교의 인간관이라는 것은, 그 근저에서 현세적인 낙관주의optimism에 의해서 떠받쳐지고 있다. 다시 말해서 기독교에서 말하는 죄, 혹은 근원적으로 악惡한 존재, 그런 의식은 전혀 보이지 않는다고 합니다. 퓨리터니즘 경우에는 원죄에 의해 피조물적으로 타락한 인간은 신의 은혜恩惠에 의하지 않고서는, 그 자신으로서는 선善 한 조각도 이룰 수 없다는 철저하게 비관주의적pessimistic 인성론이 근저에 있습니다만, 유교의 경우에는 그것과는 정반대로, 베버식으로 말해본다면 철저한 현세적 낙관주의가 있다. 다시 말해서 유교 사고방식에 의하면, 현세는 다양한 세계의 존재 양태 속에서는, 무엇보다도 좋은 것,

그리고 인간의 본성도 본래 윤리적으로 선한 것이며, 인간은 수양에 의해 원리상으로 완성의 영역에 무한히 가까이 갈 수 있는 능력을 본래 자기 속에 지니고 있다. 공자의 말 그대로, 자기가 원하는 바를 행하고, 그 규구規矩를 넘어서지 않는 영역에까지 도달할 가능성을 가지고 있다는 것입니다.

그러면 그 수양은 어떻게 할 수 있는가 하면, 철학적 문학적인 교양, 특히 서적書籍을 통한 교양, 그것을 무한하게 높여감으로써 자기를 완성해갈 수 있다. 그러기 위해서는 부富라는 물질적 배경을 필요로 한다. 그래서 돈을 모으지 않으면 안 된다. 그런 연유로 해서 인간 완성을 위한 수단으로 부富에도 윤리적인 가치가 일부 주어져分與 있는 것으로 여겨지게 됩니다. 프로테스탄티즘 경우 부富의 윤리적 자리매김과는 완전히 거꾸로입니다. 게다가 그런 윤리적 옵티미즘에 기초해서 경제생활 특히 영리가 나이브naive하게 긍정될 뿐만 아니라 그런 한에서 합리화되고 있는 것이 유교의 윤리라 해도 좋겠습니다. 그리하여 그 윤리적 방향을 짓는 데서 완전히 달리하면서도, 유교 경우에도 퓨리터니즘 경우와 더불어 어떤 종류의 경제적 합리주의가 생겨나게 됩니다. 하지만 또한 그런 방향을 짓는 데서 차이가 막스 베버가 설명하고 있듯이 근대문명 탄생이라는 관점에서 보면 완전히 정반대 귀결을 낳게 되는 것입니다.

그것은 그렇다 치더라도, 그 같은 유교 윤리 인간관에서의 이상적인 인간상은 대체 어떤 것인가 하면, 그것은 바로 '군자君子'입니다. 그런 '군자'를 막스 베버는 Gentleman이라 번역하고 있습니다만, 아주 고심해서 그렇게 했으리라는 점은 어렵지 않게 상상할 수 있습니다. 특히 '군자'라는 원에 가까운 의미를 표현하기 위해서 독일어가 아니라 일부러 영어의 gentleman이란 단어를 가져왔다는 점도 재미있습니다. 아무튼 그 '군자'가 유교에서의 이상적인 인간상입니다. 그런 유교에서의 이상적인 인간상에 대해서, 베버는 얄미울 정도로 근사한 설명을 하고 있으니 부디 한 번 읽어주십시오. '군자'의 중요한 자격은 '덕德'이 높다는 것입니다만, 그러면 '덕'이 높다는 것은 어떤 것인가 하면 초신적超神的인 '도道'에 따라서 살아가는 것입니다. '도'라는 것은 기독교의 신처럼 인격이 아니라 말하자면 일정한 이법理法에 따르는 세계 질서이지요. 초신적이라 할 경우, 그 '신'은 물론 기독교적인 의미에서의 신은 아니며 지극히 인간적인 성격의 정령精靈,

신들입니다. 다시 말해서 '도'라는 것은, 그 같은 현세의 생활과 깊은 관련이 있는 수많은 정령의 움직임을 넘어선, 세계 질서를 지배하는 이법이며, 그것을 따라서適從 살아가는 인간이 '군자'입니다. 거기에는 기독교에서 보는 것처럼 죄를 벌하고 또 용서하는 신과, 죄 안에 있는 인간과의 깊은 긴장 관계 같은 것은 전혀 없습니다. 그러므로 '군자'는 괴로워하는 인격이 아니라 본래 행복한 인간입니다. 이 같은 부분에서 유교 윤리의 현세에 대한 변혁력變革力이 약한 원인을 찾아볼 수 있습니다만, 아무튼 그래서 유교 윤리 경우에는 전통적인 공동생활에 대한 끊임없는 순응順應이 당연한 결과가 되고, 또 그것에 윤리적 가치가 주어지는 것입니다. 현실 속에서 불합리한 부분을 인정하면서도 아무튼 경건敬虔이 가득 찬 태도로 현세의 다양한 전통적 질서 속에 파고 들어가서, 그것의 유지에 힘쓰는 것이 '군자'의 '덕'이라고 합니다.

그런 것을 이번에는 개인에 입각해서 말해본다면, 개개의 인간은 하나의 소우주小宇宙이며, 따라서 모든 방면을 향해서 조화로운 인간이라는 것, 다시 말해서 '도'에 따라서 생겨난 전통적 질서를 훼손하지 않으며, 사람들에 대해서도 그런 전통적 의무를 빠짐없이 모두 행하며,

다툼 같은 것은 일으키지 않는 것, 그것이 이상이라는 식으로 됩니다. 그러므로 유교에서의 이상적인 인간상인 '군자'는 전통적인 의무를 빠트리지 않고 다 해낼 수 있는 인간이며, 자신이 어디에 있더라도 혹은 어떤 상태에 있더라도, 전통적인 의례 혹은 작법作法, 그 같은 외면적 형식을 완전히 지키고, 그것을 파괴하는 것 같은 일은 하지 않습니다. 유교도儒敎徒는 그런 방향을 향해서 자기를 완성해간다는 것으로 됩니다. 그 때문에 자각적, 합리적으로 자신을 억제합니다. 열정에 사로잡혀서 도度를 지나치거나(흥겨운 나머지 도를 지나친다 정도의 의미-역주) 행동의 균형을 잃어버리거나 하는 일은 그들에게는 쌍스러운, 부끄러워해야 할 입니다. 그 '쌍스럽다'는, 내용이 아주 미묘한 말은, 그런 것을 표현하는데 아주 적절한 말이지요. 그러므로 유럽인들이 아주 열정적으로 일에 몰두해가는 태도, 그것은 자칫하면 유교도에게는 쌍스러운, 도덕적인 미숙함처럼 보인다라고 베버는 말합니다.

여러분은 『논어』에 나오는 공자의 말 "일흔 살에는 마음이 원하는 대로 따르더라도 법도를 넘어서지 않았다(七十而從心所欲不踰矩, 『논어』 「위정」 편에 나오는 문장-역주)"라는 말을 알고 계시지요. 공자는 수양에 수양을 거듭해서,

나이 일흔이 넘었을 때는, 자신이 하고 싶은 것을 그대로 하더라도 결코 율법에서 벗어나거나 하는 일이 없어졌다. 다시 말해서 거기서 완전한 '군자', 성인聖人이 생겨났다고 말하는 것입니다. 그런데 기독교적인 사고방식에서 말한다면, 그런 일은 있을 수 없을 뿐만 아니라 피조물신화被造物神化라는 큰 죄라고 생각하게 되는 것이지요. 공자와 정반대인 것이 사도 바울의 경우로, 자신은 태어나면서부터 바리새인Pharisee[5]이며, 유대의 율법은 빠짐없이 다 지켰지만, 자신이 노력하면 할수록 죄는 점점 더 늘어났습니다. 율법은 빠트리지 않고 다 지켰지만, 자신은 죄인들의 우두머리라는 것입니다. 아마도 막스 베버도 말한 것처럼 그 같은 바울의 말을 듣는다면 유교 군자들은 깜짝 놀라며 하늘을 우러러 볼 것입니다. 그렇게 말하는 것도, 양자 사이에서는 지금 말한 것처럼 죄罪 관념이 완전히 다르기 때문입니다. 유교도의 '죄'는 전통적인 의례나 절차를 지키지 않고서 질서와 조화를 파괴

---

5) '바리새'는 '초연한 사람'이라는 뜻으로, 원래 신앙심이 독실하다는 의미였다. 하지만 예수가 독선적이고 '위선자들'이라 했기 때문에 지나치게 율법에 집착하는 사람들이란 이미지가 강하다. 이웃과 하느님을 사랑하는 일에 소홀하다는 비판이다. 대다수 바리새인은 사제들의 회유를 받아 예수의 처형을 지지했다. 하지만 사도 바울은 바리새인이었으나 자신이 말한 대로 실천한 사람으로, 기독교를 탄압하다가 개종한 후 가장 위대한 기독교 전도사가 되었다-역주

하는 것, 그러므로 그것을 범하더라도 어떤 방법으로 그것을 보상할 수 있어서, 근원적으로 악惡이 되는 것 따위는 없습니다. 소크라테스조차도 하늘나라天國에 들어갈 수 없는 기독교의 죄 의식과는 동과 서의 거리가 먼 만큼 멀었다고 할 수 있겠지요. 아무튼 이런 식으로 책을 통한 철학적, 문학적 교양에 의해서 수양을 쌓아가면서 인간을 완성해간다, 뭐 이런 것이 유교 윤리의 핵심입니다. 그러기 위해서는 재산을 필요로 하기 때문에, 돈을 모으는 것을 긍정합니다. 또한 관직에 나아가 이 세상의 질서를 점차로 상승시켜가는 것도 긍정합니다. 이렇게 설명하게 되면, 여러분은 어쩌면 유교야말로 자본주의경제의 발생에 가장 적합한 종교가 아닐까 하고 생각하실 것입니다. 하지만 실은 막스 베버는 그런 견해에 대해서 정면으로 반대하고 있으며, 오히려 그러한 낙천적인 돈 모으기 정신을 부정하지 않으면, 근대의 자본주의경제는 태어날 수가 없었다는 것이, 그의 유명한 「프로테스탄트 윤리와 자본주의 '정신'」이라는 연구의 하나의 중요한 결론입니다. 어쨌든 간에 유교 윤리는 근저에서 부富만이 아니라 전통적인 현존질서의 무조건적인 긍정의 사상으로 이어지는 것이며, 또한 거기서부터 사회생활에서의 소극적인 성격, 다른 사람이 자기에게 하지 말았으면 하는 것을 다른 사람에게도 하지 않는다[6]라는 태도로 귀결하게 된다는 것입니다.

그런데 퓨리터니즘 경우에는, 이미 여러분 중에서도 많은 분이 알고 계시리라 생각됩니다만, 근본적인 인간관이 그것과는 완전히 정반대입니다. 인성론人性論에서의, 어떤 의미에서는 극단적일 정도의 페시미즘 pessimism입니다. 피조물적으로 타락한 인간에게는 신을 향해서 한 걸음도 나아갈 수 있는 능력이 없습니다. 그러므로 아무리 수양을 거듭하더라도 구원을 자신의 힘으로 얻어낼 수가 없습니다. 오히려 그런 수양을 거듭하면 할수록 죄인의 우두머리라는 자각이 강해질 뿐입니다. 이것이 페시미즘 윤리입니다. 그 점에서 유교와는 정반대입니다. 유교에서는 현세도 태어나면서부터의 인간도 무한히 완성을 향해 나아갈 가능성을 가지고 있습니다. 그런데 퓨리터니즘의 경우에는 현세는 완전히 피조물적으로 타락해있어서, 이른바 눈물의 계곡일 뿐만 아니라 조만간 끝나게 될 여행길旅路에 지나지 않습니다.

---

6) 조금 표현은 다르지만 거의 비슷한 취지의 문장이 『논어』 「위령공편」에 나온다. 己所不欲勿施於人. 내가 하고자 하지 않는 바를 남에게 베풀지 말라는 것. 앞에서도 한 번 나왔다-역주

우리는 여행자 또는 잠시 머무는 자이므로, 우리의 인생도 그처럼 지나가는 한때의 그것이라는 것입니다. 막스베버는 그 같은 퓨리터니즘의 철저한 현세 거부 태도에, 그 점에서 완전히 정반대인 유교의 현세관과 대조對照에, 종교사회학적으로 큰 의미를 부여합니다. 무엇보다도 퓨리턴들이 현세를 완전히 거부했기 때문에, 도리어 그것을 낙관적으로 긍정한 유교에는 비교가 되지 않을 정도의 강함으로 현세에 작용을 가하고, 그것을 근본적으로 변혁해버린다는, 대단한 정신적인 에너지를 낳게 된다는, 그런 얼핏 보면 역설적인 결과를 역사 위에 남겼기 때문입니다. 그에 대해서는 상세한 것은 지금 말씀드린 그의 「프로테스탄트 윤리와 자본주의 '정신'」이라는 연구를 읽어주셨으면 합니다만, 그 개요는 그렇습니다. 칼뱅주의의 교의敎義로 표현해본다면, 신의 영광을 더하기 위해서 이 현세를 신의 나라에 가까이 가도록 노력합니다. 그것은 신도들의 최대의 의무일 뿐만 아니라 또 그런 현세를 좋게 만들려는 일을 밀고 나가는 행위 그 자체가, 자기 자신이 신에 의해 구원받고 있다는 것의 증거가 되기도 한다고 합니다. 그래서 영원한 시간의 흐름에서 보자면, 그야말로 잠깐의, 조만간 끝나게 될 여행길인 현세의 생활에, 대단한 기세로 정신적 에너지가 주입되는 것으로 됩니다. 우리는 밝은 낮 동안에 일을 해두지 않으면 안 됩니다. 그 짧은 여행길이 조만간 끝나기 때문에, 자신의 육체에 달라붙은 욕망을, 세상의 즐거움을 버리고, 그 모든 것을 이웃에 대한 사랑의 실천을 위해서 떠받들지 않으면 안 된다라는, 퓨리터니즘의 무섭게 적극적인 금욕적 태도가 생겨나게 됩니다.

이 같은 퓨리터니즘 현세에 대한 적극적이고 게다가 현실적인 태도를 구현하고 있는 것이 예例의 'Beruf'나 'calling'이라는 단어에 담겨 있는 사상이라고, 막스 베버는 생각하고 있습니다. 그 말은 여러분이 아시는 것처럼, 신의 소명召命, 신으로부터 부여받은 사명이라는 것과 동시에, 세속적인 직업이라는 이들 양쪽의 의미를 품고 있습니다. 오늘날에는 그 첫 번째 의미는 거의 사라져버렸습니다만, 그 옛날로 거슬러 올라가면 올라갈수록 그 본래의 의미는 분명하게 있었습니다. 베버에 의하면 그 말은 제일 먼저 루터의 성서번역부터 시작되었다고 말하고 있습니다만, 아무튼 그 'Beruf' 혹은 'calling', 즉 신에게서 부여받은 사명으로서의 현세의 일에 따른다고나 할까요, 신의 도구가 되어 현세 한가운데에서 그 영광을 높이고 더하며, 이웃에 대한 사랑을 실현해간다는 사상은 분명히 퓨리터니즘 인간관의 구체적인 결실이며, 그런 사상 속에 퓨리터니즘의 독자적인 내면적 품위의 윤리가 생생하게 구현되어있다고 할 수 있겠지요. 그래서 그 점을 조금 더 설명해두려고 합니다.

인간관에서는 완전히 반대인 유교의 경우에는, 『논어』에 나오는 것처럼 "군자는 그릇이 되지 않는다君子不器", 다시 말해서 '군자'는 자기 목적이며, 무언가 객관적인 목적에 도달하기 위한 도구 같은 것은 아니다(「위정」편에 나온다. 군자는 한가지 용도로만 쓰이는 그릇과 같지 않다는 뜻으로, 덕이 있는 사람은 온갖 방면에 통한다는 말-역주). 신의 큰 뜻大義을 위해서라고 하더라도, 무언가 객관적인 목적을 위해서 도구로 사용된다는 것은, 유교의 군자에게는 감내할 수 없는 것이었다고 베버는 말하고 있습니다. 그래서 자기 목적으로서의 인간 완성을 위해서 필요한 조건으로 부富의 추구가 그 자체로서 낙천적으로 긍정되기에 이르렀습니다. 그런데 퓨리터니즘의 경우에는 완전히 거꾸로여서, 현세에서 부를 추구하거나 그것을 낙천적으로 긍정하거나 하는 것은, 그야말로 피조물적으로 타락해있는 것의 증거이며, 구원받지 못한 증거라는 것으로 됩니다.

실제로 부에 대한 퓨리터니즘 견해는, 유교와 정반대이
며, 어떤 의미에서 부의 추구, 돈 모으기라는 것을 격렬
하게 공격한 사상입니다. 그것은 베버가 반복해서 주장
하는 바이며, 또한 역사에서의 사실이 그것을 증명해주
고 있지요.

그 점에 대해서는 특히 일본에서는 많은 오해가 있으
므로 조금 더 설명해두기로 하겠습니다. 베버는 앞에서
잠깐 말한 것처럼, 퓨리터니즘 윤리는 자본주의 정신의
탄생과 관련해서 크게 힘을 발휘했다는 유명한 견해를
제출했습니다. 그런데 그것이 이런 식으로 오해되기도
합니다. 프로테스탄트는 인간이 구원받는 것은 오로지
신앙에 의해서만 가능하다는 식으로 말하고 있기에 점점
더 도덕적으로 질질거리게 되어, 예전에는 가톨릭교회가
금지하고 있던 돈 모으기를 허용하게 되어버렸다는 것
입니다. 그것은 가톨릭 측 사람들에게서 많이 볼 수 있는
견해입니다만, 베버는 그런 것을 말하고 있는 것은 아닙
니다. 그야말로 거꾸로입니다. 그가 말하는 것은, 대체로
이렇습니다. 중세의 가톨릭교회에서는 이자利子를 금지
하는 법 같은 것이 있었지만, 사실은 전혀 지켜지지 않았
을 뿐만 아니라 교회 자신이 그것을 육성한 부분이 없지

않습니다. 예를 들면 종교개혁 때 루터를 분노하게 만든 묘오반(明礬, 白礬, 황산알루미늄과 1가價 금속 황산염이 만드는 복염-역주) 광산의 독점권이나 면죄부免罪符의 판매권을 거대 상인에게 부여해주고 있었다는 것이 그렇습니다. 다시 말해서 법왕청(法王廳, 교황청)은 고리대高利貸에 막대한 부채가 있었으며, 그것을 상환償却하기 위해서 그 같은 이권을 그들에게 제공해주었던 것입니다. 그런데 칼뱅은 5퍼센트 이자를 허용했습니다. 그래서 그가 고리대에 엄격하지 않았던 것처럼 종종 이야기됩니다만, 사실은 거꾸로이며, 5퍼센트 이상 이자는 엄격하게 단속했던 것입니다. 더구나 칼뱅주의는 한층 더 준엄해서, 고리대를 거의 철저하게 배격했다고 해도 좋을 정도였다는 점은, 베버가 반복해서 말하고 있는 부분입니다. 그러면 퓨리터니즘이 자본주의 정신의 탄생과 관련해서 힘이 있었다는 것은 도대체 어떤 연유에 의한 것인가 하면, 얼핏 보기에 역설적입니다만 이러합니다. 단순한 탐욕에서 행해지는, 다른 사람의 손실도 불행도 생각하지 않는 그런 돈 모으기 —루터가 상인은 도둑이라 한 것은 알고 계시지요— 같은 영리욕營利慾을 퓨리터니즘은 근사하게 부정해버렸습니다. 그 결과로서 생산력을 높이고 민중의 생활을 풍요롭게 하는 것이, 자기의 윤리적 요구와 일치하는 그런 타입의 영리가 생겨나게 되었습니다. 그것이 근대 자본주의경제의 맹아입니다. 하지만 자본주의경제가 성장하고, 그 영리주의가 전면에 나서게 되자, 이번에는 점차로 퓨리터니즘의 정신에서 멀어지게 된다고 베버는 말합니다만, 그 점에 대해서는 지금은 말씀드리지 않기로 하겠습니다.

아무튼 베버가 말하는 것은 대략 이렇습니다. 퓨리터니즘의 경우에는 경제활동을, 신의 영광을 높이고 이웃에 대한 사랑隣人愛을 실현하기 위한 방법적인 수단으로 생각했습니다. 유교가 돈 모으기를 개개인이 자기의 현세적 생활을 향상시키기 위한 수단으로 생각하고, 그것에 윤리적 가치를 부여한 것에 대해서, 퓨리터니즘은 현세에서의 신의 영광을 높이고 이웃에 대한 사랑隣人愛을 실현하는 수단으로서 영리활동을 시인했을 뿐만 아니라 그런 목적에 합치되는 한에서는 도리어 그것에 높은 윤리적인 가치를 부여하고, 사명使命으로 행할 것을 명했던 것입니다. 앞에서 말씀드렸던 것처럼, 여기서부터 경제만이 아니라 인생의 모든 영위를 실무적으로 처리해간다는 적극적인 생활 태도도 나오게 되었습니다.

요컨대 이런 식으로 해서, 아마도 세계사에서 가장 격렬한, 현 상황現狀을 변혁시키기 위한 합리적인 윤리의 하나가 생겨났습니다. 그것이 경제생활 속에서도 이웃에 대한 사랑에 대한 신념에 떠받쳐져서 아주 강력한 에너지를 낳았습니다. 그리고 그것에 의해서, 퓨리터니즘의 후예들은 실제로 아주 거대한 부富를 만들어냈습니다. 부를 그 자체로서 긍정하고, 낙천적으로 그것의 추구를 허용한 유교의 '군자'가 만들어낸 것보다도 비교가 되지 않을 정도로 거대한 부를 만들어냈으며, 또 세계의 문화 그 자체에도 변혁적인 영향을 미쳤습니다. 그것을 베버는 성서의 말을 이용해서 교묘하게 설명하고 있습니다. 퓨리턴들은 "먼저 신의 나라와 그 의義를 추구하라"는 성구聖句에 따라서, 그대로 실행했다. 그러므로 약속에 따라서, 모든 것은 그들의 것이 되었다라고 합니다. 이 표현은 기독교의 분위기를 알고 있는 사람들은 아마도 쉽게 알 수 있을 것으로 생각됩니다.

아주 거칠기는 하지만 지금까지 대체로 유교와 퓨리터니즘, 이들 양자의 인간관, 그것에 기초한 윤리와 에토스 차이, 또 그것이 문화에 미친 영향 같은 것에 대해서 설명해왔습니다. 아무튼 이런 식으로 종교적 에토스의 사회적인 특질이라는 점에서 보게 되면, 유교는 아시아의 이르는 곳마다 그것이 영향을 갖는 한에서, 저 종교 및 사회의 이중구조를 오히려 고정화하는 방향으로 작용했다는 것의 의미를 어쨌든 알 수 있을 것입니다. 일본에서도 많건 적건 간에 그런 작용을 미쳤으며, 어느 정도 민중 속에 '마법의 정원'이 존속하는 것을 방치해둔다는 결과를 가져다주었다는 것은 부정할 수 없을 것입니다. 그러면 도대체 이와 같은 종교의 이중구조를 무너뜨리고 민중의 생활에 언제까지나 뒤얽혀있는 미신과 주술이라고 할까요, '마법의 정원'을 때려부수고 그들을 '마술로부터 해방시키는', 그 정신적 원동력이 된 것은 무엇이었을까요. 베버의 종교사회학은 그것을 '예언Prophet'이라 합니다.

그 '예언' 속에는, 그에 의하면 크게 두 종류가 있습니다. 하나는 불교에서 볼 수 있는 그런 '예언'으로, 베버는 그것을 '모범예언exemplarische Prophetie'으로 부르고 있습니다. 즉 우리가 그곳에 도달할 수 있는, 깨달음이라는 경지의 모범을 보여주는 예언입니다. 다시 말해서 불교에서는 예언자들은 모범이 될 수 있는 깨달음의 생활에 들어가 있는 사람들이며, 일반 사람들은 그들에게 배

우고, 따라가면 됩니다. 말하자면 앞에서 걸어가는 예언자의 등 뒤가 우리에게 보입니다. 그것이 '모범예언'입니다. 다른 하나는 '사도예언Apostelprophetie'입니다. 방금 든 비유를 사용한다면, 이 경우는 예언자의 얼굴은 저쪽에서 이쪽을 향하고 있습니다. 우리를 향해서 신의 대변인으로서 격렬하게 회개할 것을 요구하게 됩니다. 근원적으로 윤리적인 것을 가지고 우리를 밀어붙입니다. 그래서 그것을 '윤리예언ethische Prophetie'이라 하기도 합니다. 신의 뜻에 따를 것인가 아닌가, 그 결단을 우리에게 들이대는, 그런 '예언'입니다. 이런 '윤리예언'이야말로 현세를 근본에서부터 합리화하고 '비밀의 정원'을 때려 부숴가는 정신적 능력입니다만, 그 같은 '윤리예언'은 막스 베버에 의하면 세계사에서는 오로지 고대 이스라엘에서만 나오게 되었습니다. 예언자 운동으로 시작해서 원시 기독교의 사도使徒들을 거쳐서, 종교개혁가에 이르는 그런 정신적인 계보입니다. 불교 경우에는, 지금 말씀드린 대로 예언은 본래 '모범예언'에 머물렀으며 윤리예언을 낳는 일은 거의 없었습니다. 그 예언자는 본래 저쪽을 향하고 있어서, 민중에 대해서 신으로부터 파견된 존재로서 회개를 들이대지는 않기 때문에, 그들의 마음 깊은 곳을 붙잡고, 거기서부터 모든 주술적인 것을 그 최후의 한 조각까지 몰아내는 그 같은 근원적인 긴장 관계를 낳게 될 수는 없다는 것이지요. 그런데 막스 베버는 일본 불교 역사 속에는 윤리예언에로의 움직임이 그 무언가가 나오고 있었다고 합니다. 그것은 무척이나 흥미로운 연구 과제라고 생각합니다만, 그가 무엇을 가리키고 있는지 현재의 저로서는 충분히 알지는 못하겠습니다.

아무튼 불교의 '모범예언'이 낳는 에토스는 아시아 도처에서, 유교 외면적 품위의 윤리와 연결되어 '마법의 정원Zaubergarten'을 많건 적건 간에 끊임없이 잔존殘存시켜 가게 되었습니다. '예언'은 끊임없이 살아있는 신生神樣, 살아있는 부처生佛樣, 즉 '성인聖人 숭배Hagiolatrie'로 변할 수밖에 없었기 때문입니다. 오늘날의 다양한 신흥종교 같은 것들을 보더라도 문득 지피는 것이 있기 마련이지요. 아무튼 이런 식으로 막스 베버에 의하면, 세계사를 바라볼 때 아시아에서 오랫동안 존속했던 그런 종교의 이중구조를, 그렇기에 또 '마법의 정원'이라는 것을, 서양에서 강력하게 때려 부수어갔던 것은 과연 무엇이었는가 하면, 그것은 다양한 역사적, 지리적인 여러 조건의 독자적인 결합을 가지는 팔레스티나Palestina의 고대 이스라엘 역사 속에서, 세계사에서 단 한 번만 나타나게 된 '윤리예언'에 다름 아니었던 것입니다.

　이상이 대체로 막스 베버가 「유교와 퓨리터니즘」에서 말하려고 했던 것의 핵심이라 해도 좋다고 하겠습니다만, 마무리로서 저의 사족을 조금만 더 덧붙여두려고 생각합니다. 지금까지 설명해온 것과 같은 「유교와 퓨리터니즘」에 있어서는, 막스 베버는 주로 종교사회학적 시각에서 바라보고 있습니다만, 하지만 문제를 과학적으로 검토해가기 위해서는, 그 외에도 역시 다양한 시각과 도구 같은 것이 필요하게 됩니다. 다시 말해서 더 폭넓게, 종교사회학에서 제시된 다양한 사회학의 시각이나 개념 도구를 가지고 해나가지 않으면 안 된다는 것입니다. 실제로 막스 베버의 연구는 그 같은 종교사회학적인 것만은 아니며, 같은 대상에 대해서도 훨씬 더 넓은 시야視野를 포함하고 있습니다. 그것은 만일을 위해서 말씀드려 두고 싶습니다. 우리는 다른 더 많은 것들을 더 많이 알지 않으면 안 됩니다. 또 하나, 막스 베버는 「유교와 퓨리터니즘」에서 아주 정말 분명한 대비contrast를 묘사해서, 유교를 현세에 순응해가는 윤리, 퓨리터니즘을 그것과 정반대의 현세 변혁 윤리라 말하고 있습니다만, 누차 말씀드린 대로 그것은 두드러진 대비를 가지고서 사태를 분명하게 파악하고자 한 것이므로, 실제에서는 다양한 복잡한 것들을 포함하며, 또 다양한 중간 형태들이 있는 것입니다. 게다가 퓨리터니즘이라 하더라도, 그것은 일찍이 존재했던 어떤 시기의 퓨리터니즘, 금욕적인 프로테스탄티즘이지, 반드시 이른바 계몽주의 시기 이후 프로테스탄티즘을 가리키지는 않습니다. 막스 베버가 유교가 갖는 의의에 대해서 논하고 있는 경우 아시아도 예전 아시아이기 때문에, 그 후 기독교도 변해왔으며, 아시아도 역시 점차로 변해가고 있습니다. 아무래도 이런 점들을 염두에 두면서 더불어 같이 생각해가야 하지 않을까 합니다.

IV. 베버 사회학에서의
사상과 경제

1

오늘 말씀드릴 주제는 '베버 사회학에서의 사상과 경제'입니다만, 첫머리에 한두 가지 조금 설명해두려고 합니다. 그것은 이런 것입니다. 주관적으로 '사상과 경제'라는 사안에 대해 막스 베버 자신이 어떤 식으로 생각하고 있었는가, 그것을 충실하게 소개할 요량이기는 합니다. 하지만 그렇게 크고 또 깊은 시스템을 지닌 거장巨匠의 사안이기 때문에, 그가 말하고 있는 것에 대해서 여러 가지 점에서 다양하게 서로 다른 이해가 생겨나는 것입니다. 그 같은 해석 차이라는 것이 있을 수 있습니다. 게다가 저는 특별히 막스 베버 학설 연구를 전문으로 삼아온 사람이 아닙니다. 시작하기 전에 베버에 관해 대단한 연구를 하는 것처럼 소개했습니다만, 실은 그것은 정확하지 않은 것이며, 실제로는 저는 이제 겨우 막스 베버 연구의 입구에 와있는 그런 정도에 지나지 않습니다. 그래서 해석 차이는커녕, 아마도 자신은 알아차리고 있지 못하겠지만 잘못 읽은 부분이나 아직 읽은 것이 부족한 부분이 상당히 있으리라 생각합니다. 유감스럽기는 하지만 그것은 사실입니다. 그래서 저는 주관적으로는 충실하게 소개할 요량입니다만, 막스 베버 자신이 생각한 방식에서, 더욱이 통상적인 막스 베버 해석과는 약간 어긋남이 생겨나는 것은 피하기 어렵다고 생각합니다. 그래서 그런 점을 충분히 감안해서 들어주셨으면 합니다. 오히려 사상과 경제라는 문제에 관한 막스 베버=오츠카大塚적인 사고방식이라 생각하고 들어주신다면, 저로서는 오히려 기분이 더 좋아질 것입니다.

그다음으로 다른 하나는 '베버 사회학에서의 사상과 경제'라는 표제를 내걸어두었습니다만, 막스 베버 자신의 저작에는 사상思想이라는 단어 같은 건 전혀 나오지 않는다는 것입니다. 첫째, 사상이라는 일본어가 독일어나 영어로 어떻게 번역되는지조차 저는 잘 모릅니다만, 실은 막스 베버가 끊임없이 사용하는 종교Religion라는 단어를 이번에는 사상이라 한 번 바꾸어보았다고 해도 좋겠다는 것입니다. 물론 그것은 정확하지 않다고 한다면, 바로 그렇습니다만, 하지만 또 종교라는 번역어에는 또 다른 부정확함이 달라붙어 있기에, 일본어 종교라는 말과 막스 베버가 Religionssoziologie라 쓸 경우의 종교 의미 내용이 딱 들어맞는지 아닌지 대해서도, 실은 불안함이 있습니다. 일본에서 종교라고 하면 우리 주변에 여러 가지 종교가 있으며, 그중에서 예를 들면 신토神道, 그 영향력은 2차대전 후에 상당히 줄어들기는 했습니다만, 신토적인 분위기라는 것은 아직 뿌리 깊게 남아있다고 생각합니다. 신토의 경우에는, 종교의식과 현실 사이에 보이는 긴장 관계는 완전히 제로zero라 할 수는 없더라도 그 정도가 아주 낮다는 것은 확실합니다. 만약 그런 신토가 종교의 구체적인 이미지로서 받아들여진다고 한다면, 현실과의 사이에 격렬한 긴장 관계를 내포하는 것이야말로, 훌륭한 의미에서의 종교, 혹은 종교의식Religiosität이라 부르는 막스 베버 경우에는 조금 곤혹스러워지게 됩니다. 그런 점에서 편리한 일본어는 오히려 사상이 아닐까 생각합니다. 일본에서는 사상이라는 용어는 특수한 역사적 무게를 지니는 말입니다. 여러 가지 자신의 희생도 돌아보지 않고 현실과 대결하는, 그 같은 긴장 관계를 포함하고 있는 것을 표현하는 말로서는 종교보다도 사상쪽이 도리어 딱 들어맞는 그런 경우조차 있으며, 특히 종교 같은 것은 미망迷妄이며, 현실에 대한 사람들의 비판력을 빼앗아 가버리는 것이라고 생각하고 있는 분들에게는, 오히려 사상이라는 용어를 사용하는 쪽이 도리어 문제의 소재를 더 잘 이해할 수 있다고 생각해서, 일부러 그렇게 표현했던 것입니다. 문득 생각난 것입니다만, 예전에 저는 막스 베버에서 생산력生産力이라는 식의 용어를 사용해서, 막스 베버 저작에는 생산력 같은 단어는 사용되지 않았던 것이 아닌가 하는 비판을 받았던 적이 있습니다. 비판 그대로 막스 베버 자신은 그런 표현을 사용하지 않았습니다만, 당시 일본 학계에서는 생산력이라는 용어를 사용하는 쪽이 내용으로는 오히려 정확하게 설명할 수 있지 않을까 하고 생각했기 때문입니다. 그것과는 같은 솜씨지만 맛은 서로 다르니까[1] 널리 양해해주셨으면 합니다.

그런데 여러분께서는 이미 알고 계시리라 생각합니다만, 지금부터 40년 정도 전에 세상을 떠난 막스 베버에게는 「프로테스탄트 윤리와 자본주의 '정신'」이라든가 「프로테스탄티즘의 제 섹테와 자본주의 정신」과 같은 일련의 논문이 있습니다. 전자에 대해서는 가지야마 쓰토무(梶山力, 베버의 「프로테스탄트 윤리와 자본주의 정신」을 일본에서 처음 번역. 일본에서 막스 베버 연구 초석을 놓음-역주) 씨의 번역을 제가 다시 고쳐 번역改譯해서 이와나미문고岩波文庫로

---

1) 원문은 '同工異曲'. 솜씨는 같으나 그 표현양식이나 맛은 서로 다르다는 것 혹은 처리하는 방법은 같아도 그 결과에 있어서는 차이가 난다는 뜻. 한유韓愈의 『진학해進學解』에 나오는 말. 학생들이 한유의 문장을 칭찬하기 위해 사용한 말로서, 같은 방법으로 시문을 지어도 그 정취는 다르다는 뜻이었다. 하지만 오늘날에는 표현은 달라도 내용은 같다는 조금 부정적인 의미로 많이 쓰이고 있다-역주

내놓았습니다. 그런데 프로테스탄트 윤리와 자본주의 '정신'이라는 논문의 주지主旨는 이미 여러분도 아시는 것처럼, 대략 이런 것입니다. 근대 유럽에서 자본주의 문화가 생겨날 때 즈음해서 정신적인 원동력이 된 에토스(사상적 분위기)가 "자본주의 '정신'"으로 불리는 것입니다만, 그런 에토스가 나타난 것에 대해서, 금욕적 프로테스탄티즘의 윤리(에토스)가 관련해서 큰 힘을 발휘했다. 요컨대 그런 것을 말하고 있습니다만, 그 논문에는 아주 많은 비판과 반대가 떠들썩하게 일어났습니다. 그것은 아직도 계속되고 있다 해도 좋을 것입니다. 요즘은 외국에서는 상당히 양상이 달라진 듯합니다만, 일본에서는 아직은 반대하는 쪽이 훨씬 더 많지 않을까 생각합니다. 그런데 그 비판은 물론 다양합니다만, 그중에서 이런 것이 있습니다. 막스 베버는 마르크스와는 정반대로, 자본주의 발생을 기독교 윤리로 설명하려고 했다든가, 자본주의는 기독교의 금욕적 프로테스탄티즘의 에토스로부터 생겨난, 말하자면 종교개혁의 산물이라고 주장한다든가, 그런 식의 아주 제멋대로 읽는 방식을 취해놓고서, 막스 베버는 뭐라고 말할 수 없는 바보 같은 관념론자라는 식으로 비판하는 것입니다. 그것이 더 다양하게 형태

를 바꾸어서, 예를 들면 아주 훌륭한 학자의 이름을 끌어
내서 실례라는 생각이 듭니다만, 영국의 유명한 대학자
리처드 토니R. H. Tawney, 제가 연구하고 있는 경제사 분
야의 석학입니다만, 그 사람조차 『기독교와 자본주의의
발흥Religion and the Rise of Capitalism』이라는 책에서 막
스 베버를 비판할 때 "그는 자본주의의 발생을 정신사적
에토스라는 측면에서만 설명하고, 그 물질적인 이해利害
라는 측면을 경시했다"라는 식의 비판을 하고 있습니다.
그런데 제가 막스 베버 원문을 읽어보았는데 정말 이상
했는데요, 여러분도 한번 읽어보면 금방 알 수 있습니다
만, 막스 베버는 "자신은 그런 바보 같은 것을 주장하려
는 것은 아니다"라고 반복해서 말하고 있습니다. 하지만
그런 비판이 통설처럼 되어있습니다. 사실 막스 베버는
도대체 무엇을 문제 삼고 있었는가 하면, 그 자신이 말하
고 있는 것처럼 역사를 짜내는 무수한 씨줄과 날줄 중에
서 에토스라는 것, 특히 종교윤리라는 것이 어느 정도 그
리고 어떻게 작용하고 있는가 하는 것, 혹은 그런 정신적
요인이 자본주의를 낳는 데 어느 정도 관련해 힘이 있었
는가 하는 것, 그것뿐이었습니다. 아니, 그런 것조차 분
명하게 잘라 말하고 있습니다. 만약 루터나 칼뱅 같은 종

교개혁 지도자들이 지금의 자본주의 문화를 두 눈으로 본다고 한다면 자신들이 이런 것을 만들어내려는 생각은 절대로 없으며, 이렇게 말할 것이라고. 다시 말해서 근대의 자본주의 문화는 개혁자들에게는 생각지도 못했던 결과였지만, 하지만 자본주의 문화의 발생에는 종교개혁의 정신적 변혁이 씨줄인지 날줄인지는 모르지만, 하나의 그러나 불가결한 촉진적 요인을 제공하게 되었다는, 그런 것을 말하고 있을 뿐입니다. 따라서 이런 식으로 일반적으로 말하는 것으로 되기도 합니다. 자신은 프로테스탄티즘 윤리만으로 자본주의 발생을, 아니 자본주의의 '정신' 발생조차도 설명할 수 있다고 생각하지는 않는다. 거기에는 정치적인 혹은 경제적인, 그 외에 다양한 이해利害 상황도 역시 관련해서 미치는 힘이 있었으며, 그 같은 정신과 물질적 이해의 쌍방에서 접근하는 것이야말로 불가결한 것이다, 라고. 그 후자 쪽에 대해서는 그는 결국 쓰는 데 이르지 못했지만, 자신은 훗날 자본주의 성립에 관한 경제사 측면을 쓰려고 생각하고 있지만, 만약 그것을 했을 때는, 이번에는 그는 마침내 유물사관에 항복했다는 식으로 말하는 무리가 나올 것이 분명하다는 의미의 말을 어딘가에 쓰고 있습니다. 다시 말해서 「프로테스탄트 윤리와 자본주의 '정신'」이라는 논문에 한정되지 않고서, 그는 언제나 역사 현상에 대해서 한 번에 그 모든 것을 다 설명해버리는, 그런 총해결總解決 같은 것은 결코 생각하지 않았습니다. 어떨 때는 역사 사상事象의 하나의 측면을, 다음에는 다시 별개의 다른 측면을 비추어본다는 식으로, 먼저 그 준비 작용을 잇달아 거듭해가지 않으면 안 된다고 생각하고 있었습니다. 하지만 결국에는 그는 그런 역사의 움직임이라는 것을, 대체 어떤 식으로 파악하고, 어떤 식으로 설명할 수 있다고 생각하고 있었을까요. 오늘은 그런 것을 조금 추상적인 형태입니다만 여러분에게 말씀드려보려고 생각합니다. 물론 앞에서 말씀드린 것처럼 제가 읽은 한도 내에서고요, 더러 잘못 읽은 부분이 있을지도 모르겠습니다만, 또 다른 해석도 물론 있을 수 있는 것이기 때문에, 그런 의미에서 한 번 들어주시면 좋겠다고 생각합니다.

.

2

그런데 「막스 베버 사회학에서의 사상과 경제」라는 식으로 말할 경우, 그 사회학이라는 말은 결코 좁은 의미에서의 사회학은 아닙니다. 난폭하게 말하는 방식이지만, 오히려 사회과학의 기초이론이라는 정도의 의미로 받아들이는 쪽이 좋지 않을까 생각합니다. 그 같은 베버 사회학에서 사상과 경제가, 앞에서 말씀드린 것처럼, 그의 용어법에 따르면 종교와 경제가 어떤 식으로 서로 관련되어있는가, 혹은 양쪽이 서로 영향을 주고받으면서 어떤 식으로 역사를 밀고 나가게 되는 것인가, 그런 문제를 과연 그는 어떻게 생각하고 있었는가, 하는 것들을 오늘 말씀드려보려고 합니다. 하지만 처음에는 조금 국면을 바꾸어서, 조금 다른 측면부터 설명해가려고 생각합니다. 막스 베버가 그런 근본적인 문제를 다루고 있는 것은, 그 자신이 스스로 '종교사회학(宗敎社會學, Religionssoziologie)'이라 부르고 있는 학문 분야에서입니다만, 특히 중요한 것은 『종교사회학논집』이라는 표제表題가 붙은 세 권의 책과 대작大著 『경제와 사회Wirtschaft und Gesellschaft』속의 「종교사회학」이라는 1장章입니다. 그런데 베버 사회학 방법론은, 종종 하인리히 리케르트Heinrich Rickert 철학에서의 과학론 속에 몰입해버리는 형태로 다루어져 왔습니다. 물론 어떤 점에서는 그렇게 말하는 것도 가능하며, 또 의미가 있는 것이기도 합니다만, 하지만 그가 과학론에서 전면에 내세우게 되는 '문화인文化人의 이념理念', 즉 근대에서의 과학적 인식의 성립에 있어 결정적인 의미를 지니는 이념이라 할지라도, 그의 경우 그것을 갑작스레 선천적先天的으로 혹은 선험적先驗的으로 끌어들이거나 하는 것은 아닙니다. 그 같은 이념을 낳고, 또 그 담당자가 되는 인간은 역사에서 어떻게 해서 형성되어 왔는가, 실은 그것이야말로 그의 종교사회학의 중심적인 문제이며 연구대상이었습니다. 다시 말해서 그는 종교사회학으로, 그런 인간 형성의 궤적을 사실에 근거해서 학문적으로 살펴보려고 했던 것입니다. 그러므로 '문화인의 이념'이라는 것은, 어떤 측면에서는 충분히 검증驗證 가능한, 사회학의 연구성과이기도 했던 것입니다. 그런 의미에서 우리는 그의 그 같은 종교사회학 연구업적을, 그것 자체로서는 추상적인 모습을 취하고 있는 그의 사회학의 방법적 기초methodische Grundlage와 연결해서 같이 보지 않으면, 진정한 의미의 베버 사회학의 방법은 알 수 없다고 생각하고 있습니다. 그러므로 오늘도 그런 관점에서 그의 종교사회학에서의 업적을 살펴보게 되는 것입니다.

그런 베버의 종교사회학에서의 업적, 특히 앞에서 말

씀드린 『종교사회학논집』 세 권 속에 아주 흥미로운 부분이 여기저기에 있습니다만, 그중에서 서너 개 고도로 추상적인 요약을 하는 부분은 특히 재미있습니다. 우선 제1권 첫머리에 있는 「서설(序說, Vorde)」가 그 하나입니다. 그것을 바로 뒤이어 예(例)의 「프로테스탄트 윤리와 자본주의 '정신'」 「프로테스탄티즘의 제 섹테와 자본주의 정신」이 나옵니다. 그리고 그 이후의 전부가 「세계종교의 경제 윤리Wirtschaftsethik der Weltreligionen」가 됩니다만, 그 제일 앞에 있는 「서론(序論, Einleitung)」, 그것이 대단한 것입니다(저와 이키마쓰 게이조生松敬三 씨가 같이 번역共譯한 것이 잡지 『미스즈みすず』 64-6호에 실렸습니다). 그다음에 「유교와 도교」, 제2권의 「힌두교와 불교」가 이어지게 됩니다만, 그 「유교와 도교」와 「힌두교와 불교」 사이에 「중간고찰Zwischenbetrachtung」이라는 긴 논문이 들어가 있습니다. 그것은 아주 난해합니다만 매우 재미있기도 해서 아주 중요한 것이라 생각합니다. 여기서 그가 문제 삼고 있는 것은, 요컨대 이런 것입니다. 지금까지는 유교 문제를 다루어왔지만, 이제부터는 힌두교 문제로 들어가게 된다. 그런데 유교 경우는 세계종교라 하더라도 종교의식과 현세에서의 정치적, 경제적 등 이해利害상황 사이

긴장 관계는 지극히 희박하다. 거의 없다고 해도 좋을 것이다. 그런 유교에서부터 바야흐로 종교의식과 현세 사이에 강한 긴장을 함장하고 있는, 진정으로 종교다운 종교를 다루게 됩니다. 그런데 거기에는 두 개의 지극히 중요한 서로 다른 타입type이 있습니다. 인도의 종교의식(힌두교와 그 이단으로서의 불교), 다른 하나가 유대교에서 기독교로 발전해가는 종교의식인데요, 후자는 제3권에서 다루어지게 된다라는 것입니다. 그것은 아무튼 그「중간고찰」에서는, 한편에서는 인도의 힌두교적 종교의식과 다른 한편에서는 유대교적 종교의식, 이들 둘의 근본적인 차이를 사회학적으로 파악하고자 하며 그것을 위한 학문적 도구를 준비해가게 됩니다.

그런데 그「중간고찰」에서는 실로 다양한 것을 논하고 있습니다만, 지금부터 여러분에게 말씀드리려는 것은 그중 하나라고는 하지만 중심을 이루고 있는 문제로서, 말하자면 역사 과정 속에 다양한 문화 제 영역 사이에 생겨나는 긴장 관계라는 문제입니다. 그렇게 말씀드리기는 하지만 여러분께서 바로 이해하기는 어려울 것처럼 생각되므로, 조금 미리 설명해두기로 하지요. 우선 다양한 문화 제 영역Kulturgebiete이라 할 때, 그것은 무엇을 가리키는 것일까요. 예를 들면 종교가 하나의 문화영역으로 다루어집니다. 그것은 믿는 자의 입장에서 바라본 것은 아닙니다. 종교를 믿는 사람들의 행동이 낳게 되는 사회현상, 그것을 사회과학자의 눈으로 다룰 경우, 그것은 종교라는 하나의 문화영역으로 나타나게 됩니다. 그러한 것으로서 경제나 법 그리고 정치가 각각 하나의 문화영역으로 나타나게 되는 것은 굳이 말하지 않아도 될 것입니다. 그리고 예술이나 학문도 각각 하나의 문화영역을 이루고 있습니다만, 그 외에도 몇 개의 문화영역을 들 수 있을 것입니다. 그런데 그 같은 문화 제 영역은 모두 각각 자율성自律性을 가지고 움직이고 있습니다. 혹은 각각의 '고유한 법칙성Eigengesetzlichkeit'을 가지고 있으며, 역사 과정 속에서 각각 자율적으로 움직입니다. 각각 독자적인 움직임 방식을 가지고 있다는 것입니다. 경제는 물론 그 자체의 고유한 운동법칙을 가지고 있습니다. 정치도 그 자체의 고유한 운동법칙을 가지고 있습니다. 게다가 종교든, 예술이든, 학문이든 그 자체는 깊이 개개인의 내면에 관련성을 가지고 있는 것이라 하더라도, 사회현상으로 나타나는 한, 각각 독자적인 문화영역으로서 그 자체의 고유한 자율성을 가지고 나타나게 됩니다. 대체로 이렇게 생각합니다만, 또 그 같은 다양한 문화 제 영역은, 실은 각각 뿔뿔이 흩어져서 고립해있는 것은 아니며, 현실의 역사 과정에서는, 그들은 서로 다양하게 뒤얽혀서 서로 영향을 미쳐서 역사 과정의 총체를 만들어가는 것입니다. 서로 뒤얽히면서, 게다가 각각의 고유한 법칙에 따라서 자율적으로 움직이고 있습니다. 그러므로 그들 상호 간에는 서로 연결되면서, 게다가 서로 반발한다는 긴장 관계가 생겨나게 됩니다. 그 점을 조금 더 들어가서 설명해보면, 이렇습니다.

예를 들면 예술과 종교의 경우, 이들 양자 사이에 생기게 되는 긴장 관계를 논하고 있는 부분은 아주 흥미로워서, 여러분 스스로 그 부분을 읽어보시는 게 좋겠다고 생각될 정도입니다. 다시 말해서 예술적인 가치를 극한까지 추구해간다는 경지境地라는 것은, 종교와 종종, 거의 분별하기 어려운, 종이 한 장 차이까지 가까이 가는 것이지요. 그러므로 한편에서는 예술이 종교에 봉사하는 사태가 생겨나게 됩니다. 그렇지만 빠듯하게 차오르는 구극究極의 영역에까지 가면, 종교와 예술은 놀라울 정도의 긴장 관계에 빠지게 되기도 합니다. 그럴 경우, 종교 입장에서 보면 예술적 가치 그 자체를 자기 목적으로 추구하는 견해는, 그것은 이미 악마惡魔 곁에 서는 것으로 되어버릴 것이다. 종교와 예술 사이에는 그 같은 근원적인 긴장 관계가 포함되어있는 것이며, 퓨리턴에서 볼 수 있는 감각예술에 대한 강한 혐오, 그것은 미국의 역사에 상당히 오랫동안 남아있었으며, 근대 문화에 커다란 영향을 미쳤던 사안입니다만, 그런 것도 그 현저한 예의 하나라고 생각합니다. 비슷한 일은 정치와 예술 사이에도 일어납니다. 예술가들과 직업적 정치가들이 같은 정치적 가치를 진지하게 추구하고 있음에도 불구하고, 그 예술가들이 순수하게 예술적인 가치를 추구해가려고 할 경우, 양자가 진지하면 할수록 무시무시한 분열을 불러일으키기 쉽다는 현상은 흔히 볼 수 있는 일이지 않습니까. 마찬가지로 고도의 긴장 관계는「프로테스탄트 윤리와 자본주의 '정신'」에 나타나고 있는 것처럼 경제와 종교 사이에도,「직업으로서의 학문」에 나타나 있는 것처럼 학문과 종교 사이에도 일어납니다. 아무튼 그런 식으로 다양한 문화영역 상호 간에 긴장 관계가 내포되어있는 것입니다. 그것은 어째서일까요. 그것은 앞에서도 말씀드린 것처럼, 각 문화 제 영역이 자율적이며, 고유한 운동법칙을 가지고 있기 때문입니다.

이런 식으로 각 문화 제 영역이 각각의 고유한 운동법칙을 가지고 있기에, 막스 베버가 생각하는 방식에 입각해 말한다면, 다양한 문화영역 각각에 모두 그것에 고유한 과학이 성립합니다. 경제라는 문화영역에는 경제학이 성립합니다. 정치라는 문화영역에는 정치 현상에 고유한 운동법칙을 연구하는 정치학이 성립합니다. 나아가 법이라는 문화영역에는 법사회학이, 예술이라는 문화영역에는 예술사회학이, 지성知性이라는 문화영역에는 지식사회학, 이런 식으로 해서 각각의 문화영역에 각각의 과학이 성립하게 된다는 것입니다. 자연과학은 별도로 해두더라도, 이른바 사회과학 안에도 그런 식으로 다양한 이론 분야가 나타나게 됩니다. 물론 다양한 문화 제 영역은 상호 간에 서로 얽혀서 현실의 역사 과정을 형성하고 있으며, 따라서 각 문화영역 움직임은 어떤 점까지는 서로 겹쳐지는 영향을 서로 주면서, 적절한Adäquanz 관계에 서 있습니다만, 그들은 구극究極에서는 서로 반발反撥하는, 그런 긴장 관계를 그 안에 지니고 있습니다. 그러므로 역사 과정에 나타나게 되는 어떤 문화영역의 운동법칙을, 간단히 다른 어떤 문화영역의 그것으로 환원還元시키거나 하는 것은 불가능하지요. 얼핏 보기에 가능할 것처럼 보여서 학문적으로 추구해가면 갈수록 불가능하다는 것을 알게 됩니다. 별도로 여기서 마르크스주의를 이러니저러니 문제 삼는 것은 아니지만, 조금 언급해본다면 마르크스 사고방식에서는 경제적인 것이 모든 문화 제 영역의 운동을 구극究極에 있어서 제약制約하고 있다고 합니다. 구극究極에 있어서 제약制約하고 있다라고 한 것이지, 만약 경제라는 것이 전체 문화 제 영역의 바닥에 있으면서, 그 움직임이 다른 모든 문화영역의 움직임을 규정하는 것이므로, 경제의 운동법칙과 그 현실만 알고 있으면, 다른 문화 제 영역의 움직임을 정확하게 과학적으로 파악할 수 있다라고 잘라서 말해버리게 되면, 그것은 마르크스 해석으로서도 크게 실수하리라 생각합니다. 마르크스주의 입장을 취하고 있는 분들도 일반적으로 그렇게 말하지 않습니다. 근저에서 경제에 의해서 제약당하고 있지만, 다른 문화 제 영역이 각각 상대적으로 독차적인 운동을 합니다. 다만 구극적으로, 경제적 제 이해利害의 계급적인 존재 양태에 의해서 근저적으로 제약당하고 있을 뿐이다, 그렇게 말할 것으로 생각됩니다. 다만 마르크스주의 입장에 서는 분들은 각각의 문화영역에 고유한 법칙이 있는지 없는지, 있다고 한다면 그것은 어떤 것인가 하는 것을 좀처럼 설명해주지 않습니다. 대체적으로는 언제까지나 다른 문화 제 영역의 움직임은 경제의 운동법칙에 의해서 근저적으로 제약당하고 있다는 것을 일방적으로 강조할 뿐인 경우가 많습니다. 바로 그다음 이야기를 우리는 듣고 싶다고 생각하지만, 그 부분은 좀처럼 들을 수 없는 것이 보통입니다.

그런데 마르크스주의 입장은, 어째서 그렇게 다양한 문화 제 영역의 움직임이 근저에서 경제에 제약당하고 있다는 점을 강조하는가, 그것이 어째서 여러 가지 점에서 유효성을 가지며, 따라서 많은 사람에게 매력이 되어 나타나는가 하면, 그것은 아마도 이런 것이 아닐까 싶습니다. 다양한 문화 제 영역은 각각에 고유한 운동법칙을 가지며, 따라서 각각 독자적인 과학이 성립한다는 것은, 앞에서 말한 그대로입니다만, 그런 문화 제 영역의 독자적인 다양한 움직임, 그리고 그것에 대응하는 다양한 사회과학의 제 부문이라는 것을 서로 이어주고 있는, 아니 현실에 그들이 서로 어떤 관계에 있는지를 분명하게 해주는, 그런 원리原理를 제공할 수가 있기 때문이라고 생각합니다. 모든 것은 경제에 의해서 제약당하고 있다. 그러므로 비유가 맞는지 어떤지는 모르겠습니다만 손오공

孫悟空의 신통력도 결국의 부처님 손바닥 안에서 벗어날 수 없는 것처럼, 경제 운동은 모든 문화 제 영역의 운동 전체를 통합하고 있다. 그와 같은 의미에서 마르크스주의는 이른바 문화통합의 원리를 제공했다. 그러므로 그와 같은 마르크스 사고방식에서는, 경제에 관한 과학이 사회과학 중 사회과학으로서, 그들의 기초이론이 되었다. 다시 말해서 경제학이라기보다 정확하게는 경제학 비판이 문화통합 원리라고나 할까, 역사 과정의 전체로서의 동향을 파악할 수 있는 원리로 생각되고 있는 것입니다. 이 같은 원리를 제공했다는 것은, 확실히 사회과학으로서의 마르크스주의의 두드러지게 훌륭한 점 중 하나이며 매력이 되기도 했다고 해도 좋을 것입니다.

이 같은 문화통합 원리라 할 수도 있는 것이, 서유럽 사상사 속에서 그 이전에는 없었는가 하면, 그렇지는 않습니다. 물론 있었습니다. 계몽주의가 그러했으며, 그리고 독일의 역사주의 —일본에서는 데구치 유조出口勇藏 교수가 역사주의歷史主義라는 표현을 즐겨 사용하기 때문에 그것을 빌려왔습니다만— 도 그런 것이었습니다. 일본 경우에는, 메이지明治 이래 다양한 사상이나 과학 제 부문의 연구성과가 너저분하게 다 같이 들어왔을 뿐만 아니라 문화통합 원리에 대해서도, 종교와 과학을 나누는 경계선─線이 아직 충분히 명확하게 인식되지 못하고 있는 곳에, 마르크스주의가 그런 원리로서, 유물론唯物論이라는 일관된 이론을 가지고 들어온 것이므로, 대단히 큰 충격을 안겨주게 되었습니다. 적어도 학문 세계에서는, 그런 것이 마르크스주의가 거대한 영향을 미치게된 하나의 중요한 원인이 아니었을까 하고, 실은 우리가 젊었던 시절의 일들을 떠올리면서 그렇게 생각하는 것입니다. 그렇지만 최근에는 마르크스경제학 ─아니 『자본론』에는 실은 경제학 비판이라는 부제副題가 붙어있습니다만─ 도 그 양상이 어딘가 상당히 변한 것 같은 느낌도 듭니다. 그중에는 경제학만 하면 좋은 것이다, 그다음은 하지 않아도 좋다고 말하는 사람조차 있다는 이야기도 들립니다. 경제만 알고 있으면, 그다음의 일들은 모두 다 알 수 있을 것이다. 하지만 그다음의 일만을 아무리 한다고 하더라도 경제는 알 수 없을 것이라는 의미라고 생각합니다만, 그것은 마르크스주의로서는 상당히 원리적으로 변화해온 것이 아닌가 하는 느낌도 듭니다. 이 같은 느낌은 저 개인 만의 것은 아닌 듯하며, 실은 얼마 전에도 〈독서신문讀書新聞〉에서 읽었습니다만, 어느 대학의 철학 선생이 자신은 마르크스주의자이기는 하지만, 하고 밝히면서 바야흐로 마르크스주의에는 문화통합 원리로 서의 의식이 완전히 상실되어버린 듯하다, 그리고 그것을 말하면 반동反動이라 비판당하는 것은 심히 유감스럽다라는 의미의 말을 하고 있더군요. 저는 그것을 읽고 비슷한 것을 느끼고 있는 사람은 나 이외에도 있네 하는 생각을 했었습니다. 아이고, 제가 조금 옆길로 새어버렸네요. 마르크스에 대해서는 따로 이야기할 생각은 없었기 때문에, 얼른 베버로 다시 돌아가기로 하겠습니다.

3

베버가 문화의 여러 영역 각각에서의 고유한 법칙성이랄까요, 각각 움직임의 자율성을 강조하는 것은 지금까지 설명해온 그대로입니다만, 그러면 그의 경우, 그 같은 다양한 문화 제 영역의 움직임을 총괄하는 문화통합 원리라 할 수 있는 것을 생각하지 않았는가 하면, 전혀 그렇지는 않습니다. 확실하게 생각하고 있었습니다. 다만 세계 생기生起의 총체總體라고 할까요, 세계 사상事象의 총체를 마치 신神처럼 통찰한다는 식의, 그런 통합 같은

것은 물론 생각하지 않았습니다. 그렇지만 다양한 문화
제 영역의 움직임을 서로 이어주는, 어떤 문화영역의 고
유한 법칙을 다른 문화영역의 그것과 관련지어가는, 그
런 의미에서의 문화통합 원리라면, 오히려 크게 생각하
고 있었습니다. 좀 전에 사회자께서 말씀하시면서 그런
사안에 대해서 언급하신 것을 듣고서, 깊은 감명을 받았
습니다만, 아무튼 그것은 바야흐로 점점 더 중요한 문제
가 되는 것처럼 생각됩니다. 자연과학 경우에는 그런 사
안이 이미 상식이 되어있다고 할 수 있을는지 모르겠습
니다. 사회과학 경우도, 이미 그 중요성의 인식은 시작되
었습니다. 그런 것을 생각하지 않을 수 없는 상태가 되어
가고 있다고 할 수도 있겠지요. 그것은 그렇다 치더라도,
베버에서 문화통합 원리라 할 수 있는 것은, 제가 보는
바에서는, 이른바 종교사회학과 방법론을 양극으로 하
여, 그 긴장 위에 성립해있는 그의 사회학 기초이론에서
다루어지고 있는 것처럼 생각됩니다. 그런 것을 전제로
해두고서, 베버 사회학에서의 사상과 경제의 관련이라는
것에 대해서 이야기를 해나가기로 하겠습니다.

　이미 앞에서도 말씀드린 것처럼, 여기서는 사상이라는
용어를 사용합니다만, 그것은 베버의 경우 종교Religion

에 해당하는 말입니다. 그러므로 이제부터는 종교라 하기도 하고 사상이라 하기도 하지 않을까 생각합니다만, 너무 신경 쓰지 마시고 그냥 들어주십시오. 오히려 문제가 되는 것은, 그 경우, 어떻게 해서 특히 종교와 경제를 내걸게 되었는가 하는 것이지요. 베버의 경우, 앞에서도 말씀드린 것처럼 각각이 고유한 운동을 자율성을 갖는 문화 제 영역의 각각에 대해서 전문적인 과학이 성립하는 것이지요. 그 같은 다양한 분야 중에서, 어째서 종교와 경제만을 굳이 끄집어냈는가 하는 것입니다. 그것은 물론, 베버가 이들 문화영역 두 개 특히 기초적인 중요성을 부여하고 있는 것처럼 생각하기 때문이지만, 그렇다 하더라도 문제가 되는 것은 어째서 정치를 그것에 덧붙이지 않았는가 하는 것이지요. 정치는 자신이 젊은 시절부터의 애인愛人이었다고 그는 말한 듯합니다만, 정치도 물론 아주 중요한 지위를 부여받고 있습니다. 그 중요성의 의미가 종교 혹은 사상과도, 경제와도 근본적으로 다른 것처럼 생각되기 때문입니다만, 그것에 대해서는 뒤에서 말씀드리겠습니다. 그것은 그렇다 치더라도 베버 경우 종교와 경제, 이들 두 개를 대극對極으로 하는 긴장관계 속에서, 역사적 현실의 움직임을 밀고 나가는 근본적인 다이내믹스dynamics를 찾아내려고 하는 것입니다. 이들 두 개의 대극 안에서, 종교 혹은 사상 쪽을 무시하고 경제만을 취해서 본다고 한다면, 베버가 생각하기에는 그 자신도 때로 말하고 있는 것처럼, 마르크스에 아주 가까워지고 마는 것이지요. 앞에서도 말한 R. H. 토니가, 우리는 마르크스주의자Marxian는 아니더라도 이미 포스트마르크스주의자post-Marxian이지 않을 수 없다고 한 말은 유명합니다만, 마르크스 학설이 이미 나타난 이후에는 경제적 이해利害상황이라는 것이 사회적 현실과 역사의 움직임을 그 기초에서 크게 제약하고 있다는 것은, 이미 그 누구도 인정하지 않을 수 없게 되었다라는 것이지요. 마르크스 이전에도 그런 것을 말한 사람은 얼마간 있었겠지만, 그가 그것을 학문적으로 근사하게 정식화했다. 그것은 아무리 해도 인정하지 않으면 안 된다. 베버도 결코 그것을 부정은 하지 않는다. 다만 그의 경우에는, 그 한 면만을 추상적으로 고정해버리면 곤란하다는 것입니다. 마르크스 자신이 어떻게 생각하고 있었는지는 일단은 별도로 하더라도, 그 이후 마르크스주의자들에 대해서는 경제적인 것 하나만으로 모든 역사적 현실을 다 설명해버리려고 하는 경우가 종종 보이는 것은 의심할 수가 없지요. 베버는 무엇보다 그런 방식에 분명하게 반대하는 것입니다.

그런데 마르크스의 근본적 적대자로서의 베버라는 식으로 말하는 것을 흔히 들을 수 있다고 생각합니다만, 그럴 경우 정치적 슬로건slogan으로는 별개의 것이지만, 학문적으로 그것은 어떤 의미로 말해지는 것일까요. 베버의 저작을 읽어보지도 않고서, 무언가 남의 말을 마치 자기 것인양 떠들어대는 경우는 문제가 되지도 않는 것이고요, 아마도 일반적으로는 아마도 이런 말이겠지요. 베버는 정신이라든가 에토스라든가 하는 것만으로 역사나 사회의 움직임을 모두 다 설명하려고 한다라는 것이지요. 하지만 베버는 그렇게 바보스러운 짓은 절대로 하지 않습니다. 역사 과정의 움직임이 정치적, 경제적인 것에 의해서 근저적으로 제약당하고 있다는 것은 인정합니다. 하지만 오로지 그것만으로 끝나지 않습니다. 적어도 다른 하나의 중요한 한 면이 있다라고 합니다. 이른바 마르크스가 말하는 것은 인정하지만, 그것을 상대화시키려고 합니다. 어떤 식으로 하려는 걸까요. 경제적인 이해利害 상황은 하나의 극極이며, 그것에 대한 또 하나의 극이 종교 혹은 사상, 그리고 그들 양극 사이의 긴장 관계가 역사 과정을 움직여가는 다이내믹스(동력)라고 말합니다. 그 점을 조금 더 설명하기로 하겠습니다.

경제적인 이해상황, 다시 말해서 우리가 매일 하는 경제생활에서 생겨나는 다양한 사안에 대해서, 베버는 그것이 일상적인 것이라는 점, 그 일상성Alltäglichkeit을 지적합니다. 그러므로 많은 경우 무의식적으로 계속되어갈 뿐만 아니라 현실에 밀착해서, 거의 현실 속에 매몰埋沒되어있습니다. 따라서 오로지 그것 자체 안에서는 긴장 관계는 생겨나지 않는다는 것입니다. 아니 베버도 경제적인 계급이해라는 것은 물론 분명하게 생각하고 있습니다. 그는 '계급상황Klassenlage'이라는 표현을 사용합니다만, 그 의미 내용은 마르크스의 계급이해 경우와 거의 같으며, 다만 그의 경우에는 그것과 더불어 또 하나의 '신분상황ständische Lage'이라는 것을 생각합니다만, 그것에 대해서는 다시 뒤에서 설명하기로 하겠습니다. 아무튼 경제적인 이해상황이라는 것은, 누구나 모두 매일매일 속에서 무의식적으로 계속하는 생활, 그런 식의, 놓아두게 되면 타성惰性으로 흘러가버리는 그런 인간의 영위입니다. 그러므로 그것 자체로서는 이른바 전통주의傳統主義의 지반地盤이 되기 쉽습니다. 조금 벗어나기는 합니다만, 그 '전통주의Traditionalismus'라는 것은 단순히 '전통Tradition'을 중요하게 여긴다는 것과는 전혀 별개의 것이기 때문에, 부디 그 점은 오해하지 말아주십시오. 전통주의라는 것은, 무릇 과거에 있었던 사안을 하나의 절대적인 가치 기준으로 삼아, 끊임없이 그것을 따라 행동하려고 하는 것, 그 같은 인간 행동양식입니다. 언제나 얼굴이 과거를 향하고 있어서, 그리고 과거의 사안을 스테레오화stereotypieren하고, 그것을 자신의 행동 기준으로 삼으려는 것입니다. 좋은 전통은 중시하려고 한다는 것이 아닙니다. 전통 그 자체의 좋고 나쁨을 비판해서, 좋은 전통은 중요하게 여기지만 나쁜 전통은 멈춰야 하는 게 아닌가, 하는 것은, 오히려 '합리주의Rationalismus'이며, 무릇 전통을 그저 예로부터 있었다는 이유만으로 전부 긍정하고, 그것을 인간 행동의 가치 기준으로 삼으려고 하는 것이 전통주의입니다. 2차대전 이후에 그 같은 전통주의가 비판을 받게 되었고, 그 때문에 지금까지 전통주의를 떠받쳐온 것과 같은, 그런 전통에는 격렬한 공격이 가해졌습니다. 물론 지나친 부분도 있었지요. 그러나 그것이 어느 틈인가, 2차대전 이후에는 무릇 전통적인 것이라 하면 모두 공격하는 풍조가 있지만, 그것은 이상하지 않다는 식의 트집을 잡고, 거꾸로 다시금 전통주의를 부흥시키려고 하는 사람들이 있는 것처럼 생각되는 것은 대단히 유감遺憾이라 생각합니다. 어떤 전통이라도 전부 부정해버려, 라는 식으로 말하는 것은, 오히려 뒤집어놓은 전통주의이며, 그런 것은 적어도 우리는 말하지 않았던 것입니다. 가족주의에 대한 비판에 대해서도 같은 말을 할 수 있겠지요. 아무튼 경제라는 것은, 그런 식으로 일상성 속에 빠져서 전통주의로 흘러가는 그런 경향을 지니는 것이지요.

그런데 그것과는 반대로 지극히 비일상적인 성격을 띠고 있는 것이 종교입니다. 이 경우에도 사상이라 바꾸어 말해도 좋겠습니다만, 아무튼 일상적인 생활이란 관점에서 말하면, 비합리적인 것이, 아니 때로는 바보 같은 것으로 보이기도 합니다. 예를 들면 교조教祖라든가 또는 열광적인 사상가 같은 사람의 경우에는, 베버는 그것을 경제에 소원(疎遠, wirtschaftfremd)하다고 부릅니다만, 종종 경제나 생활 같은 것에는 완전히 무관심할 뿐만 아니라 그런 무관심을 도리에 힘주어 추천, 장려하는 일이 있지요. 기독교의 경우라면, 복음서福音書에서 하늘을 나는 새를 보라, 들판을 백합을 생각하라라든가 무엇을 먹고,

무엇을 마시고 괴로워하지 말라는 식의 예수의 말을 들을 수 있습니다. 아무튼 종교는 무릇 현세를 떠나는 일을 한 것 같은, 엄청나게 높은 가치 기준을 일상생활을 향해서 던져줍니다. 그래서 자칫하면 전통주의에 매몰되려고 하는 경제적인 이해상황에 대해서, 놀라울 정도의 긴장 관계를 낳게 되는 것이지요. 종교나 사상에서의 비합리적인 것은 그런 의미를 지니고 있습니다. 조금 더 다른 측면에서 설명해보자면, 오로지 일상적인 경제생활 속에서는, 설령 합리화가 행해지는 경우에도, 이미 상식화된 전통적인 목적에 대한 수단이라는 레벨lebel에서 행해지는, 넓은 의미에서의 기술적技術的인 합리화 영역을 벗어나지 않는 데 반해서, 종교는 일상적인 생활이 지금까지 알지 못했던 높은 가치 기준을 들이대고, 그 가치 기준에 따라서 실질적인 깊은 레벨에서의 합리화를 요구합니다. 그리하여 두 방향의 합리화 사이에 긴장이 일어날 뿐만 아니라, 종교 자체는 경제의 일상성에서 보자면 비합리적인 것으로 나타나게 되는 것이지요. 종교가宗敎家보다는 조금 더 넓게 사상가思想家라는 것을 생각해보더라도, 현실에 대해서 폭탄을 던지는 것과 같은 격렬한, 그리고 근본적인 비판을 가하는 그런 사상가, 그런 사람들의 내면 깊은 곳에는, 지금 말한 것 같은 의미에서의 비합리적인 것이 포함되어있습니다. 포함되어있기에, 그는 현실에 대해서 비판을 가하고, 또 새로운 좀 더 높은 도道를 보여줄 수 있게 됩니다. 그 같은 긴장 관계 속에서 일상적인 생활의 현실이 크게 방향을 바꾸어갑니다. 바로 이런 식이지요.

<h2 style="text-align:center">4</h2>

종교와 경제라는 문화영역 두 개의 움직임 사이에 그처럼 격렬한 긴장 관계가 만들어지게 됩니다. 여기서 베버는 역사 과정의 근본적인 다이내믹스를 찾아내려고 하는 것이지요. 그것을 어떤 사회학자, 미국의 한스 거스 Hans Heinrich Gerth 교수입니다만, 그는 '이념Idee과 이해상황Interessenlage의 사회학'이라는 식으로 표현하고 있습니다. 한편에서는 특히 종교 안에서 만들어지는 이념, 혹은 세계관이라 해도 좋겠습니다만, 하여간 그것과 경제에 제일 깊은 바닥을 지니는 현실 세계의 이해상황, 이들 둘의 긴장 관계로서 사회사상社會事象의 근본적인 움직임을 파악해가려고 하는 사회학이라는 것이지요. 그

에 대해서는 조금 더 추가적인 설명이 필요하다고 저는 생각합니다만, 아무튼 근사한 지적이라 할 수 있겠습니다. 한편에서는 사상이 낳게 되는 새로운, 높은 이념, 다른 한편에서는 경제생활 속에 뿌리를 내리고서 일상적으로 움직여가는 현실의 이해상황, 이 같은 둘의 대극對極 사이의 긴장 관계가 현실의 역사 과정에 이른바 투영投影해서, 그것을 안에서부터 움직여가게 됩니다. 베버는 앞에서 말씀드린 『종교사회학논집』에 수록된 「세계종교의 경제윤리」라는 방대한 논문, 『종교사회학논집』 전 3책의 대부분을 차지할 정도의 것입니다만, 그 첫 부분에 있는 「서론Einleitung」에서 그런 사안에 대해서 말하고 있습니다. 그중에서 다음과 같은 재미있는 것을 말하고 있습니다. 역사의 움직임 안에서, 인간 제 개인을 밀어 움직여가는 것은 이해상황이다. 그 경우 이해상황이라 말해지는 것 안에는 경제적 이해 외에 정치적 이해도 포함되어 있으며, 또 그들 제 개인의 내면적인 이해상황, 예를 들면 마음의 가난함과 같은 것도 포함되어있지만, 그 깊은 바닥에는 경제적 이해가 있다. 그 같은 이해상황이 역사 안에서 제 개인을 밀고 나가게 된다라는 것입니다. 인간 제 개인은 그 같은 자신의 이해상황을 무시하고 움직일 수 있는 존재는 아니며, 살아갈 수 있는 존재도 아니다. 인간이라는 것은, 뭐랄까 그런 존재이지요. 이 점 오해가 있으면 곤란하므로 조금 언급해두자면, 그것은 반드시 인간은 모두 나쁜 의미에서의 이기주의자利己主義者일 뿐이라는 것은 아닙니다. 하지만 그런 것은 뒤에서 다시 말씀드리기로 하겠습니다. 그런데 베버는 그 같은 이해상황이라는 것이 역사 과정 속에서 제 개인을 움직여가지만, 역사의 전환점이라 할 수 있는 지점에서는, 역시 이념이 결정적인 작용을 하게 된다라고 합니다. 다시 말해서 새로운 좀 더 높은 이념이 출현해서, 역사 안에서 그것을 밀어 움직여가는 이해상황에 완전히 새로운 길을 제시해주게 됩니다. 즉 역사가 나아가는 방향을 힘껏 굽히게 됩니다. 그 후에는 이해상황이, 이번에는 그 새로운 노선 위에서 역사를 밀어 나아가게 됩니다. 그렇다는 것이지요.

조금 더 설명해보면, 이렇게 되지 않을까 싶습니다. 어떤 결정적인 시기에 종교가宗敎家, 혹은 베버식으로 표현하다면 '예언자Prophet'입니다만, 그런 사람들이 완전히 새로운, 높은 가치 이념을 제시합니다. 그것에 의해서 위기적인 상황에 달해있는 경제생활이나 정치에서의 이해상황의 현실적인 의미가 확 바뀌고, 역사 그 자체가 다시 태어나게 됩니다. 눈뜨게 된 여러 개인에게는 지금까지 이득得이라 생각하고 있던 것이 손해損라 생각하게 됩니다. 기독교식으로 말하면 회심回心입니다만, 마르크스식으로 말하면 '즉자적인 계급Klasse an sich'이 '대자적인 계급Klasse für sich'으로 된다는 것이지요. 마르크스는 물론 경제적 이해상황에 결정적인 무게를 둡니다만, 그 경우에도 그런 것을 결코 부정하지는 않았다고 생각합니다. 예를 들면 마르크스가 나타나고, 그에 의해서 완전히 새로운 사상체계가 부여되자 민중의 행동양식이 크게 바뀌었습니다. 지금까지 손해라 생각했던 것이 이득이 되고, 이득이라 생각했던 것이 손해가 되었기 때문입니다. 그래서 제 개인이 그 같은 새로운 이해 관심에 따라 움직여지고, 역사가 움직여가는 방향도 확 바뀌게 된다는 것입니다. 그것은 뭐랄까요 어떤 의미에서는 당연한 것이므로, 저로서는 누구나 다 인정하지 않으면 안 되는 것이 아닐까 하는 생각마저 듭니다. 만약 그것을 마르크스 입장에서 부인하려는 사람이 있다면, 저는 오히려 이런 것을 물어보고 싶다는 그런 기분이 듭니다. 예를 들면 중국의 현실 이해상황이라는 것은, 마르크스주의가 전해지고, 그 흐름 속에서 마오쩌둥毛澤東 사상이 나타나게 됨으로써, 곧바로 바뀌어버린 것은 아닙니다. 마찬가지로 일상적으로 계속되고 있었습니다. 민중에게 우선 크게 변했던 것은 그 의미意味입니다. 민중의 행동양식이 크게 변했으며, 역사의 코스course가 변했습니다. 그러므로 그 경우에도 마오쩌둥 사상이라는 이념이 출현했는가 아닌가는 역사 흐름의 방향을 짓는 데서 결정적인 의미를 지녔다고 할 수 있지 않겠습니까.

베버는 그런 식으로 이념과 이해상황, 다시 말해서 새로운 이념을 낳아가는 그런 종교 혹은 사상, 현실적인 이해상황의 깊은 밑바닥을 제약하는 경제, 이들 둘 사이의 긴장 관계가 역사의 근본적인 다이내믹스dynamics가 된다고 합니다. 그런데 앞에서도 말씀드린 것처럼, 그 외에도 각각 고유한 법칙성을 지니고, 자율적으로 움직이는 몇 개의 중요한 문화 제 영역이 있지요. 특히 정치, 법, 학문 등은 역사 과정에서 어떻게 작용하는가, 어디에 위치 짓게 되는가, 이것은 베버 연구에서도 상당히 어려운 문제이며, 그 언저리에서 조금 저의 해석이 지나치게 많이 들어갈지도 모르겠습니다만, 그 점은 여러분께서 검토해주셨으면 합니다. 아무튼 저는 이런 식으로 생각해야 하지 않을까 합니다. 이념과 이해상황이라는 두 개의 극이라 말하더라도, 현실에서는 이념이 거기에 이념그 자체로 존재하며, 이해상황이 단순히 이해상황 그 자체로서 존재한다는, 그런 것은 물론 아닙니다. 결코 그런 것은 아닙니다. 이념은 이해상황에 들어가고, 이해상황 속에서 그것과 연결되어 존재하고 있는 것이며, 이해상황도 현실에는 언제나 어떤 이념을 짊어지고 존재하는 것입니다. 현실에서는 이념과 이해상황, 이들 둘은 한 덩어리一體가 되어있습니다. 하나이면서, 게다가 서로 긴장 관계에 있는 둘이지요. 베버에게는 변증법辨證法이 없다고들 합니다만, 제게는 아무래도 이해하기 어려운 것은 그런 점입니다. 하지만 그것은 아무튼 양자가 현실에 그런 관계에 있다고 한다면, 대체 어떻게 되는 것일까요. 깊은 밑바닥에 있는 이념과 이해상황의 긴장 관계는 현실의 이해상황 속에 그림자를 드리우게 되지 않을 수 없습니다. 그렇게 되면 이해상황 그 자체 속에, 그의 표현에 의하면 내적-심리적인 —저는 인간적으로 바꾸어 말하면 잘 알 수 있지 않을까 생각합니다만, 그 같은— 인간 제 개인의 내면과 관련된 이해상황과, 인간 제 개인을 둘러싼 외적-사회적인 이해상황, 이들 둘의 긴장 관계가 되어 나타나게 되는 것입니다. 내적인 이해상황은 이른바 에토스를 포함하고 있으며, 또 외적인 이해상황 속에서 가장 중요한 것은 정치-경제적인 이해상황이지요. 그런데 그 같은 정치-경제적인 이해상황 속에 내적-심리적인 이해상황과 외적-사회적인 이해상황의 긴장 관계가 그림자를 드리우면, 이번에는 '신분상황ständische Lage'과 '계급상황Klassenlage'의 긴장 관계로서 나타나게 된다, 등등입니다.

그런데 그 경우 계급상황에 대해서는, 마르크스에 아주 가깝다고 한 것을 좀 전에 말했습니다만, 신분상황에 대해서는 그것이 대체 어떤 것인지 조금 설명해두지 않으면 안 됩니다. 그것에는 다양한 것이 포함되어있습니다만, 그중에서도 이른바 명예감名譽感이 제일 중요한 것이라 해도 좋겠지요. 그것은 대체로 명예감을 박탈당하는 것이 제 개인 내면에서 어느 정도 쓰라린 것인지, 그것을 떠올려보면 잘 알 수 있으리라 생각합니다. 혹은 마음 가난함의 문제라 해도 좋겠지요. 명예감을 박탈당하는 것에 의해서 생겨나는 정신적 빈곤貧困이라는 것이, 얼마나 괴로운 것인지, 그것은 거의 경제적인 빈곤함에 필적匹敵할 정도, 혹은 종종 그 이상입니다만, 그것은 이런 점에서도 알 수 있을 것입니다. 예를 들면 인간을 움직이려고 할 경우, 의식적인가 무의식적인가는 별도로 하더라도, 아무래도 무언가 기술이 필요하게 되겠지요. 이런 일이 있습니다. 신흥종교 등에서 사장과 종업원이나 노동자들 모두가 하나의 집단이며 집회를 만들고, 그 중에서는 세속의 가치서열과는 완전히 별개로, 예를 들면 전도傳導를 많이 했거나 뉘우치게 한(折伏, 샤쿠부쿠. 나쁜 사람이나 나쁜 악법을 위력·설법·기도로 꺾어 종교의 교리[예컨대 불법佛法]를 따르게 하는 것-역주) 사람이 경우에 따라서는 사장보다도 높은 지위에 나아간다거나 하는 것이지요. 극단적인 경우 전과前科 몇 범이라도 선생이 되어 사람들의 존경을 받는다는, 다시 말해서 가치의 전도轉倒가 일어납니다. 그렇게 되면 지금까지 명예감을 박탈당하고 있던 마음이 가난했던 사람이 얼마나 분발해서 그토록 생기있게 되는가. 그것을 알지 못하고서는 경영도 정치운동도 도저히 잘해나갈 수가 없습니다. 인간이라는 존재는 의외로 작은 눈앞의 경제적 이익으로는 결코 움직이는 존재가 아닙니다. "사람은 빵만으로 살아가는 존재는 아니"며, 오히려 마음의 가난함이라 할까요, 정신적 빈곤이라 할까요, 그런 내면적인 이해상황에서의 구제救濟가 도리어 사람들을 강하게 움직이는 경우가 많습니다. 그런 것을 신분상황과 관련해서 베버는 끊임없이 강조하고 있습니다.

그건 그렇다손 치더라도, 아무튼 이념과 이해상황의 긴장이 이해상황 속에 그림자를 드리우면, 내적-심리적인 이해상황과 외적-사회적인 이해상황의 긴장 관계로서 나타나기 때문에, 베버의 경우, 현실 역사 세계의 다이내믹스로서는, 이념과 내적인 이해상황과 외적인 이해상황, 이들 기둥 세 개가 세워져 있는 것으로 됩니다. 저는 그것을 대단히 흥미롭다고 생각합니다. 물론 이들 셋 사이의 긴장 관계는 다시금 낮은 레벨로 잇달아 반입搬入되어가며, 현실은 그 같은 복잡한 것으로 파악하지 않으면 안 되는 것으로 되지만, 기본적으로는 이념과 내적-심리적인 이해상황과 외적-사회적인 이해상황, 이들 셋이 베버 사회학 기둥 세 개가 아닐까 하고, 은근히 저는 그렇게 느끼고 있습니다. 이런 이야기를 어떤 자연과학자에게 해주었더니, 그것은 정보情報와 소재素材 그리고 에너지일 것이라 말했습니다만, 저로서는 잘 모르겠습니다만, 어쨌든 대단히 흥미롭다고 생각했습니다. 아무튼 베버에 의하면, 그런 식으로 해서 현실의 역사 세계는 이념에 의해서 매개媒介되면서, 내적인 이해상황과 외적인 이해상황의 긴장 관계에 따라 움직여가지만, 더 구체적으로는 내적인 이해상황과 외적인 이해상황의 긴장 관계가 외적인 이해상황 속에 투영되어 신분상황과 계급상황의 긴장 관계로서 나타납니다. 신분과 계급, 이들 양자의 긴장 관계를 내포하는 그 같은 현실의 생활이야말로 정치학이나 경제학 등의 연구대상이 되는 것이라 생각합니다.

그런데 지금까지, 대체로 제가 말하려는 부분에 확실하게 초점이 좁혀져 왔습니다. 베버 사회학에서는 역사적·사회적인 현실을 연구대상으로 삼으려고 할 경우, 거기에는 이념과 내적-심리적인 이해상황과 외적-사회적인 이해상황, 이들 기둥 세 개가 세워져 있는 것으로 생각됩니다. 혹은 그 같은 '준거틀frame of reference'이 조립되어있다고 해도 좋겠지요. 저는 그것을 잠정적으로 「베버 사회학에서의 사상과 경제」라 불러보았습니다. 사상이라는 것을 연구할 경우, 사상을 그저 그 자체로서 파악하고, 그것을 어떤 이념이나 가치 관점에서 연역演繹해서 도출해내는 것, 단순히 그것만으로는 '교의(教義, Lehre)'는 생겨날는지도 모르겠습니다만, '사회학Soziologie'이 되지는 않습니다. 사회과학적으로 파악해가기 위해서는 아무래도 사상상황思想狀況이라는 것을 내적-심리적인 이해상황에, 혹은 에토스에, 라고 말해도 좋습니다만, 나아가 그것을 통해서 외적-사회적인 이해상황에까지 관련해보지 않으면 안 됩니다. 또 거꾸로 현실의 정치적·경제적인 이해상황도 내적-심리적인 이해상황(에토스), 다시 거슬러 올라가 이념과 관련해서 파악해가지 않으면 충분히 현실적일 수는 없다는 것으로 됩니다.

제가 점점 더 급해지고 있습니다만, 끝으로 한마디만 덧붙여두고 싶은 것이 있습니다. 이런 것입니다. 내적-심리적인 이해상황과 깊이 연결되는 신분상황이라는 것에는, 물론 명예감과 얽혀있는 다양한 문제가 포함되어 있습니다. 그중에서도 아주 중요한 하나의 문제는 민족이라 생각합니다. 원어原語로 말하면, 베버 경우 역사학파의 유출流出 논리論理가 얽혀있는 'Volk'라는 단어는 사용하지 않습니다. 'ethnische Gruppe'입니다. 일반적으로 사회학에서 사용되는 'ethnic groups'라는 것이, 그것과 같은 것인지 아닌지, 저로서는 조금 알기 어렵습니다만, 우리가 말하는 민족에 해당하는 것은 바로 'ethnische Gruppe'이겠지요. 베버에 의하면, 이 'ethnische Gruppe'가 정치에 연결되어가면 '국민Nation'이 되는 것입니다만, 인간 제 개인의 내적-심리적인 이해상황이 생겨나서, 자라나고, 때에 따라서는 시달리게 되는 모체母體라고 할까요, 기반基盤이라고 할까요, 그런 것으로서 그 민족-국민 문제가 내적-심리적인 이해상황이 한계에 달한 아주 빠듯한 곳에 있습니다. 또 하나의 외적-사회적인 이해상황 경우에도, 물론 정치에 연결되어갑니다만, 그 경우에는 한계에 달한 아주 빠듯한 곳에 경제적, 특히 계급적 이해의 문제가 나타나게 됩니다. 그런데 그런 의미에서의 민족이라는 문제, 그것은 현대에서 특히 사상이라는 것을 생각하는 경우, 아무래도 무시할 수 없는 것처럼 생각됩니다. 아주 간단하게, 내셔널리즘Nationalism은 이미 지나갔다, 지금은 인터내셔널리즘Internationalism을 향하는 시대다, 라는 식으로 말하는 것을 이따금 듣습니다만, 그것은 단순한 레토릭rhetoric이 아니면, 역시 너무 깊이가 없는 시각이 아닐까 생각합니다. 사회과학에서 보더라도, 제게는 아무래도 그렇게 생각되지는 않으며, 얼핏 경제만으로 일과 사물을 생각하고 있는 정치가들조차도, 현실적이려고 하는 한에서는 반드시 민족을 문제 삼게 되는 일이 적지는 않지요. 물론 변해서 옮아가는 것을 보면, 민족이나 국민 같은 것은 장래에 없어져 버릴지

도 모르겠습니다, 또 없어지는 쪽이 좋다고 말할 수 있을
지도 모르겠습니다. 그 점은 저로서는 잘 알지 못합니다.
하지만 아무튼 현재에 있어서는 민족이라는 것을 무시하
고서 현실을 충분하게 정확히 파악할 수는 없지 않을까
생각합니다. 그 외에도 말씀드리고 싶은 것이 얼마간 더
있습니다만, 시간이 다 되었기 때문에 여기서 마무리하
고자 합니다.

  * 이 글은 1965년 가을 대학 세미나 하우스大學セミナ-.ハ
ゥス에서 행한 강연 내용을 가필해서 『대학 세미나 시리
즈』1(みすず書房)에 공간公刊된 것입니다.

후기

이 책은 네 개의 논고論考로 구성되어있는데, 이들은 모두 각각의 끝머리에 기록되어있는 것처럼, 어떤 기회에 했던 강연 속기록에 가필해서, 어떤 형태로 발표한 것이다. 다시 수록할 때 흔쾌히 승낙해준 관계자 여러분께 두터운 감사의 말씀을 드리고 싶다.

책 전체 표제表題로는, 첫 번째 논고의 그것과 마찬가지로 '사회과학의 방법'(원서의 제목-역주)이라는 것을 골랐는데, 그에 대해서는 여기서 약간의 주석注釋을 덧붙여두고자 한다. 무엇보다도 먼저, 방법方法이라는 말을 너무 딱딱하게 좁게 이해하는 것이 아닌, 방법 그 주변에 있는 여러 문제라는 정도로 막연하게 생각해주었으면 좋겠다라는 것이다. 실제로 이 책의 내용은, 어느 논고에 대해서도, 사회과학 연구의 전제가 되었다고 할 수 있거나, 혹은 그 기초에 있다고 할 수 있는, 그런 근본적인 다양한 사안들ことがら에 대해서 어느 정도 폭넓게, 게다가 상당히 무작위로 말해본 것에 지나지 않는다. 게다가, 애초

에 기회 있을 때마다 했던 강연을 토대로 하고 있으므로, 논고에 따라서, 조명하고 있는 문제의 측면이나 사상事象의 국면도 지극히 제각각이다. 그래서 중요한 논점에서도, 빠트려버린 것들도 많이 있다. 그런데도 이 책에서 다루고 있는 것들은, 그 어느 것을 보더라도 저자가 근래에 한 사람의 사회과학자로서, 어떤 기회에 어떤 형태로, 어떻게 해서든 말해두고 싶다고 생각하고 있던 것일 따름이다. 그렇다고는 하지만 논쟁 같은 것을 조금이나마 의도하고 있는 것은 아니며, 오히려 어떤 형태로든 은밀한 문제 제기라도 될 수 있었으면 하고 바랄 뿐이다. 특히 이 책은 젊은이들에게 말을 건네는 듯한 어투로 쓰여 있으므로, 그런 분들의 의견이나 비판을 들을 수 있다면 정말 고맙게 생각할 것 같다.

끝으로 이 책을 만드는 과정에서 원고의 작성과 교정校正 기타 등으로 아주 성가시게 했던 분들, 경제학자 구스이 도시로楠井敏朗, 하야시 미치요시林道義 두 분, 특히 이와나미쇼텐岩波書店 편집부 오노 긴이치大野欣一, 다무라 요시야田村義也, 기타 여러분께 마음에서 우러나오는 감사의 뜻을 표하고자 한다.

1966년 한여름盛夏

아사마야마淺間山 기슭麓에서

오쓰카 히사오

옮긴이의 말

이 책(『사회과학 방법론-베버와 마르크스』)은 오쓰카 히사오가 쓴 이와나미신쇼 『社會科學の方法 : ヴェーバーとマルクス』(靑版 B 62)을 우리말로 옮긴 것입니다. 일본에서 1966년 9월 출간된 이후 2021년 1월 현재 70쇄를 찍었으니, 지금까지 꾸준히 읽히고 있는 그런 책입니다. 같은 이와나미신쇼로 간행된 『사회과학에서의 인간社會科學における人間』(1977)과 함께 '사회과학' 분야의 기초 입문서 혹은 교양 필독 서적으로 자리 잡고 있다고 할 수 있겠습니다. 옮긴이가 보기에 '사회과학' 분야에 국한되지는 않으며, 사회과학이 어떤 성격을 가진 분야인지 궁금한 다른 분야의 사람들 역시 읽고 있다고 해도 지나친 말은 아닐 듯합니다.

지은이 오쓰카 히사오(大塚久雄, 1907~1996), 20세기 초엽에 태어나 20세기 끝자락에 세상을 뜬, 그야말로 20세기를 살다가 간 경제사학자입니다.[1] 전공 분야는 영국 경제사, 그중에서도 서양 국가들에서의 근대 자본주의, 근대 시민사회 연구로 널리 알려져 있습니다. 영국 경제사 분야가 그의 전공이라는 점, 특히 서양 국가들에서 발생한 근대 '자본주의', 근대 '시민사회' 연구로 널리 알려졌다는 점은, 아시아, 아프리카 비서구 국가들이 서구 사회와 접한 이후 관심을 집중시킬 수밖에 없는 분야와 주제라 하겠습니다. 지금이야 서구 중심주의Western-centrism 또는 유럽 중심주의(Eurocentrism, Eurocentricity), 오리엔탈리즘Orientalism에 대한 비판과 더불어 거의 벗어나게 되었다고 할 수 있겠지만, 19세기 말 이후 서구의 경험 특히 영국 경제사는 아주 오랫동안 모델케이스로 여겨졌기 때문입니다. 한 시대를 풍미했던 자본주의 맹아론이나 전형적인 시민사회론 등 역시 그와 무관하지 않다고 하겠습니다.

교토京都에서 태어난 그는 고등학교(旧制 第三高等學校) 시절 한쪽 다리를 다쳤으며, 그 후에 결국 그 다리를 절

---

1) 그의 평전評傳은 시리즈 『20세기의 역사가들20世紀の歷史家たち』 제1권(刀水書房, 1997)에 실리기도 했습니다.

단하게 됩니다. 도쿄제국대학東京帝國大學 경제학부를 다니는 동안, 서양 경제사를 전공한 혼이덴 요시오(本位田祥男, 1892~1978), 기독교 사상가로 유명한 우치무라 간조(內村鑑三, 1861~1930)의 가르침을 받았습니다. 그는 두 사람의 영향을 강하게 받으면서 대학 생활을 보냈던 것으로 여겨집니다. 대학 졸업 후 호세이대학法政大學 조교수(1935), 교수(1938), 이어 도쿄제국대학 경제학부 조교수(1939)를 거쳐 교수가 되었습니다(1947). 정년을 맞아 퇴임한 후에는 같은 대학의 명예교수(1968), 일본학술원日本學士院 회원(1969)을 지냈습니다. 일본 정부가 그에게 문화훈장文化勳章을 수여(1992)했다는 사실이 그의 학문 세계와 사회적인 영향력을 말해준다고 하겠습니다. 그가 세상을 떠났을 때 한 신문은 "경제사학의 권위, 오쓰카 히사오 씨 사거死去"라는 기사를 싣기도 했습니다(〈일본경제신문日本経済新聞〉, 1996년 7월 9일자) 일생 동안 그가 모으고 읽었던 책들은 후쿠시마대학福島大學 부속도서관에 '오쓰카 히사오 문고大塚久雄文庫'로 정리되어있습니다.

그의 저작은 일찍이 한국에도 소개되기도 했습니다. 그의 대표작 중 한 권으로 꼽히는 『共同体の基礎理論』

(岩波書店, 1955)이 1982년에 경제학자 이영훈 교수(전 서울대 교수)에 의해서 번역, 소개되기도 했습니다(『공동체의 기초이론』[돌베개, 1982]). 그 책 원본은 이와나미 현대문고(岩波現代文庫)본으로 간행되기도 했는데(『共同体の基礎理論』[岩波現代文庫, 2000]), 강상중姜尙中 교수(도쿄대학 명예교수)#가 해설을 집필하고 있습니다.[2]

   일생 동안 그가 쌓아 올린 학문적인 연구와 성과는 '연구업적 목록'을 일별해보면 금방 알 수 있습니다. 단독 저서, 편저編著, 공저共著, 번역서 등, 수많은 책을 내놓았으며, 그들을 한데 모아서 전체 13책에 달하는 『오쓰카 히사오 저작집大塚久雄著作集』(岩波書店, 1969; 신판, 1986)으로 간행하기도 했습니다. 이 책의 원본 『사회과학의 방법: 베버와 마르크스』는 저작집 제9권(『사회과학의 방법社會科學の方法』)에 수록되어있습니다.

   문득 저자 오쓰카 히사오에 대해서 너무 길게 말하는 것은 아닌가 하는 생각이 들기도 합니다. 굳이 그렇게 한

---

2) 참고로 덧붙인다면, 일본에서는 『오쓰카 히사오의 『공동체의 기초이론』을 다시 읽는다』라는 제목의 책도 나왔습니다. 小野塚知二·沼尻晃伸 編著, 『大塚久雄『共同体の基礎理論』を讀み直す』(日本経済評論社, 2007).

것은, 그런 화려한 이력을 가진 학자가 바로 이 책을 썼다는 점을 말하기 위해서라고 해도 좋을 것입니다. 작은 책이지만 그의 학문적 일생에서 중요한 의미를 지니고 있으며, 그 자신 역시 그렇게 생각했다는 것이지요. '사회과학의 방법'이라는 말을 그는 무척이나 좋아했던 것 같습니다. 이 책을 포함해 관련된 글들을 싣고 있는 저작집 제9권에 그는 '사회과학의 방법'이라는 제목을 붙였습니다. 동시에 이 책에 실려 있는 네 편의 글 중에서 첫 번째 글 역시 '사회과학의 방법'이라는 제목을 가지고 있습니다. 그러니까 '사회과학의 방법'은 이 책에 수록된 글 한 편의 제목이면서, 동시에 이와나미 신서 한 권, 즉 이 책의 제목이 되었고, 나아가서는 방대한 분량(전체 577쪽)의 저작집 9권의 타이틀이 되기도 한 것이지요.[3] 왜 그랬을까요.

제가 대학 시절 들은 수업에 의하면, 경제학은 사회과학 중에서도 가장 '과학'이라는 단어에 걸맞은 학문이라고 들었습니다. 또 경제학이 사회과학의 한 부문이라는 것은 그 누구도 부인하지 않을 것입니다. 그렇다 하더라

---

3) 저작집 9권은 네 부분으로 구성되어있습니다: Ⅰ 사회과학의 방법, Ⅱ 경제사의 방법, Ⅲ 경영사經營史와 경제사, Ⅳ 사상사와 경제사. (Ⅰ 사회과학의 방법에는 이 책[3~158쪽] 외에 논문, 인터뷰, 서평 등도 실려있음).

도 영국 경제사를 전공한 경제학자가 자신의 책에 범위가 더 넓은 '사회과학'이라는 용어를 쓰는 것은 아무래도 쉽지 않은 일이겠지요. 어떻게 할 것인가 하는 '방법'이라는 말과 이어지는 것은 더욱 그렇습니다. 하지만 그는 분명하게 그렇게 했습니다. 저로서는 아무래도 그 점이 중요하다고 생각합니다.

이 책에 실려있는 네 편의 글들은, 각각 글의 끝머리에 기록되어있는 것처럼, 지은이 자신이 어떤 기회에 했던 강연을 바탕으로 한 것입니다. 그 강연 속기록에 가필해서, 지면에 발표한 것이지요. 그는 첫 번째 글에 「베버와 마르크스」라는 부제를 붙였습니다. 그렇습니다! 막스 베버(Max Weber, 1864~1920)와 카를 마르크스(Karl Marx, 1818~1883)를 대비해가면서 다루고 있습니다. 그들은 경제학이나 사회학과 같은 한 분야에 국한할 수 없는 지적인 대가大家였습니다. 방대한 학문과 사상 그리고 세계관을 한 편의 글로 다룬다는 것은 거의 불가능한 일이지요.

하지만 오쓰카 히사오는 아주 다른 그들 두 사람의 학문, 사상의 영향을 깊이 받았으며, 그와 동시에 그들과 정말 열심히 씨름한 듯합니다. 그런 흔적을 이 책 여기저기에서 느낄 수 있습니다. 흔히 알려진 정형화된 비판을 넘어서 그들의 진지한 생각을 찾아내려고 했습니다. 때문에 그는 카를 마르크스의 유물사관론唯物史觀論과 막스 베버의 사회학社會學을 이용해서 자신의 학문 세계를 독자적으로 구축했다는 평가를 받고 있으며, 그 같은 학문적인 방법은 '오쓰카 역사학大塚史學'으로 불리고 있습니다. 그의 학문이 국제적으로 평가받는 것도 그런 연유에서 기인하다고 할 수 있겠습니다.

더욱이 세 번째와 네 번째 글은 막스 베버의 '유교와 퓨리터니즘'과 막스 베버 사회학에서의 '사상과 경제'에 대해서 말하고 있습니다. 막스 베버를 말하고 있지만, 그 밑바닥에는 이미 카를 마르크스가 전제되어있는 것이지요. 말하자면 첫 번째 글에서 다룬 베버와 마르크스 문제 틀 안에서의 논의라고 해도 좋겠습니다. [4] 특히 주목되는

---

4) 두 번째 글 「경제인經濟人 로빈슨 크루소」역시 베버, 마르크스의 문제의식과 무관하지 않다고 하겠습니다. 그들은 '인간'과 '개인'을 인식의 대상과 출발점으로 삼았기 때문입니다. 로빈슨 크루소에 대해서, 오쓰카는 합리적으로 행동하는 인간, 즉 '경제인'으로 바라봅니다. 나아가 다니엘 데포가 그 무렵 영국의 국부國富를 짊어지고 있으며, 그 장래까지 짊어지게 될 중산적 생산자층의 행동양식을 유토피아적으로 이상화시켜 그려냈다고 해석합니다.

것은 세 번째 글에서 유교와 퓨리터니즘 문제는 막스 베버의 저작 『프로테스탄트 윤리와 자본주의 정신』과 긴밀하게 연결되어있다는 것입니다. 자본주의 '정신'은 오쓰카가 많은 관심을 가졌던 주제였으며, 오쓰카 스스로 그 책을 일본어로 번역하기도 했습니다.[5] 그의 학문과 사상을 구성하는 핵심 요소로 카를 마르크스와 막스 베버 외에 '기독교'를 포함하는 것 역시 일리 있는 주장이라는 생각이 듭니다.

지은이 스스로 이 책에서 다루고 있는 것들은, 한 사람의 사회과학자로서, 어떤 기회에 어떤 형태로, 어떻게 해서든 말해두고 싶다고 생각하고 있던 것일 뿐이라고 합니다. 또한 '방법'이라는 것도, 결국은 세상을 바라보는 기본적인 입장 혹은 자세, 그러니까 일종의 눈 (또는 시각) 같은 것이겠지요. 매일 그런 눈으로 세상을 보고 살아가지만,

---

5) 일본에서 막스 베버의 *Die protestantische Ethik und der 'Geist' des Kapitalismus*는 가지야마 쓰토무가『プロテスタンティズムの倫理と資本主義の精神』(有斐閣, 1939)으로 번역, 간행되었습니다. 일본 최초의 번역이었습니다. 그 후에 梶山力・大塚久雄 共訳 형식의 같은 제목으로 이와나미분코岩波文庫에서 상, 하 두 권으로 간행되기도 했습니다(1955~1962). 그 책은 오랫동안 판을 거듭해서 읽혔습니다. 그런데 오쓰카는 만년에 그 책을 개역改譯해서 자신의 단독 번역으로 내놓았습니다(岩波書店, 1988; 岩波文庫, 1989[白209-3]; [ワイド版]岩波文庫, 1991). 오쓰카가 얼마나 깊은 관심을 가졌었는지 알 수 있습니다.

때로는 그 눈 (또는 시각) 자체에 대해서 살펴보는 것도 필요하지 않겠는가, 하는 것입니다. 카를 마르크스와 막스 베버라는 아주 다른 두 사상가를 일종의 지렛대처럼 사용함으로써 오히려 효율적인 논의를 할 수 있었던 것으로 볼 수도 있겠지요. 특히 고마운 것은, 강연을 위한 원고를 기반으로 삼았다는 것이지요. 그러니까 어떻게 보면 매우 풀어내기 어려운 것을 여러 사람을 대상으로 아주 쉽게, 마치 이야기해주듯이 풀어놓았다는 것입니다. 이 책이 갖는 미덕美德이 아닐까 합니다. 지은이 스스로 젊은이들을 염두에 두고 있으며, 그들의 의견이나 비판을 듣고 싶다는 바람을 솔직하게 털어놓기도 했습니다.

그렇다고 해서 오쓰카의 학문과 사상에 대한 반대와 비판이 없었던 것은 결코 아닙니다. 자기 생각이 분명한 만큼 비판도 거세었습니다. 마르크스 경제학과 베버 사회학을 기초로 한 그의 핵심 주제는 '근대'를 짊어져야 할 인간이었기 때문입니다. 그는 영국을 '근대와 민주주의'의 모델케이스로 생각했다는 것이지요. 일본에 대해서는 민주주의의 주역이라 해야 할 자유롭고 자립적인 '시민市民'이 아직 성숙되지 못했다는 생각을 품고 있었다는 것입니다. 말하자면 근대 지상주의자라는 비판이라 할 수 있겠습니다. 자신이 살았던 시대 자체를 벗어날 수 없다는 얘기도 되겠습니다. 근대 '국민국가'로서의 일본에 대해서도 한 사람의 성실한 국민이었다는 것이지요. 그런 만큼 그에게서 전지구적인 관심, 다양한 인종과 종교에 바탕을 둔 복합적인 문화, 그리고 포스트모던적 시각 같은 것을 기대할 수는 없겠습니다.[6]

돌이켜보면 제가 이 책을 처음 접하게 된 것은 대학원 시절, 그러니까 1980년대 초반이었습니다. 사회과학의 전성시대라 평가되기도 하고요. 이념理念이 살아있던 시대라 할 수도 있겠지요. 지금으로서는 상상하기 어려운 상황이었습니다. 그 당시 '경제사'는 모든 사회과학 분야

---

6) 대학 시절 오쓰카 히사오의 수업을 청강하기도 했던 곤도 가즈히코近藤和彦는 「民主日本と大塚史學」에서 이렇게 적고 있습니다. "오쓰카의 입장은 앵글로 아메리칸적인 자유시장 경제론 입장에 가까운 것처럼 보이지만, 그에게 내셔널national한 틀은 거의 절대적이었다(두 개의 J). 가톨릭이나 이슬람을 포함한 다양한 복합문화의 행방에 기대하는 그런 관점에 이르게 되면, 그런 맹아조차도 없다. 신앙 또는 신념의 순수주의에 근거해서, 근대를 이교도異教徒들이 날뛰는 전 지구로 범위를 넓히고자 했던 문명과 지식이, 각지에서 막다른 골목에 부딪히고 있는 오늘날, 오쓰카는 자신의 '소명召命'을 충분히 그 이상으로 다하고 퇴장한 것이다. 오쓰카의 죽음을 전하는 같은 날 신문에 토마스 쿤(Thomas Kuhn, 1922~1996)이 세상을 떴다는 것 역시 보도되었다. 지식知의 패러다임 전환이 한층 더 굳어진 것 같은 기분이 든다."(近藤和彦, 「民主日本と大塚史學」, 《週刊讀書人》, 1996년 8월 9일호). 두 개의 J란 Jesus와 Japan을 가리킨다. 그들 둘을 하나로 생각한 우치무라 간조內村鑑三의 입장이기도 하다. 토마스 쿤은 '패러다임paradigm' 개념을 창안한 과학사학자, 철학자이다.

의 기초처럼 여겨지고 있었습니다. 한 수업에서 당시 유행하던 카를 마르크스의 경제학 '방법'을 비판하면서 막스 베버의 사회학을 빌어 '사상'의 독자성을 주장하려는 입장에 대한 적극적인 옹호를 접하게 되었습니다. 사상사 수업이었던 만큼 그럴 수도 있겠구나, 하는 생각을 했습니다. 게다가 동양, 한국 사상사에 관심을 기울이게 되면서 '경제'(현실)가 중요하지만 '사상'(이상)도 마찬가지로 의미가 있구나 하는 느낌이 와닿았습니다. 그에 힘입어 그 시대 넘쳐흐르던 이념에 일정한 거리를 둘 수 있게 되었습니다. 그러다 그때 그 강의가 실은 이 책, 특히 첫 번째 글을 많이 참조했다는 것을 알 수 있었습니다.

이 같은 개인적인 인연이 있는 만큼, 이 책의 우리 말 번역은 제게는 일종의 추억여행 같은 것이었습니다. 텍스트는 여전히 그대로지만, 그간의 세월과 달라진 상황에 힘입어 '이념과 이해', '사상과 경제' 등에 대해서 다시 한번 생각해보는 기회가 되었습니다. 그때는 무심히 지나쳤지만 이번에 보면서 새롭게 와닿은 부분도 더러 있었습니다. 예컨대 세 번째 글의 주제라 할 수 있는 '유교와 퓨리터니즘'에 대해서는 다시 한번 음미할 수 있었습니다.[7] 네 번째 글 끝부분에 나오는 '민족民族'과 '국민國民'의 관계 같은 것은 한국 사회에 중요한 주제이지만, 제대로 이해되지 못하고 있다는 것이지요.[8] 우리는 '민족'에 대해서 너무 많은 의미를 부여하고 있지 않은가 하는 '반성' 같은 것입니다. 좋은 책은 언제 읽어도 또 새롭게 얻을 게 있구나, 하는 걸 확인할 수 있었습니다.

아무쪼록 이 책을 읽는 분들에게는 기본적으로 세상을

---

7) 제가 쓴 글 중에 「유교 윤리와 자본주의 정신?: '베버 테제'의 재음미」(『동양사회사상』 2, 1999)가 있습니다. 제목 자체가 이미 『프로테스탄티즘 윤리와 자본주의 정신』을 염두에 둔 것이지요. 지난 1990년대 후반 일본을 위시한 동아시아 국가들의 경제 발전을 설명하는 과정에서 '유교 자본주의론'이 유행했습니다. 막스 베버 이후 유교는 자본주의 발전에 장애물로 간주되어왔지만, 동아시아 경제 발전과 더불어 유교가 자본주의 발전의 원동력이 되었다는 것이지요(『유교자본주의론』). 제 글은 문제의 출발점이라 할 수 있는 '베버 테제'로 돌아가 근본적으로 재음미하고자 한 것입니다. 막스 베버의 경우, 문제의식 자체가 극히 '서구중심적'이었다는 것, 다시 말해서 "어째서 비서구 사회는 자본주의를 발전시키지 못했는가" 하는 물음은 '부정적인' 그것이었다, 유교 전체와 기독교 한 분파로서의 퓨리터니즘을 비교하는 함정에 빠져있다는 것을 비판한 다음, 그런데도 그가 말한 '현세에 대한 합리적인 적응'이 동아시아 경제 발전을 설명하는 데 도움이 된다는 것, 적응 과정이었기 때문에 자본주의 '정신'은 미흡하다는 것 등을 지적하고 있습니다.

8) 이 책에서는 막스 베버에 의거하면서 'ethnische Gruppe'('ethnic groups')을 '민족'으로, Nation을 '국민'으로 적고 있습니다. 베버에 의하면, 'ethnische Gruppe'가 정치에 연결되어가면서 'Nation'(국민)이 된다고 합니다. 아주 정확한 인식이라 생각합니다. 이 문제는 Nation, Nation State, Nationalism에 대한 번역어와도 관련되어있습니다. 각각 민족과 국민, 민족국가와 국민국가, 민족주의와 내셔널리즘 중에서 어떻게 번역하느냐에 따라 뉘앙스가 크게 달라지게 됩니다. Ethnic group과 Nation은 분명하게 구분되어야 하는 것입니다. the ethnicity(민족)와 the nationality(국적) 문제에서 핵심은 '국가'(국민국가)의 존재라 하겠습니다. 어떤 국가의 구성원이 곧 국민國民이고요, 같은 국적이 아닐지라도 the ethnicity는 같을 수 있습니다.

바라보는 눈 (혹은 시각) 자체에 대해서 한 번 되돌아볼 기회가 될 수 있었으면 합니다. 그 문제는 아주 오래된 문제이지만 여전히 혹은 언제나 새로울 수밖에 없는 주제이기 때문입니다. 다만 부탁드리고 싶은 것은, 이 책이 세상에 나온 것은 1966년, 그러니까 반세기 이전에 쓰였다는 점을 감안해 읽어주었으면 합니다. 일종의 '지적인 유산' 혹은 '현대의 고전' 정도로 이해해주었으면 합니다. 그런데도 여러 사안에 대해서 폭넓게 이야기하고 있는 이 책을 통해서 마음이 가는 부분이나 관심 있는 주제를 한두 가지 정도는 얻어낼 수 있지 않을까, 하고 기대해봅니다. 또 그럴 수 있기를 진심으로 바라마지 않습니다.

끝으로 오래전에 읽었던 책을 다시금 음미하면서 번역할 기회를 주신 AK 커뮤니케이션즈의 이동섭 사장님, 편집과 번거로운 교정을 떠맡아주신 편집부 이민규 팀장님과 조세진 선생께 고마운 마음을 전하고자 합니다.

2021년 11월 12일
관저헌에서 김석근

오쓰카 히사오大塚久雄 연구업적 목록

(1) 단독저서

『株式会社発生史論』, 有斐閣, 1938. 中央公論社, 1959.

『欧州経済史序説』, 時潮社, 1938.

『近代欧州経済史序説』, 時潮社, 1944.

　　　改訂版『近代欧州経済史入門』, 講談社学術文庫, 1996.

『近代資本主義の系譜』, 学生書房, 1947.

『近代化の歴史的起点』, 学生書房, 1948.

『共同体の基礎理論—経済史総論講義案』, 岩波書店, 1955. 岩波現代文庫, 2000.

『欧州経済史』, 弘文堂, 1956年. 岩波現代文庫, 2001.

『宗教改革と近代社会』, みすず書房, 1961.

『国民経済—その歴史的考察』, 弘文堂, 1965. 講談社学術文庫, 1994.

『社会科学の方法—ヴェーバーとマルクス』, 岩波新書, 1966.

『近代化の人間的基礎』, 筑摩書房, 1968.

『社会科学における人間』, 岩波新書, 1977.

『生活の貧しさと心の貧しさ』, みすず書房, 1978.

『歴史と現代』, 朝日新聞社[朝日選書], 1979.

『社会科学と信仰と』, みすず書房, 1994.

(2) 편저編著

『資本主義の成立』, 河出書房, 1953.

『近代の産業—その発達』, 毎日新聞社, 1953.

『マックス・ヴェーバー研究: 生誕百年記念シンポジウム』, 東京大学出版会, 1965.

『西洋経済史』, 筑摩書房, 1968.

『後進資本主義の展開過程』, アジア経済研究所, 1973.

(3) 공편저共編著

(金子武蔵)『日本における西洋近代思想の受容』, 弘文堂, 1959.

(髙橋幸八郎・松田智雄)『西洋経済史講座—封建制から資本主義への移行(1-4)』, 岩波書店, 1960.

(中村常次郎・鈴木鴻一郎)『脇村義太郎教授還暦記念論文集(1-2)』, 岩波書店, 1962.

(入交好脩)『経済史学論集』, 河出書房新社, 1962.

(武田隆夫)『帝国主義下の国際経済: 楊井克巳博士還暦記念論文集』, 東京大学出版会, 1967.

(小宮隆太郎・岡野行秀)『地域経済と交通』, 東京大学出版会, 1971.

(川島武宜・土居健郎)『「甘え」と社会科学』, 弘文堂, 1976.

(4) 번역서

アンリ・ピレンヌ, 『資本主義発達の諸段階』, 未來社, 1955.

マックス・ヴェーバー, 『プロテスタンティズムの倫理と資本主義の精神』, 岩波文庫, 上下, 1955-1962.

単独改訳版: 岩波書店, 1988. 岩波文庫, 1989. 와이드판ワイド版, 岩波文庫, 1991.

マックス・ヴェーバー, 『宗教社会学論選』, みすず書房, 1972.

(5) 오쓰카 히사오 저작집大塚久雄著作集 **전 13책**

『大塚久雄著作集』, 岩波書店, 1969. 新版, 1986.

「株式会社発生史論」

「近代欧洲経済史序説」

「近代資本主義の系譜」

「資本主義社会の形成」

「資本主義社会の形成」

「国民経済」

「共同体の基礎理論」

「近代化の人間的基礎」

「社会科学の方法」

「信仰と社会科学のあいだ——小文・補遺」

「比較経済史の諸問題」

「社会科学とヴェーバー的方法」

「意味喪失の文化と現代」

IWANAMI 070

사회과학 방법론
—베버와 마르크스—

초판 1쇄 인쇄 2021년 12월 10일
초판 1쇄 발행 2021년 12월 15일

저자 : 오쓰카 히사오
번역 : 김석근

펴낸이 : 이동섭
편집 : 이민규
책임편집 : 조세진
디자인 : 조세연
표지 디자인 : 공중정원
영업·마케팅 : 송정환, 조정훈
e-BOOK : 홍인표, 최정수, 서찬웅, 김은혜, 이홍비
관리 : 이윤미

㈜에이케이커뮤니케이션즈
등록 1996년 7월 9일(제302-1996-00026호)
주소 : 04002 서울 마포구 동교로 17안길 28, 2층
TEL : 02-702-7963~5   FAX : 02-702-7988
http://www.amusementkorea.co.kr

ISBN 979-11-274-4930-8 04300
ISBN 979-11-7024-600-8 04080 (세트)

SHAKAIKAGAKU NO HOHO:WEBER TO MARX
by Hisao Otsuka
Copyright © 1966, 1997 by Sawako Takayanagi
Originally published in 1966 by Iwanami Shoten, Publishers, Tokyo.
This Korean print edition published 2021
by AK Communications, Inc., Seoul
by arrangement with Iwanami Shoten, Publishers, Tokyo

이 책의 한국어판 저작권은 일본 IWANAMI SHOTEN과의 독점계약으로
㈜에이케이커뮤니케이션즈에 있습니다.
저작권법에 의해 한국 내에서 보호를 받는 저작물이므로 무단전재와 무단복제를 금합니다.

*잘못된 책은 구입한 곳에서 무료로 바꿔드립니다.

지성과 양심 이와나미岩波 시리즈